中国
教育政策
评论 *2022*

（上）

袁振国　主编

中国
教育政策　*2022*（上）
评论

主　编

　　袁振国

编　委　（按姓氏笔画为序）

　　朱益明　刘世清　杨九诠

　　吴遵民　范国睿　郅庭瑾

　　周　彬　黄忠敬

前 言 foreword

教育数字化转型不仅是深化教育改革,建设高质量教育体系,推进教育治理体系与治理能力现代化的重要举措,更是建设数字中国的重要战略任务。习近平总书记2020年9月22日在教育文化卫生体育领域专家代表座谈会上指出:"要总结应对新冠肺炎疫情以来大规模在线教育的经验,利用信息技术更新教育理念、变革教育模式。"这为教育数字化转型指明了行动方向。从本质上讲,教育数字化转型就是要以数字重构教育结构,整合教育资源,实现教育全方位的数字化,赋能教育发展。从宏观层面看,教育数字化转型将有力促进教育更好地落实立德树人根本任务,满足人民的高质量教育需求,促进教育公平;从学校层面看,教育数字化转型将推动学校"数字治校、数字强校"的进程,实现学校治理的现代化;从学生发展层面看,教育数字化转型将以大规模个性化教育为抓手,真正实现学生的个性化发展。本辑主题为"教育数字化转型",收录的文章围绕这一主题,从理论研究、政策分析、实践探索等三方面展开探讨。

一是教育数字化转型的理论研究。教育数字化转型在怎样的时代背景中提出?是哪些深层次原因驱动教育向数字化转型?教育数字化转型的基本内涵有哪些?教育数字化转型将面临哪些困境?教育数字化转型的标准框架、运行机制、实现路径又是怎样的?以上问题将会在此部分进行深入探讨。

二是教育数字化转型的政策分析。为实现教育数字化转型,一些国家和国际组织出台了一系列有关教育数字化转型的政策。本部分将以一些代表性政策文本为切入点,研究这些教育数字化转型政策具有哪些基本目标、基本框架、基本内容、实现路径、基本策略和显著特点,通过这些典型政策的研究,我们能够获得哪些推动教育数字化转型的有益经验,我们又将如何预测教育数字化转型的发展趋势。以上研究将会在此部分得到全面呈现。

三是教育数字化转型的实践探索。教育数字化转型的落地生根离不开丰富的政策实践。政策实践亦是产生理论的沃土和检验理论的唯一标准。在教育数字化转型实践中,有哪些典型案例值得研究?这些典型案例是如何整体推进的?其推进的框架是怎样的?在实践中具有哪些特点?在实践过程中获得了哪些有益成果?总结了哪些有益经验?以上问题将会在此部分得到详细呈现。

教育数字化转型征稿主题一经发布,各方就踊跃投稿。本辑的研究成果从众多稿件中遴选而来,希望能够给大家带来更多的思考和启发。

袁振国
2022 年 8 月

目录 contents

Part1
001　理论研究

Chapter 1
003　教育数字化转型：一个划时代的教育范式跃迁

一、教育数字化转型的时代背景与概念内涵；二、数字时代教育范式新构思；三、教育数字化转型的周期特征和理论框架；四、面向教育数字化转型的实践建议；五、结语

……………………………………… 祝智庭　胡　姣

Chapter 2
022　我国教育数字化转型框架的研究

一、教育数字化转型在国家发展战略中的定位；二、教育数字化转型的关键点；三、教育数字化转型的系统框架

………………………………… 杨　非　王珠珠　郑　浩

Chapter 3
035　教育数字化转型试点工程：教育数字基座建设标准体系研究

一、引言；二、教育数字化转型发展；三、数字基座概念与特征；四、教育数字基座服务新模式；五、上海市教育数字基座的总体架构；六、教育数字基座核心结构；七、教育数字基座标准体系；八、教育数字基座建设实践探索；九、结论

…… 吴永和　朱丽娟　卜洪晓　陈　翼　马晓玲　李海伟

Chapter 4
060 教育数字化转型的挑战及其治理路径分析

一、数字化、信息化与智能化的关系;二、教育在数字化转型中面临的风险与挑战;三、政府在教育数字化转型中新职能的定位;四、教育治理能力发展的"范式转换"路径;五、教育治理转型历程的阶段划分及其过程性指标

孙烨超　马和民

Chapter 5
077 教育数字化标准研究探索

一、引言;二、基本概念;三、教育数字化标准的发展历程;四、教育数字化标准的功能;五、教育数字化标准的展望;六、总结

洪道诚　史洪玮　郑隆威

Chapter 6
096 教育数字化转型的运行机制及实现路径

一、引言;二、教育数字化转型的核心内涵;三、教育数字化转型的运行机制;四、教育数字化转型的实现路径;五、结语

罗　枭　韩　舰

Chapter 7
107 与技术共生：智能时代的学校文化变迁

一、机遇与挑战：智能时代呼唤学校文化变迁;二、发生与建构：智能技术下学校文化变迁的现实趋向;三、限度与应对：智能时代学校文化的变迁路向;四、结语：与技术共生的学校文化新图景

邹嘉欣

Part2
125 政策分析

Chapter 8
127 我国"互联网+教育"政策的总体特征、设计实施与发展趋势
——基于 2015—2020 年 10 个城市的政策分析

一、引言;二、研究方法和设计;三、我国"互联网＋教育"政策总体特征;四、我国"互联网＋教育"政策设计与实施;五、我国"互联网＋教育"政策发展趋势

高淮微　李　润

Chapter 9
151 数字化转型下职业与成人技能教育联通体建设的策略与路径

一、引言;二、数字新技术浪潮下技能需求的传导动力机制;三、职业与成人技能教育联通体的挑战与后发潜能;四、建设新型职业与成人技能教育联通体的策略与路径;五、我国职业与成人技能教育联通体建设的启示与展望

刘　骥

Chapter 10
171 从追赶到领先：欧盟数字化教育政策创新研究

一、欧盟数字化教育政策创新研究背景;二、欧盟数字化教育政策创新发展的内容;三、欧盟数字化教育政策创新的主要特征;四、欧盟数字化教育政策创新的经验与现实挑战;五、欧盟数字化教育战略实践带给我国的思考;六、结语

王帅杰　杨启光

Chapter 11

196 教育数字化转型视角下编程教育的框架结构与
经验借鉴
——以《K-12年级计算机科学框架》为例

一、编程教育的基本概述与目标导向；二、《K-12年级计算机科学框架》颁布的背景；三、《K-12年级计算机科学框架》中的编程教育体系架构；四、《K-12年级计算机科学框架》的编程教育方案借鉴

............................侯浩翔　王小明　胡　祥

Part3

215 实践探索

Chapter 12

217 数字化重塑教育教学新模式
——上海市宝山区推进教育数字化转型创新实践

一、宝山区教育发展问题分析；二、数字化教育教学模式的总体设计；三、宝山区数字化推进教育教学模式的创新实践；四、未来展望

............................张　治　吴逸民　张云峰

Chapter 13

234 教育数字化转型下的智慧学习环境构建：特征、
框架与实践

一、引言；二、相关研究综述；三、教育数字化转型下的智慧学习环境特征；四、教育数字化转型下的智慧学习环境框架；五、教育数字化转型下的智慧学习环境实践；六、结语

............................肖　君　王腊梅　蒋竹君　吕　欢

Chapter 14

250 学生信息技术使用模式与目的赋能教育教学数字化转型
——基于 K-means 聚类和逐步回归的中国四省市数据分析

一、研究背景;二、问题提出;三、研究数据与数据处理;四、研究方法及结果;五、讨论与展望
.... 李 波 魏亚丹 王兆川 张 滢 李 娜

Chapter 15

270 新制度主义理论视角下"一带一路"发展中国家应对疫情的高等教育数字化转型

一、新制度主义的内涵解读;二、高等教育数字化转型的背景;三、研究方法及设计;四、发展中国家高校面临的组织环境挑战;五、发展中国家高校数字化转型的趋同策略;六、讨论及展望
.... 李敏辉 冯思圆 李 琼

290 附:《中国教育政策评论》简介及投稿须知

Part 1
理论研究

Chapter 1

教育数字化转型：一个划时代的教育范式跃迁*

祝智庭　胡　姣

摘　要：随着数字技术的发展，教育数字化转型已成为未来教育改革的趋势。然而，只有超越一般意义上的教育范式，才能深刻理解数字技术引发的教育变革。对此，本研究首先基于教育数字化转型的时代背景与内涵，探讨了数字时代教育范式新构思——需求驱动的数字化教育范式。然后，分析了宇观、宏观、中观和微观四个层级联合的"教育需求生态"，构建了面向新范式的数字学习生态系统概念框架，解析了教育数字化转型的周期特征，并提出一个整合性的教育数字化转型理论框架。最后，从国家、组织和个人三个层面提出教育数字化转型的就绪行动建议。

关键词：数字化转型；范式转换；教育需求生态；就绪行动

纵观人类文明的发展，每一次技术革命均有效提高了人类社会的生产力，造就了社会、政治、经济、文化、教育等人类活动领域的变化。在教育领域，技术赋能教育革新运动在我国已有百年历史[1]，从以多媒体、局域网、单机为基础所形成的"天网"+"地网"应用模式，到以云计算、多终端、互联网为基础所形成的"三通两平台"，再到以大数据、人工智能与区块链等为代表的数字技术与教育融合创新，我国的教育信息化已经取得了整体上的长足进展，在教育内容、形式、方法、思想、组织行动方式上也有了一定的积累，正向数字化转型进发。当前，全球新一轮的数字化革命正快速和深刻地重塑教育系统格局，教育系统的复杂性、动态性和不确定

---

* 本文系 2018 年度国家社会科学基金重大项目"信息化促进新时代基础教育公平的研究"（项目编号：18ZDA335）的研究成果。

性愈加明显。目前人文社会科学发展面临着第四次科技革命的兴起,将迎来人文社会科学与新一轮信息技术革命的交叉融合趋势[2]。教育属于以人类本身及其活动作为研究对象的人文社会科学范畴,以数字技术为基础的教育数字化转型,正推动着教育范式跃迁,更呼唤着教育数字化转型的创新和变革使命。

一、教育数字化转型的时代背景与概念内涵

1. 教育数字化转型的时代背景

以人工智能、区块链、虚拟现实技术等为代表的数字技术正逐渐向人类生活的各个领域渗透,各行各业迎来了从信息科技时代进入数字科技时代的历史机遇,数字经济、数字社会、数字政治、数字教育等形态日益凸显。由于数字技术的发展应用及其对各个领域的普遍渗透,推动社会发生结构性变化,整个社会正面临着快速而彻底的变化——数字化转型,旨在从根本上改变人类开展这些活动的方式,为人类和整个社会带来价值。此外,新型冠状病毒肺炎疫情(下文简称新冠肺炎疫情)的暴发迫使全球大部分公共服务转向数字化,倒逼各行各业的组织方式、运行机制和模式结构变革,催化各行各业加快数字化进程,促使数字化成为各国后疫情时代推动社会发展、提高教育系统韧性的主导方式。

事实上,为迎接数字技术带来的机遇与挑战,世界各国政府高度重视数字化转型,将其作为推动人类社会发展变迁和打造国家竞争优势的必由之路,更强调重点推动教育数字化转型,以抢占未来发展先机。我国政府高度重视数字化对科技、经济、社会和教育全面转型的重大意义。党的十九大报告在"加快建设创新型国家"部分,对建设网络强国、数字中国、智慧社会作出战略部署。近年来,党中央围绕教育现代化、数字中国、数字化转型作出了一系列重要的战略部署。2017年7月,国务院印发了《新一代人工智能发展规划》;2021年7月,工业和信息化部、教育部等十部门印发《5G应用"扬帆"行动计划(2021—2023年)》;2021年11月,中央网

络安全和信息化委员会印发《提升全民数字素养与技能行动纲要》。《中华人民共和国国民经济和社会发展第十四个五年规划和2035年远景目标纲要》中第五篇"加快数字化发展 建设数字中国",提出:"迎接数字时代,激活数据要素潜能,推进网络强国建设,加快建设数字经济、数字社会、数字政府,以数字化转型整体驱动生产方式、生活方式和治理方式变革。"[3] 在这样宏大的背景下,教育数字化转型的意义非同一般。

如今,教育数字化转型已发展成为适应经济与社会发展、解决社会发展与人才供需矛盾、提高社会生产力的新要求。首先,教育系统是社会生态系统的子系统,其外部环境的不断变化,如社会与文化变迁、技术革新驱动、国家政策主导和灾情冲击影响等因素的综合作用,形成了促使教育系统转型变化的"压强",驱动了教育数字化转型的产生与发展。其次,教育系统作为一个活性生态系统,具有持续变化的内生发展需求,教育内生的发展需求不断提升与外部冲击带来的教育韧性建设和稳定发展的需求,也在助推着教育数字化转型的延拓[4]。

2. 教育数字化转型的概念内涵

葡萄牙学者赖斯尔(Reis)等人于2018年对"数字化转型"概念的缘由与演化做了系统性的文献分析,发现该概念最早出现于1968年,但直到2015年,该术语才开始在期刊与会议文集中大量出现[5]。目前,已经有许多关于"数字化转型"的定义。特别是在社会经济领域,例如,比亚尔(Vial)认为数字化转型是通过信息、计算、通信和连接技术的组合触发其属性的重大变化来改进实体的过程[6]。随着数字技术与各行各业的融合应用,数字化转型的概念也在不断延拓。例如,斯托尔曼(Stolterman)和福士(Fors)认为,数字化转型是数字技术在人类生活的方方面面引起或影响的变化[7]。阿加瓦尔(Agarwal)等认为,数字化转型指通过使用数字技术使得社会和行业发生深刻变革[8]。在教育领域,数字化转型则是教育体系的主体构架、组织方式、运行机制等方面的变革和创新。例如,弗兰卡(Fleaca)认为数字化转型是借助信息与通信技术(Information and

Communications Technology，ICT）和应用过程思维原则，在试图捕捉和模拟将数字技术融入教学、学习和组织实践所需的相互关联的活动方面，使教育系统有了现代化的发展[9]。美国高等教育信息化协会（EDUCAUSE）①将数字化转型定义为"通过文化、劳动力和技术深入且协调一致的转变，优化和转变机构运营、战略方向和价值主张的过程"[10]。

值得注意的是，数字化转型并不是一个全新的概念，其根源在于数字化，即将模拟数据和过程转换为数字变体[11]，而数字化是信息化发展过程中的"数字跃迁"，采用和依赖数字技术带来社会的快速变化。为了讨论这些变化，引入了"转型"这一术语，其具有创新和变革的价值取向，于是有了数字化转型的概念。因此，在教育领域，数字化转型是一个划时代的系统性教育创变过程，指将数字技术整合到教育领域的各个层面，推动教育组织转变教学范式、组织架构、教学过程、评价方式等的全方位的创新与变革，从供给驱动变为需求驱动，实现教育的优质、公平，支持终身学习，从而形成具有开放性、适应性、柔韧性、永续性的良好教育生态。其价值取向是建立在数字化转换和数字化升级的基础上，通过在教育生态系统中充分利用数字技术的优势，促进教育系统的结构、功能、文化发生创变的过程，使教育系统具有更强的运行活力与更高的服务价值，并为新时代全面的社会数字化转型带来积极影响。

二、数字时代教育范式新构思

教育组织需要适应各种新变化和教育新范式，以便为学习者提供适应未来社会生活的知识和技能，从而使他们可以应对数字化转型趋势带来的挑战。

---

① 美国高等教育信息化协会（EDUCAUSE）是高等教育信息化领域深具影响力的专业组织。由成立于1962年从事高校行政管理信息处理的专业组织 CAUSE（College and University Systems Exchange）和成立于1964年致力于利用计算机技术改造大学教学和科研系统的 EDUCOM（Interuniversity Communications Council）合并而成。

1. 教育范式与范式转换

(1) 范式与范式转换

人们普遍期望教育变革和创新能引发教育范式的系统性革命。什么是范式？托马斯·库恩(Thoma S. Kuhn)在《科学革命的结构》(*The Structure of Scientific Revolutions*)中首次提出了"范式"和"范式转换"（或称科学革命）两个概念[12]，"范式是一个共同体成员共享的信仰、价值技术等的集合，是常规科学所赖以运作的理论基础和实践规范，是从事某一学科的研究者所共同遵从的世界观和行为方式"。也就是说，范式在一段时间里为科学共同体提供典型的问题和解答，提供共同的理论框架与方法。范式转换指一个领域或学科所赖以运作的稳定范式，随着理论假设和实践规范的变化，产生了新的张力，催生了冲破常规范式束缚的新概念、新行为，从而为人们的思想和行动开创了新的可能性。实际上，库恩认为科学的成长和发展本身就是一场科学革命，其中的知识增长一般要经历五个阶段：第一个阶段是前科学阶段，在这个阶段并未形成科学共同体，缺乏共同的"范式"；第二阶段是常规科学阶段，这个阶段形成了科学共同体，也有了共同的"范式"；第三个阶段是出现"反常"，也就是说出现了多次的反常事例，且无法消除；第四个阶段是"危机"阶段，意味着为了适应变化，出现科学思想的根本性变革；第五个阶段是新的常规科学时期，这时候旧的范式被新的范式所取代。这个旧范式被新范式取代的过程便是范式转换，可以理解为某领域进步的证明。

(2) 教育范式与范式转换

在教育领域，范式是一种符合人类社会教育基本规律和发展方向的教育理念[13]。可理解为在具体时间段内被教育大众所承认的关键条款和思想的框架[14]。有学者认为，至今只发生过一次教育系统的范式转变，即从"单室校舍"(One-Room-School House)的教育模式转变为目前大多数学校仍然广泛采用的"工厂模式"(Factory Models of Schools)，这一转变是农业时代转向工业时代的历史必然，因为农业时代对教育的需求与工业时代对教育的需求是完全不同的[15]。从时代转型的视角来看，从农业时代到工业时代,教育范式经历了从古典教育范式到现代教育范式的转换。古典教育范式从十七世纪开始发展,作为对早期工业生产发展要求的回应,主要聚焦向学生传授实用知识、能力、技能,并为未来的工作做好准备,强调教育的解释性和说明性。在后工业社会时期,古典教育范式开始主张人的身份价值、个性发展,提供了充分的创造性活动机会,认为教育的功能不应仅仅归结"职业选择",还有"使人成为人的需求",推动了教育从古典教育范式向现代教育范式转换。

随着人类社会从工业经济时代转向知识经济时代,知识与创新成为组织获得持续竞争优势和动态能力的主要来源[16]。在知识经济时代,现代教育范式不能满足个体对新机会、个人潜力的发展的追求,鉴于此,聚焦需求和创新的教育范式逐渐成了新的追求,它并不否认知识的数量、宽度以及认知的价值,但更关注基于创造性问题解决和对需求的满足。如今,我们正走向信息社会,正在经历从现代教育范式向新范式的转换。

2. 需求驱动的数字化教育范式

技术并非存在于社会结构之外,技术和社会领域高度交织在一起,并以无数种方式不断地相互创造[17]。技术已经融入了社会生态系统,技术在作为社会子系统的教育系统中具有内在的教学价值[18],即促进人类学习,促进教育信息化与现代化。随着技术的发展,以技术增强、技术应用、技术融合的方式与教育系统共同进化。例如,计算机辅助教学系统和学习管理系统,从早期用于设计自动教学操作的程序逻辑,并执行简单的在线学习任务;到基于技术进行自动化工具的设计,将技术系统与人类导师结合使用,以教授复杂问题的解决方法;再到通过虚拟现实、增强现实和技术模拟来支持学习,通过互联网引入异步和同步通信的各种形式。数字技术嵌入教育系统以促进教育质量提升渐成常态,人类活动的各个方面以及每种社会文化现象呈现新的特点,包括逐步实现信息的实时交换、消除时空之间的信息延迟、集成真实世界和虚拟世界的信息、创设沉浸式的体验、对资源高效配置、对变化的快速反应、对事件的快速处理等等,人们认知社会的确定性、精细化、智能化水平显著提高。

2007年1月,图灵奖得主、关系型数据库鼻祖詹姆士·格雷(Jim Gray)在演讲稿《第四范式:数据密集型科学发现》(The Fourth Paradigm: Data-Intensive Scientific Discovery)中,提出了科学研究的第四范式——数据密集型科学。格雷认为人类科学研究的发展先后经历了四种"范式":以记录和描述自然现象为主的"实验科学"范式,通过模型归纳总结过去记录的现象而发展出的"理论科学"范式,由于计算机出现而催生的"计算科学范式",基于海量数据分析进而发现规律的"数据密集型科学"范式。当前,随着基于数字技术的数据挖掘能力逐渐增强,科学研究的第四范式正在兴起。可以预见,伴随着第四范式的兴起和教育数字化转型实践的推进,将倒逼传统学校角色进行重大变迁,冲击和挑战教师的知识视野、能力素质,颠覆传统教育体系和教育组织形式。同时,第四种教育范式也正在兴起:从"以教师为中心"向"以学生为中心"(学习者主体性),从重视"教学结果"到重视"教学过程",从"知识本位"到"适性发展"(强化体验学习、具身学习),从关注"标准化、灌输式"到"精准、定制、个性化"(系统灵活性、资源丰富性多样性),从"供给驱动"到"需求驱动"。综合来看,需求驱动范式可以概括诸多发展取向,教育数字化转型体现出一种需求驱动的数字化教育范式跃迁趋向。

3. 面向新范式的数字学习生态系统框架

(1) 教育需求生态

随着教学理念从传统教学到差异化教学,从差异化教学到适性学习,从适性学习到个性化学习的发展,满足学习者学习需求,促进学生个性化发展的意识日渐增强。然而,在这种需求驱动的数字化教育新范式中,需求指的是由需要而产生的要求,需求的概念不是学生、教师和管理者在开展教育活动中产生的要求的简单综合,而是一个对应用教育系统发展的整体性要求,整合了参与主体个性化的教育和学习要求,教育系统问题解决和系统进化的现实需求,以及教育社会性价值的要求。

如果从广义的角度看,在宇观层面涉及世界教育大系统和人类的发展,例如,2021年11月,联合国教科文组织(United Nations Educational, Scientific and Cultural Organization, UNESCO)发布重磅文件《共同重新构想我们的未来:一种新的教育社会契约》(Reimagining our futures together: A new social contract for education),指出当前教育面临着重新构想"为何学、怎样学、学什么、哪儿学和何时学"的迫切需求,呼吁建立一个和平、公正和可持续未来。在宏观层面涉及社会和文化的变迁需求、国家发展需求,例如,美国围绕21世纪教育改革主题,于2005年提出"学生为中心"的教育范式,2020年提炼出这种范式的五大要素:学生主体、社会嵌入、个性化—针对性—情境化、"开墙"办学、能力本位[19]。在中观层面涉及技术革新需求、人才市场需求、教育系统内生发展的需求,例如,有学者指出,大学需要开展一系列"需求驱动"的改革,以适应新兴全球经济的需求,随着新技术对工作场所的持续"干扰",各机构必须确保其产品"更紧密地符合就业市场的需求"[20]。在微观层面主要是对学生学习需求的满足和对教室教学需求的支持,例如,有研究认为,需求驱动教育是一种新的学习方式,学生通过这种方式,能够决定学习的内容、时间和方式[21]。

综合来看,教育需求可以分为:人类发展需求,包括绿色和平、公平包容、持续发展、命运共同体价值观与全球技能;国家战略需求,包括国民素质提升、公平优质教育、拔尖创新人才与特需人才培养、前瞻战略布局;人才市场需求,包括职业技能要求、职岗胜任力、新产业发展需要、就业变化动态;个人发展需求,包括兴趣偏好、才能结构、终身学习、生涯幸福。这四类需求构成一个"教育需求生态"(如图1所示)。

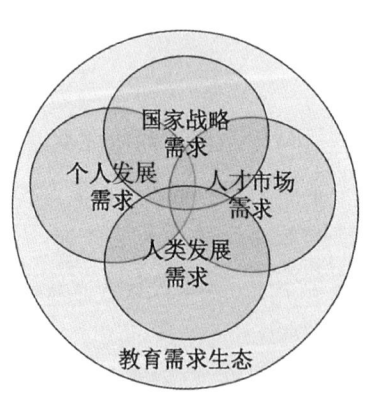

图1　教育需求生态

（2）面向新范式的数字学习生态系统框架

在需求驱动的定位下，未来教育系统必须机制灵活、开放创新、适需服务。其中，适需服务是未来教育系统的基本功能特征，教育数字化转型必须以需求结构为结果假设开展"逆向工程"，设计供给侧的系统架构。然而，需求结构是不断变化的，而且教育市场的需方往往也有知识贡献作用，所以需求驱动的未来教育范式不是工商业的供应链体系，而是一个复杂的学习生态系统，它具有灵活开放、动态调适、不断创新、持续进化的特征。因此，如何构建富有活力的教育生态系统，乃是人类前所未有的大挑战。与阶段性发展的变化相比，教育数字化转型确立了一种新的历史发展状态，旧的教育生态系统不适合现有的需求驱动的范式，无法在新的范式条件下发挥作用。借助教育数字化转型打造数字学习生态系统，是否能迎来教育范式的新生，还需要创建一个面向需求驱动范式的数字学习生态系统，其概念框架如图2所示。

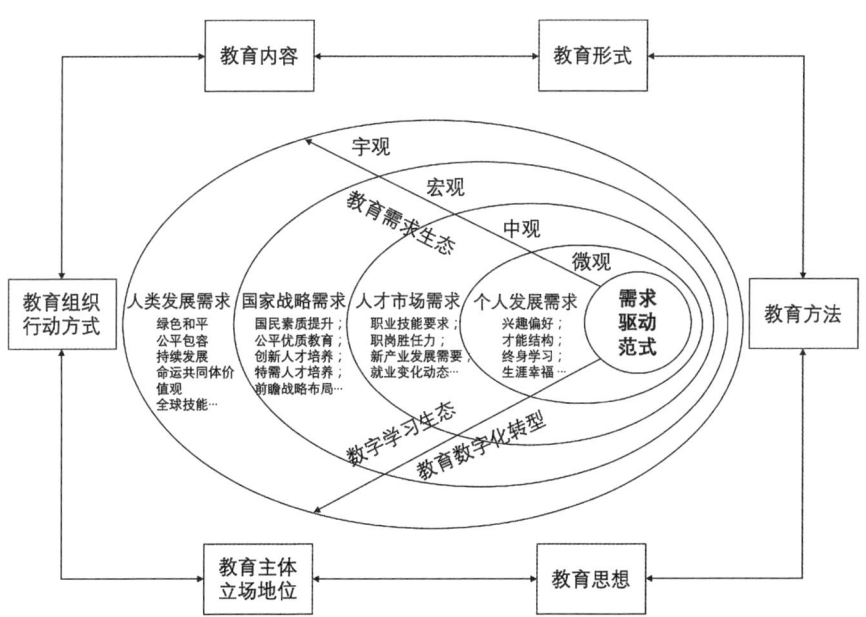

图 2 面向新范式的数字学习生态系统概念框架

本质上,各个层级的需求通过共同变化和交互影响而结合在一起,它们的综合结果影响教育内容、教育形式、教育方法、教育思想、教育主体立场地位、教育组织行动方式。首先,这些教育需求可能是隐性的也可能是显性的,可以通过数字技术进行教育需求抽取、挖掘,洞察需求的价值,例如,从学习者的在线学习行为数据中挖掘其学习偏好,从而了解学习者的个性化需求;其次,教育需求的价值需要社会化协同,协同宇观、宏观、中观和微观的价值取向,例如,学生具有个性化的学习需求,但教育教学活动也需要结合国家和社会需求。因此,教育数字化转型需要构建数字学习生态系统,布局数字技术环境或新形式的组织结构,满足宇观、宏观、中观和微观四个层级"教育需求生态",形成需求驱动的数字化教育范式,使教育教学能够通过数字技术获得高质量的发展。

三、教育数字化转型的周期特征和理论框架

1. 基于范式转换视角的教育数字化转型的周期特征

根据库恩的范式转换概念,在"常规科学阶段",人们按照既定的"范式"工作即可;但是出现"反常"和"危机"时,就需要创新和变革,这时候"范式"也随之改变。当"范式"改变时,对应的系统也会随之改变,同时整个系统面临的图景也会发生重大变化。在教育数字化转型过程中,教育创新和变革的要求与传统模式之间的矛盾贯穿整个过程。一方面,数字新技术的应用加速了需求驱动的数字化教育新范式的产生,但是传统模式不能承载指数化增长的数字技术及其影响,这就势必引发新范式与数字技术赋能的矛盾;另一方面,需求驱动的数字化教育范式逐步建立,也将逐步取代传统的教育范式,完成新旧范式的交替。在教育领域,大多从认识论、学习论角度开展范式研究,并提出诸多理论范式与学习模式(客观主义—行为主义,实用主义—认知主义,解释主义—认知主义,分布认知—联通主义),但几乎从未出现过一种范式完全替代另一种范式的教育

现象,有人称为"复合范式",实际上是"范式生态化"现象。如果我们换个视角,从教育生产方式变化来考察教育范式变迁,那么就比较容易洞察教育数字化转型的周期特征。

乔治·兰德(George Land)将转型变化描述为一系列互锁的 S 曲线,每条 S 曲线都穿插着两个断点,断点是生存规则发生变化的时刻[22]。这个理论通常被用于系统的规划和执行中,用于了解系统目前处于什么阶段?需要什么形式的创造性思维?生存规则何时发生了变化?本研究将此理论映射到教育数字化转型的知识增长过程,结合科恩范式转换的过程,我们可以将教育数字化转型周期大致划分为两个时期五个阶段。一是试验期,教育组织在寻找适应变化的方法,此时旧范式遭遇挑战,对应教育范式的前科学阶段、常规科学阶段、反常阶段;二是拓展期,教育系统开始进行变革和创新,通过科学思想革命形成一种新范式,对应危机阶段、新的常规科学阶段,如图 3 所示。

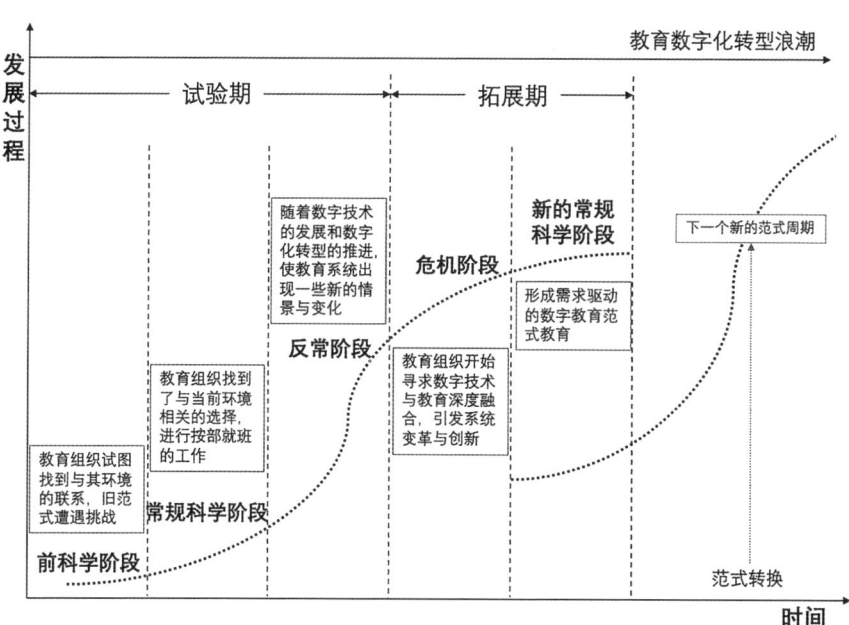

图 3 教育数字化转型的周期特征

在试验期,教育组织试图找到与其环境的联系,假设教育组织找到此连接,则到达第一个断点,进入常规科学阶段。随着数字技术的发展和数字化转型的推进,教育系统难免会出现一些新的情景与变化,这些变化无法用现有范式去思考和解决,旧的范式难以匹配新的发展,因而会出现反常和危机。于是,教育组织开始寻求数字技术与教育深度融合,引发系统变革与创新,形成需求驱动的数字化教育范式。在这第二个断点处,转型成功的系统进入了一个分支:它开始向创新和变革敞开大门,突破在"反常"和"危机"阶段无法解决的问题,适应新的信息或资源,同时它会随着新的需求重新拓展。在第二个断点处会产生一条新的S曲线,形成新一轮的转型发展周期。

2. 教育数字化转型的理论框架

教育数字化转型符合时代变革下教育变革发展的需求,在社会向工业4.0跃迁的压力下,在科学研究的第四范式和需求驱动的数字化教育范式的影响下,教育数字化转型正在不断推进,其理论框架是整合概念内涵、机理逻辑和实践方略三个层面的综合结果。

在概念内涵层面,数字化转型将数字技术应用于新的环境时,实践关注的是价值成长的过程,通过引起组织结构和生产方式的颠覆性变化,最终导致系统性的变革与发展。为了迎接数字技术带来的机遇与挑战,数字化转型已经成了各国促进社会、科技和经济发展的趋势,在教育数字化转换(从模拟格式到数字格式的转变)、教育数字化升级(利用数字技术和信息改变组织的运作过程)的基础上,走向教育数字化转型。以教育系统为转型对象,关注教育创新和变革,指向教育系统化的发展。

在机理逻辑层面,教育系统转型发展的内需、内因和外需、外因的出现,最终促进教育转型的数字达尔文主义、教学法创变、教育系统韧性建设、教育生态蝶变,走向核心为"以人为本"的智慧教育。第一,技术颠覆带来了一个"数字达尔文主义"时期,教育数字化转型通过持续数字化战略实现的一种生存模式进化,包括社会数字化转型浪潮下的自然进化、主动适应变化以求生存的人为进化。第二,数字技术在支持学习环境建设和创新教学法方面具有巨大潜力,进一步催化教育数字化转型,促进教育优质、公平和高效。第三,面对快速变化的环境,来自内外部各种因素的影响和冲击呼吁教育韧性的建设,教育系统必须要习惯并善于应用数字技术,通过教育数字化转型进一步增强教育系统韧性。第四,技术可以作为教育这一复杂系统的重要成分嵌入到不同但互补的价值逻辑中,这些逻辑关联着教育系统的运行与发展,触发了教育数字化转型。第五,智慧教育作为教育发展的高级形态,将"以人为本"的思想作为教育数字化转型实践的起点和导向,通过人本智能引领未来教育创变。

在实践方略层面,可以从教育数字化转型的实践原则、框架、领导力发展、成熟度测评和敏捷法的基本性方法论层面进行一些重要突破。一是以"问题驱动+理念引领"的原则、"系统进化+创新突破"的原则和"价值评估+迭代优化"的原则为抓手,形成具体的教育数字化转型路径和方法。二是采用教育数字化转型的框架作为路径指引和实践抓手,更好地帮助教育组织思考和制定自身的数字化转型蓝图和策略。三是发展教育数字化转型的领导力,促进教育组织数字化转型领导力的高效成长,保证数字化转型稳健推进、高质量落地。四是采用教育数字化转型成熟度测评的方式,判断和评估教育数字化转型的情况,以之作为价值评估和迭代优化的反馈工具。五是采用教育数字化转型的敏捷法,关注不断发展的技术场景并有效地改变计划,进行持续学习、持续规划和持续评估,灵活地适应教育数字化转型的框架动态发展需求。

四、面向教育数字化转型的实践建议

教育数字化转型为教育模式创新和学习范式的升级带来了一系列机遇和挑战。缘于教育系统的复杂性和教育数字化转型的多样性,教育数字化转型实践必然是一个多元主体共同协作的网络。对此,为了有效推进教育数字化转型战略的落地与实践,国家、组织和个人应该为迎接教育数字化转型发展、需求驱动的数字化范式做好准备。

1. 完善相关制度,构建国家层面的教育数字化转型的支撑体系

制度性是教育自身一个不容忽视的特性,全社会对于教育价值及其取向的判断也常常取决于制度供给情况[23]。从整个教育系统来看,教育数字化转型已经超出了单纯的数字技术的应用范畴,它涉及教育系统全方位的创新与变革,这是一种划时代的系统性教育创变过程。可以说,教育数字化转型实践并不是由技术思维决定的,仅从技术角度探讨教育数字化转型显然是偏狭的,单纯从教育组织层面出发的创新和改革亦难以获得实质性的推进,需要用配套政策制度来整合社会资源,管理组织实践,促进社会协同,支撑教育数字化转型实践,服务于教育系统的创新和变革。也就是说,制度的供给与支撑,可以协调生产力与生产关系的发展,有利于实践者与决策者形成共识,对于教育数字化转型这种多层次、多样化、系统性的发展过程,需要有国家层面的教育数字化转型的支撑体系。

教育数字化转型是一项需要政府主导的行动,需要有规范教育数字化转型的相关法规政策与评价机制,引导、鼓励传统教育组织进行转型实践。虽然我国已经出台了一系列的教育数字化发展战略和计划,但与教育数字化转型的制度建设并不能完全等同。因此,为了配合教育数字化转型实践,更为了抢占国家数字化发展的先机,国家教育部门应该推动教育数字化转型的实践引导、组织管理、安全保障、质量监管和资源配给等制度的改革与完善。一方面,需要建立垂直治理结构,探索教育管理部门自身的治理能力和数字化转型领导力的提升,强化中央和地方区域的发展关系;建立各级各类学习成果衔接和沟通机制,强化不同地区、不同领域、不同类别教育组织间共生合作;建立社会、教育系统、跨领域合作机制,推进教育系统的产业协同和校企合作的制度保证。另一方面,需要关注教育供给侧改革如何推动教育数字化转型的纵深发展,形成以"需求驱动"的数字化转型体系结构,推动"以学生为中心"的教育发展需求,例如数字资源整合制度、教育数字化新基建保障制度、数字化环境建设制度;重视教育数字化转型质量,以及由于数字化发展而引发的数字鸿沟问题,探索公平与质量的平衡机制。此外,教育数字化转型是一个长期的过程,在发展之初,我们需要有基础性、先导性的制度引导,而随着时间的推移,需要持续进化的制度保障,国家层面的教育数字化转型的支撑体系的就绪行动亦是长期性的活动。

2. 探索组织的能力提升,形成以数字为核心的教育生态

尽管政府在实践管理和支撑体系建设的角色不可替代,但教育数字化转型归根到底需要从教育组织层面来开展具体的实践行动。然而,在教育数字化转型实践过程中,教育组织的数字化就绪水平会影响其数字技术的应用能力,数字技术应用能力则会直接影响其数字化转型能力。

在教育组织层面,需要找准现阶段教育数字化转型实践的着力点,开展教育组织的数字文化就绪行动建设,尤其是探索教育组织的转型能力提升,以形成以数字为核心的教育生态。

从数字技术层次看,需要打破单一技术布局和忽略技术快速变化而造成的技术限制,建设新技术融合的数字学习生态系统。具体包括三个层次:一是关注数字技术与数字化转型需求点的对应形式,数字技术以点对点的方式嵌入教育生态系统;二是尝试探索数字技术赋能的多元化服务方式,从多个问题和目标的需求点走向服务线,增强教育生态系统的服务质量;三是通过"技术链条"或"技术生态"打造教育生态系统的空间承载面,形成数字协同、空间智能和生态协调的数字教育生态。

从教育教学层次看,需要促进组织系统内部各部分之间相互作用形成的功能整体,特别是融合数字技术功能(工具、程序、硬件等)和服务质

量的提高(教育改进、学习支持、教学支持等),促进教育组织的教、学、管、测、评整体数字化。一是创建数据赋能的新式教育数字化评价方式,特别是创建更加多元的过程性评价和增值性评价新方式,以形成富有生命力的教育评价系统,使评价过程更加科学、结果更加准确、手段更加丰富[24];二是开发新形态优质数字化课程资源,最大限度增加优质数字化课程资源,促进资源的共建共享;三是探索面向未来的教育教学新模式,孵化面向未来的教育教学新模式。

3. 发展个人数字素养,率先培育具有根植性的转型文化

学校的使命是教育,教育教学中的数字技术应用是为了解放人,教育数字化转型的根本目的是为人服务。因此,教育数字化转型的一个基础性要求就是要提高人的数字素养,以更好地促进人的全面发展。另外,教育数字化转型的参与者因角色不同而需要的数字素养不同,例如,教师数字化能力与当前数字化教育需求以及未来数字化人才培养紧密相关。同时,参与者的个人素养会直接影响教育数字化转型的可能性和水平,如果缺乏相应的数字素养,组织内部的个体将难以参与或实施实践活动,更无法适应数字化转型带来的变化。组织的文化认知和知识能够变成组织内部的习惯,这些习惯会在具体的情境中变成不需要具体思考的意识和行为,形成新的"文化基因"。因此,需要发展组织内部个人数字素养,率先培育具有根植性的转型文化。

教育数字化转型的参与者包括学生、教师、教育系统管理者、企业、数字化转型团队、政府、研究人员等。其中,学生、教师和教育系统管理者的个人数字素养是组织转型能力建设和文化建设的重要组成部分。对此,一方面,需要促进个人的积极参与,并为学习人际交互过程提供支持,侧重于在数字化转型实践过程中提升参与者的数字素养;另一方面,需要关注不同角色的数字素养:一是培育管理者的人际管理和技术应用的技能,这些能力元素会影响教育数字化转型的价值倾向和组织实践的过程,特

别是数字化领导力、数据治理能力、数字决策能力等;二是培养教师的教育数字化转型胜任力,特别是创造新的知识、技术或者其他内容的能力;三是培养学生的数字生存和数字创造能力,特别是信息意识、数字思维、数字化学习与创新、数字安全素养等。

五、结语

如今,数字化变革将在很大程度上消除不确定性,增加教育系统快速适应变化的能力,一种"需求驱动范式"的教育变革趋势不可避免。随着数字技术的不断进步,以及需求驱动的教育数字化范式的持续发展,"以学生为中心"的教育理念和模式具备了思想基础和技术条件。当我们谈论未来时,未来已来;当我们讨论教育的变革时,变革已至。面对世界教育数字化转型的浪潮,我们必须走适合中国本土教育的发展之路,不同的教育组织在推动教育创新和变革上亦有不同的路径选择,不同教育领域、类型以及不同地区唯有结合自身特色积极地开展探索与尝试,将自上而下的政策机制牵引与自下而上的多样创新实践有机结合起来,才能探索出适合自身发展的教育数字化转型的应有之道。

参考文献

[1] 南国农.中国电化教育(教育技术)史[M].北京:人民教育出版社,2013:3.

[2] 黄萃,陈静,陈惠玲.第四研究范式:数据驱动下的人文社科研究模式跃迁[J].中国高校科技,2021(10):10-14.

[3] 第十三届全国人民代表大会第四次会议关于国民经济和社会发展第十四个五年规划和2035年远景目标纲要的决议[J].中华人民共和国全国人民代表大会常务委员会公报,2021(03):428-502.

[4] 祝智庭,胡姣.教育数字化转型的实践逻辑与发展机遇[J].电化教育研究,2022,43(01):5-15.

[5] Reis J., Amorim M., NFR Melão., et al. Digital Transformation: A Literature Review and Guidelines for Future Research[C]//Rocha Á., Adeli H., Reis L. P., Costanzo S. World Conference on Information Systems and Technologies. Naples: Springer, Cham, 2018, 411-421.

[6] Vial G. Understanding Digital Transformation: A Review and a Research Agenda

[J]. Journal of Strategic Information Systems, 2019, 28(02): 1-27.

[7] Stolterman E., Fors A. C. Information Technology and the Good Life[C]//Kaplan B., Truex D. P., Wastell D., Wood-Harper A. T., DeGross J. I. (Eds.) Information Systems Research. IFIP International Federation for Information Processing. Boston: Springer, 2004, 687-692.

[8] Agarwal R., Guodong G., DesRoches C., et al. The Digital Transformation of Healthcare: Current Status and the Road Ahead[J]. Information Systems Research, 2010, 21(04): 796-809.

[9] Fleaca E. Embedding Digital Teaching and Learning Practices in the Modernization of Higher Education Institutions [C]//17th International Multidisciplinary Scientific GeoConference: SGEM. Albena: Curran Associates, Inc., 2017, 41-47.

[10] Christopher D. B., Mccormack M. Driving Digital Transformation in Higher Education[EB/OL]. (2020-06-15)[2022-01-12]. https://library.educause.edu/resources/2020/6/driving-digital-transformation-in-higher-education.

[11] Henriette E., Feki M., Boughzala I. The Shape of Digital Transformation: a Systematic Literature Review[J]. Grenoble Ecole de Management (Post-Print), 2015, 431-443.

[12] Kuhn T. S. The Structure of Scientific Revolutions[M]. Chicago: University of Chicago, 1970.

[13] 夏振鹏.大数据时代下高校思想政治教育转型研究——评《高校思想政治教育范式转换研究》[J].科技管理研究,2022,42(03): 244.

[14] Kunanbayeva S. S. Educational Paradigm: Implementation of the Competence-Based Approach to the Higher School System[J]. International Journal of Environmental & Science Education, 2016, 11(18): 12699-12710.

[15] 段敏静,裴新宁,李馨.教育系统的范式转变——对话国际教学设计专家 Charles M. Reigeluth 教授[J].中国电化教育,2009(05): 1-6.

[16] 陈劲,尹西明.范式跃迁视角下第四代管理学的兴起、特征与使命[J].管理学报,2019,16(01): 1-8.

[17] Warschauer M. Technology and Social Inclusion: Rethinking the Digital Divide[M]. Cambridge, MA: MIT, 2003.

[18] Accuosti J. Factors Affecting Education Technology Success[C]// ASEE2014 Zone Conference. Bridgeport: University of Bridgeport, CT, 2014.

[19] Education Reimagined. A Transformational Vision for Education in the US[EB/OL].(2021-01-30)[2022-03-10]. https://education-reimagined.org/wp-content/uploads/2021/01/A-Transformational-Vision-for-Education-in-the-US.pdf.

[20] David M. Demand driven education may spark 'new wave of reforms' [EB/OL]. (2018-07-04)[2022-03-10]. https://campusmorningmail.com.au/news/demand-driven-education-may-spark-new-wave-of-reforms/.

[21] Andel V. J. Demand-Driven Education: An Educational-Sociological Investigation[M]. Amsterdam: Amsterdam Vrije Universiteit, 2012.

[22] Land G. T. L. Grow or Die[J]. The Journal of Creative Behavior, 1973, 7(02): 77-132.

[23] 陈丽.教育信息化 2.0: 互联网促进教育变革的趋势与方向[J].中国远程教育,2018

(09): 6-8.

[24] 祝智庭,胡姣.教育智能化的发展方向与战略场景[J].中国教育学刊,2021(05): 45-52.

作者简介

祝智庭(通讯作者)　华东师范大学教授,博士,研究方向为教育信息化系统架构与技术标准、信息化促进教学变革与创新、技术使能的智慧教育、面向信息化的教师能力发展、技术文化等

胡　姣　华东师范大学博士生,研究方向为教育数字化转型、人机协同教育智能、创新教学法

电子邮箱

ztzhu@dec.ecnu.edu.cn

52204108006@stu.ecnu.edu.cn

Chapter 2

我国教育数字化转型框架的研究*

杨　非　王珠珠　郑　浩

> **摘　要：** 教育部在 2022 年启动实施"国家教育数字化战略行动"。教育数字化转型已经成为我国新时代教育改革发展的重大战略,这对于发展智慧教育,构建现代化的国民教育体系具有重大意义。然而学界目前对我国教育数字化转型的理论与实践问题尚缺少全面系统的共识。文章在梳理既往有关数字化转型研究的基础上,分析了教育数字化转型在国家发展战略中的定位,并就其关键点做了阐释;在此基础上,试用系统思维,从理论层面构建我国教育数字化转型的系统框架,以期对我国数字化转型理论创新做出贡献。
>
> **关键词：** 教育信息化;数字化转型;系统框架

当前,数字化转型已经成为新时代国家发展的重大战略,《中华人民共和国国民经济和社会发展第十四个五年规划和 2035 年远景目标纲要》中明确提出:"迎接数字时代,激活数据要素潜能,推进网络强国建设,加快建设数字经济、数字社会、数字政府,以数字化转型整体驱动生产方式、生活方式和治理方式变革。"教育是国家发展战略中优先发展的领域,教育部怀进鹏部长多次讲到并明确提出实施"国家教育数字化战略行动"。但是,学界对这一战略转型的研究还比较少。我们通过"中国知网"平台,对 2019—2022 年中文核心期刊发表的以"教育数字化转型"为主题词的相关论文进行分析,发现已有的研究还未能对这一领域的重大理论与实

---

* 本文系 2021 年度"科技创新行动计划"软科学重点项目"科技创新赋能上海城市数字化转型的路径与对策研究"(项目编号：216921011002020)的研究成果。

践问题做出全面系统的回答。本文力图在这些研究的基础上，对数字化转型的定位、关键点和推进的系统框架展开进一步探讨。

一、教育数字化转型在国家发展战略中的定位

1. 教育数字化转型是国家数字化发展的重要组成部分

早在2010年，《国家中长期教育改革和发展规划纲要（2010—2020年）》就明确指出："信息技术对教育发展具有革命性影响，必须予以高度重视。把教育信息化纳入国家信息化发展整体战略，超前部署教育信息网络。"新一轮科技革命和产业变革深入发展，以及我国数字经济的创新增长正在成为国家高质量发展的重要引擎。而教育在我国社会主义现代化建设事业中的基础性、全局性和先导性地位，决定了教育数字化转型不仅是国家数字化发展的重要组成部分，而且应当超前发展，成为更好适应、支撑、引领经济社会发展的"快变量"[1]。

2. 教育数字化转型是教育高质量发展的必要支撑

当前，我国正向高质量发展阶段迈进，教育的任务从全面普及义务教育转向建设高质量教育体系。高质量教育体系的育人模式、管理方式、人才输出必将具有数字化所带来的内涵和特征，教育本身需要数字化，教育培养出来的人更需要具有适应数字化社会发展的本领。教育部科学技术与信息化司司长雷朝滋表示，推进教育数字化转型，建设以数字化为支撑的高质量教育体系，是我国从教育大国走向教育强国的必由之路[2]。杨宗凯指出，以新网络、新平台、新资源、新校园、新应用和新安全为主要内容的"新基建"是我国建设高质量教育的"数字底座"，应该充分用好[3]。徐晓飞在分析了新冠肺炎疫情中在线教育的发展给教育带来的变化后指出，人工智能与在线教育相融合，将成为未来在线教育智能化发展新的驱动力，形成深度融合、双向互动、重心转变、精准高效等特点，从而将实现

从"学习革命"到"质量革命"[4]。无论从数字化社会发展来看,还是从教育信息化实践来看,教育高质量发展必定要经历教育的数字化转型,必然需要数字化的支撑。

3. 教育数字化转型是加速推动教育变革的有效动力

数字化对各行各业的作用机理决定,教育数字化转型将创新育人模式和教育治理方式,必将打破限制其发展的机制体制障碍。我们看到,教育部等六部门印发《关于推进教育新型基础设施建设构建高质量教育支撑体系的指导意见》,对"互联网+教育"的发展作出了新部署,明确积极推动教育数字化转型、智能升级、融合创新,支撑教育高质量发展[5]。作为全国数字化转型的试点,上海2021年在《上海市教育数字化转型实施方案(2021—2023)》中明确提出:围绕立德树人根本任务,更新教育理念,变革教育模式,以数字化支撑高质量教育体系建设[6]。2022年3月,国家智慧教育平台正式上线,展示了教育数字化战略行动取得的阶段性成果,受到社会各界的普遍好评。这些都说明,加速教育数字化转型已经成为教育界加快实现教育现代化的必然选择和新动力。

二、教育数字化转型的关键点

当前,数字化转型在我国已经不是概念,而是国家战略和正在推进的实践。它从具体企业到行业、区域,正在形成相应的理论和模式。一般认为,企业的数字化转型是利用数字化技术和能力来驱动企业商业模式创新和行业生态系统重构的一种方法,目的是实现企业业务的转型、创新、增长。2021年初上海市对推进城市全面数字化转型提纲挈领地提出"整体性转变、全方位赋能、革命性重塑"[7]。在全国数字转型推进过程中,教育数字化转型一词也已被理论和实践工作者所使用和诠释。兰国帅、祝智庭和刘敏辉等都对教育数字化转型的内涵进行了研究和论述。他们在分析美国高等教育信息化协会(EDUCAUSE)关于数字化转型定义的基础上，分别论述了数字化转型内涵。如：兰国帅等认为，数字化转型指通过机构转型，利用一系列相互协调的文化、技术和劳动力的改革创新，实现教学模式、运营模式和价值主张的创新[8]；祝智庭等认为，数字化转型是建立在数字化转换（从模拟格式到数字格式的转变）、数字化升级（利用数字技术和信息改变组织的运作过程）基础上的转型，指向系统化的发展，并在此基础上进一步明确，教育数字化转型指的是将数字技术整合到教育领域的各个层面，推动教育组织转变教学范式、组织架构、教学过程、评价方式等全方位的创新与变革。[9]我们认为，数字化转型是利用信息技术的方法，遵循相关思维方式，驱动教育模式创新和生态系统重构的途径、方法与过程。它以强调数据要素的作用及其业务的系统性、整体性和综合性变革区别于以往的教育信息化。基于这些认识，我们尝试找出数字化转型的关键点并进行初步分析。

1. 教育数字化转型是教育信息化发展的新阶段

无论是关于教育数字化转型三阶段（数字化转换、数字化升级和数字化转型）的论述还是正在推进的实践都说明，教育数字化转型是教育信息化的延伸与深化。如果把教育信息化作为利用信息技术与资源，推进教育现代化的过程，那么数字化转型就是教育信息化过程中的一个新阶段。这个阶段将全面深入应用大数据、云计算、人工智能、区块链等新一代信息技术，以充分发挥数据作为改革新动力为技术特征，推动教育走向系统、综合和整体的变革。与"互联网+教育""智慧教育"等概念相比，它们都是教育信息化过程中不同角度的阶段概括，相互之间既有时间上的重叠又有特征上的差异。这种从不同的技术支持作用和价值取向视角出发所产生的差异，对于厘清现实可能、战略机遇和风险规避等问题，在理论上具有一定意义。但对于实践工作者特别是一线的学校领导和教师，这种差异可以忽略。实践工作者只要把数字化转型放入教育信息化的特殊发展阶段，思想上认识其技术作用的系统性、整体性和对教育影响的综合性，在实践中坚持需求导向、应用为王，那么用哪种概念来描述这一过程都无大碍。反之,如果把理论工作者和实践工作者推入概念体系的研究和辨析之中,无疑会本末倒置,贻误发展的关键时机。

2. 教育数字化转型的核心是人才培养和知识贡献业务的转型

把业务转型作为教育数字化转型的核心,是我国教育信息化发展的必然方向,也是其他行业领域数字化转型后绩效明显提升的基本经验。我国教育信息化已经走过起步阶段,2012年后全面进入应用阶段,2018年后进入融合创新阶段。教育部的数据显示:全国未接入互联网的学校已经实现了动态清零,95%以上的学校拥有多媒体教室。① 这些基础能力为学校师生获取优质教育资源、进行广泛交流互动,提供了新的渠道和方式,为缩小区域、城乡、校际信息差距提供了可能,已经成为现代化教育的基础设施。教育的数字化转型必然要求对过去已经建设的诸多单个信息系统进行升级集成,提供一站式服务,"让信息多跑路,师生少跑腿"。这种技术上从单一服务向综合性服务的转变,在给师生、学校和社会用户带来应用便捷和良好体验的同时,也为通过各种应用终端和信息系统伴随式收集数据提供了可能,奠定了发挥数据作为教育创新动力的基础。仅从一些学校或区域数字驾驶舱的建设与应用中就不难看出,依托多系统、大数据的汇聚与分析,将使教育从经验逻辑研判走向数据支持的分析研判。因此,在技术支持下,教育业务核心的数字化正呈现综合性和整体性发展的特征,必将对我国教育优化要素、调整结构、创新价值和构建新业态产生重大的影响。《全数字化赋能——迎击颠覆者的竞争战略》一书中指出,教育行业与技术服务业、零售业、娱乐业、电信业等相比,距"数字化旋涡"中心相对远一些。[10] 该书作者用自然界的旋涡比喻数字化过程,如同在旋涡作用下,原有的实体要素与新生的数字化要素之间处于频繁碰撞、重组、变革的状态。距"数字化旋涡"中心越近的行业,相对来说碰撞、重组、变革就越剧烈。在实践中我们也已经看到,我国距旋涡中心较近的

---

① 数据来源:《对十三届全国人大四次会议第5205号建议的答复》(教科信建议[2021]15号)。

这些行业,大都经历了数字化转型,有的已经形成数字经济新业态。教育业务的属性与这些行业有着很大不同,但它们在数字化转型中的成功经验和失败教训也可以为教育数字化转型提供借鉴。数字化转型在转变核心业务模式时,需要抓住师生需求和社会满意度去优化变革业务流程,而不能拘泥于现有业务信息的数字化形式。教育数字化转型应抓住培养适应新时期需要的高质量人才和为人类社会做出知识贡献这个核心业务去优化流程,在教育教学和教育治理模式转型上下功夫,去催生更高效、富有弹性的教育新业态。

3. 教育数字化转型的主要实践载体是学校

各级各类学校是教育的基层组织,也是教育数字化转型的基础单元,更应该成为数字化转型最重要的实践载体。我国教育数字化转型仍处于发展早期,特别需要深入总结实践经验并进行理论创新。学校作为教育活动最集中的场所,因地制宜、创造性地推进数字化转型的实践活动,既是实践的需要,也是深入理论研究的重要途径。我国各地各级各类学校既有组织结构比较紧密的优势,又有文化和管理方式上的差异,正好利于不同的学校积极探索、解决各自面临的多样化问题,创造多种发展模式,丰富和增强对我国教育数字化转型的理论与实践指导。

4. 教育数字化转型的主体是教师和学生

在以业务为核心的数字化转型中,教师和学生处于主体地位。他们虽然在自身数字化素养提升过程中处于客体的角色,但这并不影响他们是数字化转型中的行为主体的定位。首先,全面提升教师学生的信息素养(包括数字素养、智能素养)是数字化转型的重要基础条件,没有师生基本的素养提升,就不可能与教育新基建结合,产生新的教与学模式,从而提升教育质量。其次,师生不是被动地在教与学中应用技术,而是基于技术的教与学方式的积极参与者和创建者。新的技术环境给师生的教学交互带来了新的工具和方法,也使教学活动的双向互动变得更加频繁,师生由此成了新的教学方式创建的参与者和新的教育资源的开发者。再次,帮助教师尽早实现自身数字化转型,是促进教师更好地发挥对学生成长的指导作用,应对以学习者为中心的教学中的复杂性和多样性的重要途径,也应该成为发挥师生主体作用的重要推进策略和工作切入点。只有把主体的内生动力激活,教育的数字化转型才能真正加速。

5. 教育数字化转型中的思维方式转变

近年来,人们已经意识到信息技术对人类生产、生活的改变并不限于技术的作用,其背后的思维方式同样发挥了重要作用。在数字化转型过程中,教育界可以借鉴互联网"用户思维",深入落实以学习者为中心的教育观,把学生放在学习的主体地位;借鉴"平台思维",破解供需矛盾,通过教育资源平台更好地联系学习者与社会各方面的资源提供者,优化开发和应用流程,提高资源的适配度和开发效益;借鉴"迭代思维",不断反思教育教学效果,完善教育教学策略;借鉴"极致思维",面向每一位学生,帮助每位学习者个性化地成长成才。思维是行动的先导,只有解放禁锢的思想,冲破狭隘的思维定式,才能焕发出教育数字化转型的新活力。

6. 教育数字化转型的可持续性保障

教育的数字化转型离开学校与社会、政府相关联的生态系统,单凭师生、学校甚至整个教育系统都将难以推进。因此,生态系统的建立是教育数字化转型的可持续性保障。从技术层面讲,网络系统和数据中心的运行与安全、智能应用系统的开发、迭代与服务等已经成为信息时代教育变革中不可或缺的环境、条件和生态系统。从政策层面讲,学生在校学习用智能化终端的配套、使用和禁忌,各类单位开发的优质资源的审定、采购和服务,生均教育经费采购信息化设备和资源服务政策的落实,都直接影响教育数字化转型的进程,也是建设良性发展的教育数字化转型生态及其可持续发展亟须解决的关键问题。

三、教育数字化转型的系统框架

教育数字化转型不是数字技术及相关技术单纯作用的结果,也不是技术、教育等相关因素作用叠加的结果,而是一个多因素、多子系统构成的复杂的系统工程;是将以学校为主的教育机构置于人际社会、物质世界和信息世界(以下简称"三维空间")中,并与之相互作用和相互影响的过程。涉及学生、教师、家庭、社会和政府的全面数字化转型。图1尝试用系统性思维对教育数字化转型的系统框架进行描述。

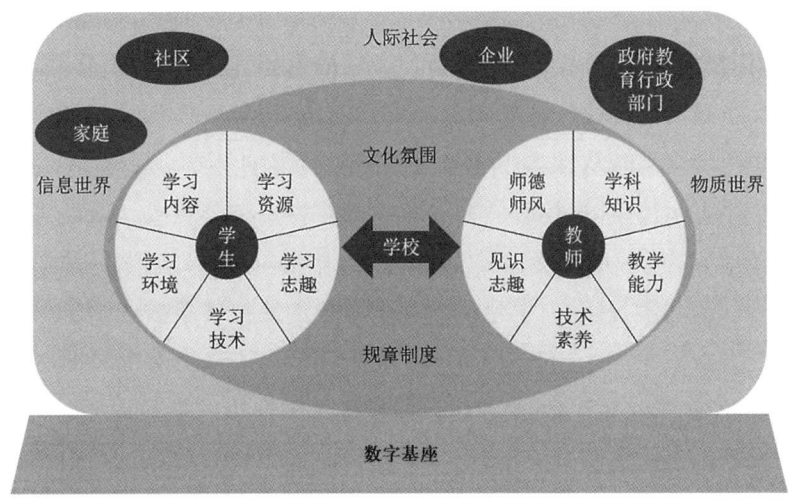

图1 教育数字化转型的系统框架

1. 系统总体描述

学生和教师作为教育数字化转型系统的核心要素和转型的主体,处于系统的中心地位。他们既共处于学校教育环境之中,又共享着信息时代广域"三维空间"。他们既享用着由新网络、新平台、新资源、新校园、新安全等构成的教育信息化基础设施(教育数字底座),又生活在国家网络信息基础设施支撑下的数字应用环境之中。家庭、社会、政府作为教育数字化转型的相关者和生态系统构建的参与者,成为该系统的重要影响要素。

2. 学生数字化转型子系统

学生数字化转型是适应数字化时代的学习模式转变和自身素养提升的过程。在传统学习中,学生的学习内容主要是学校提供的课本,学习方式主要是由教师耳提面命地传授,德、智、体、美、劳诸方面的学习和体验均在学校、家庭的人际关系和物质世界中完成。而今天的学生不仅是在数字化、网络化、智能化的学习环境中学习,他们的学习内容(包括品德修养、知识技能、身心成长、艺术素养和劳动的情感、能力及价值观)及范围都发生了很大的变化。信息渠道的日益丰富,使学生仅从学校提供的课本中学习转向了既从课本中学习又从三维世界中学习。在这种情况下,整合学生生活体验、学校教学内容和在三维世界的非正式学习内容和学习资源就成为学生学习模式转变的重要线索。这包括由学生的学习内容、学习资源、学习环境、学习技术和学习志趣等要素组成的学生数字化转型的自身子系统,也包括学生与其他同学、教师和三维世界的交互作用。我们认为,在教育数字化转型中,学生的学习志趣是激活学生数字化转型内生动力的主要着力点,比以往任何时候都更重要。包括信息技术素养在内的学习素养固然十分重要,但学生的志趣对学生数字化学习模式的良好形成更加重要,可能成为他们发展的导航器、加速器。数字化时代学生因为有了更多的内容、场景和空间的选择,需要运用学生自身的学习志趣对学生数字化学习的方向、速度和持续性、深入性进行导航和加速,从而在特定的学习环境、教学资源、技术能力作用下,对学习目标的内化效益得到倍增。反之,则可能在不良的导向下产生学习倦怠、厌恶,甚至走向反人文精神的邪路。

3. 教师数字化转型子系统

近年来我国教师信息素养普遍提升，大多地区教师教学用机基本达到或超过了"人手一机"。充分利用这些有利条件，有效调动教师自身数字化转型的积极性，可以加速我国教育的数字化转型。在传统教育中，教师的品德修养、学科知识、教学能力是必备的。在信息化时代，教师的信息素养提升已经成为必备要求，但光有这 4 个要素，并不能构成导航器和加速器，促进教师数字化转型子系统良性发展。我们认为，教师的见识、志趣是今天面对多种化、个性化的学习需求的导航器和加速器，也是激发其内生变量的关键点。今天的教师已经不可能全面回答学生们提出的所有问题，必须通过网络学习，扩大视野，增长见识，培养持续学习、终身学习的能力，实现从"教书匠"向学生学习导师的转变。数字赋能教师的效果不仅应该体现在公开课、示范课上，更应该体现在把信息技术渗透于课前、课中、课后所需要的各环节中，积极倡导教师在先进教育思想指导下，用好各种数据，建立人机协同的新型教学方式，优化教学过程，实现因材施教。

4. 学校数字化转型中观系统

学校数字化转型系统既与学生、教师数字化转型子系统具有包含关系，又是教育数字化转型大系统的中观系统。它在自身系统内是由师生关系、生生关系、领导者与被领导者在学校文化、规章规制的作用下，基于"数字底座"运行的。此外，它又影响并受制于更大的宏观背景（包括通过三维世界融入其中的政府、家庭、社区、企业等系统）。学校数字化转型的重点不在于建设先进的智能化校内环境，而应该放到构建"云网端边"一体化的应用上，回归到立德树人的教育根本任务上。先行数字化转型行业的经验说明，根据目前的技术发展，一个机构在一个业务场景能够取得数字化转型成果就是很了不起的。[11] 同理，学校数字化转型不可能一步到位，需要将学校的教育教学队伍、技术队伍、管理队伍与相关教育技术事业单位、技术企业的服务团队联合起来,针对学校发展需要突破的场景,形成方案、合作攻关。可以在教学、评价、教师研修、学校治理等具体应用场景中选择突破点,逐步通过应用积累数据,实现学校领导和教师基于数据分析的教学决策和管理决策。学校数字化转型的过程也是提升学校治理能力的过程,要转变单纯自上而下的行政命令方式,加强自下而上和自上而下的沟通,把学校文化与数字时代的思维方式融合起来。近年来,董玉琦团队提出文化、技术、内容与学习者统合的教育技术研究范式(Culture, Technology, Content, Learner, CTCL 范式),[12]祝智庭指出,遵循人本主义理念并形成人本人工智能教育新应用,将有力促成一种新型应用范式——教育人工智能应用范式,其决策突出了"以人为中心"的综合范式,并在与人的交互中逐渐呈现人机联合决策的趋势。[13]这些都显示了国际教育反思的成果,强调人文与科技的结合[2]。只有这样,学校的数字化转型才能从以自上而下的行政推动为主的范式,走向自觉按需运行的范式,形成促进师生积极探索数字化转型的新文化和新技术的内生动力。并通过一段时间的探索,把其中的观念和流程以规章制度的形式得以续存并指导实践。

5. 教育数字化转型中的教育行政管理部门转型

教育行政部门的数字化转型是教育数字化转型系统中的重要组成部分,承载着规划、投入和推动技术创新、应用创新和组织创新的重任。特别是在"云网边端"一体化发展的技术趋势下,网络化、智能化的基础设施建设与应用,需要教育行政部门的规划和统筹;教育的物理空间与信息空间建设与融合,需要列入政府提供的基本公共服务或基本办学条件;从购买硬件设备到合理配置硬件软件及服务,需要政府在制度上保证教育服务的购买;已经建设的诸多信息化系统升级、集成、互通,需要政府不仅着眼于技术的迭代,更要着眼于利益相关者(特别是学校)诉求的合理有序满足。在未来的数字转型中还将遇到的更加突出的问题,无不呼唤教育治理方式和机制的创新,也由此考验着教育行政管理者以及所代表的政府职能部门的观念、智慧和服务能力。所以教育行政部门的数字化转型重点需要放在观念的转变、对解决方案的智慧决策能力和服务系统内部及社会的能力提升上。

6. 教育数字化转型系统的宏观环境

教育数字化转型系统,除上述 4 个部分外,其他部分既是系统的宏观环境,也是系统的重要背景、支撑和互动条件。数字化正在重塑教育在人类活动中的地位和作用,学校不再是"象牙塔"。学校和教育行政部门均处于由政府(指教育行政部门以外的政府其他部门)、社区(物理社区+网络社区)、学习者家庭、数字化产品和服务机构等构成的环境要素相互作用之中。三维世界的交织性和交互性,以及人们正在热议的元宇宙的发展,要求教育必须重新探索人与自然、人的智能与机器智能的协同发展以及规避风险之路。建设好教育数字化转型的生态系统,充分利用数字中国、网络强国、智慧社会建设和发展带来的重要资源,是加速推进教育数字化转型这一系统工程的战略制高点。

综上所述,我们认为,从系统性、整体性和综合性的角度看教育数字化转型,既需要着眼于整个教育系统数字化转型,又需要着力调动各子系统、中观系统的积极性,使之发展和完善自身,并产生创新张力,促进、支撑、牵引其他子系统及整个系统的变革,以教育模式的改变、教育组织结构的优化、教育流程的重构、教育新业态的萌生,加速信息时代的教育变革。

参考文献

[1] 教育部部长怀进鹏:使教育成为更好适应、支撑、引领经济社会发展的"快变量"[EB/OL].(2022-02-28)[2022-08-15].https://xw.qq.com/cmsid/20220228A0BRD400.
[2] 刘洋,雷朝滋:建设数字化支撑的高质量教育体系是教育强国必由之路[EB/OL].(2022-08-07)[2022-08-15]. https://www.bjnews.com.cn/detail/1659839318169049.html.
[3] 杨宗凯.用好高质量教育支撑体系的"数字底座"[N].中国教育报,2021-08-09(2).
[4] 徐晓飞.疫情后新常态下的智能在线教育[J].计算机教育,2020(11):4-7.
[5] 教育部等六部门.关于推进教育新型基础设施建设 构建高质量教育支撑体系的指导意

见[EB/OL].(2021-07-21)[2022-08-15].http://www.moe.gov.cn/srcsite/A16/s3342/202107/t20210720_545783.html.

[6] 王星.擘画教育数字化转型蓝图,《上海市教育数字化转型实施方案(2021—2023)》公布[EB/OL].(2021-11-10)[2022-08-15].https://wenhui.whb.cn/third/baidu/202111/10/433631.html.

[7]《关于全面推进上海城市数字化转型的意见》公布[EB/OL].[2021-01-08]. http://www.cac.gov.cn/2021-01/08/c-1611676479346954.htm.

[8] 兰国帅,张怡,郭倩,孔雪柯,魏家财.推动高等教育数字化转型:优化、持续和创新——《2020年十大IT议题》报告解读与启示[J].开放教育研究,2020(10):12-14.

[9] 祝智庭,胡姣.教育数字化转型的实践逻辑与发展机遇[J].电化教育研究,2022(01):5-14.

[10] 迈克尔·韦德,杰夫·劳克斯,詹姆斯·麦考利,安迪·诺罗尼亚.全数字化赋能——迎接颠覆者的竞争战略[M].瑞士洛桑管理发展学院,译.北京:中信出版社,2019.

[11] 武常歧,董小兵,海广跃,凌军.数字化转型战略与机制创新[M].北京:北京大学出版社,2021.

[12] 董玉琦.教育技术研究导论[M].北京:教育科学出版社,2020.

[13] 祝智庭,胡姣.教育智能化的发展方向与战略场景[J].中国教育学刊,2021(05):45-52.

作者简介

杨 非　教育部教育技术与资源发展中心(中央电化教育馆)副主任

王珠珠　华中师范大学特聘教授,中央电化教育馆原馆长,教育部基础教育资源中心主任、研究员

郑 浩　华东师范大学教育学部教育信息技术学系博士研究生

电子邮箱

Yangfei_cn@126.com

wzhuzhu@163.com

1296965744@qq.com

Chapter 3

教育数字化转型试点工程：教育数字基座建设标准体系研究*

吴永和　朱丽娟　卜洪晓　陈　翼　马晓玲　李海伟

摘　要：为了推动教育数字化转型下的教育数字基座建设，本文首先从理论探索和政府推进两个方面，论述教育数字化转型发展孕育教育数字基座的建设。接着从数字基座概念分析、行业和教育数字基座等三个方面介绍数字基座概念与特征，分析教育数字基座服务新模式，剖析教育数字基座的总体架构，阐释教育数字基座核心结构——物联、组织、数据、消息和应用等五大中心，构建教育数字基座标准体系并给出教育数字基座的十个分部标准简介。最后说明教育数字基座建设实践探索情况，以期促进我国教育数字化转型建设，推进高质量教育体系建立，实现教育现代化。

关键词：教育数字化转型；教育数字基座；总体架构；核心结构；标准体系；分部标准

一、引言

近几年来，国际组织和各国发布了一系列教育数字化转型政策文件。2020年9月，联合国教科文组织、国际电信联盟和联合国儿童基金会联合发布《教育数字化转型：学校联通，学生赋能》(The Digital Transformation

---

* 本文系国家社会科学基金2021年度重大项目"面向未成年人的人工智能技术规范研究"（项目编号：21&ZD328）、2021年度"科技创新行动计划"软科学重点项目"科技创新赋能上海城市数字化转型的路径与对策研究"（项目编号：216921011002020）、上海电教馆"上海市学校数字基座标准研制服务"项目研究成果。

of Education：Connecting Schools，Empowering Learners）以关注教育的数字化连通[1]。同年，欧盟发布了《数字教育行动计划（2021—2027）》（Digital Education Action Plan 2021‐2027)[2]，明确了欧盟层面未来需要推进"促进高性能的数字教育生态系统的发展"和"提高数字技能和能力以实现数字化转型"两大战略事项[3]。

自2013年起，国家在数字化转型上提出了相关重要战略以支持各行各业的数字化发展。其中2021年发布的《中华人民共和国国民经济和社会发展第十四个五年规划和2035年远景目标纲要》在第五篇"加快数字化发展　建设数字中国"中明确提出：迎接数字时代，激活数据要素潜能，推进网络强国建设，加快建设数字经济、数字社会、数字政府，以数字化转型整体驱动生产方式、生活方式和治理方式变革[4]。2021年8月30日，教育部同意将上海作为教育数字化转型试点区，发布了《教育部关于同意将上海作为教育数字化转型试点区的函》[5]。2021年11月上海发布了《上海市教育数字化转型实施方案（2021—2023）》（简称实施方案）[6]，为上海整体推进教育数字化转型、全方位赋能教育综合改革、革命性重塑高质量教育体系、服务国家战略和上海城市发展擘画新蓝图。该实施方案明确了八项主要任务，其中一项任务是打造教育数字基座，赋能各类教育应用发展，首次提出"教育数字基座"一词。《教育部2022年工作要点》[7]指出实施教育数字化战略行动，加快推进教育数字化转型和智能升级，健全教育信息化标准规范体系。2022年4月，上海市印发《上海城市数字化转型标准化建设实施方案》[8]，其中教育在"完善服务民生的生活数字化转型标准"任务中被提出。

上海市教育委员会将研制学校数字基座及教育数据等标准列入教育数字化转型标准化建设任务，本文作者有幸作为上海教育数字化转型标准化委员会专家参与教育数字化转型标准化建设工作，带领团队主导研制了作为教育数字化转型1号工程的上海市教育数字基座系列标准，并参与宝山、长宁和徐汇三个试点区的建设。2021年11月3日，上海市教育委员会发布了《上海市教育委员会关于转发〈学校数字基座需求说明与建设标准(试行)〉等标准规范的通知》,以加快推进上海教育数字化转型,保证中小学校在实施学校数字基座工作中符合统一标准规范。鉴于以上情况,本文将在教育数字化转型战略视域下,基于上海市教育数字化转型1号工程教育数字基座建设的实践,阐释数字基座概念与特征、教育数字基座服务新模式、教育数字基座的总体架构、数字基座核心结构、数字基座标准体系、教育数字基座建设情况。

二、教育数字化转型发展

1. 理论探索

近年来,国内外专家学者开始对教育数字化转型理论进行探索。祝智庭[9]等研究构建一个整合性的理论框架,从社会数字化转型的基本原理、教育数字化转型国际现象及其内涵的概念论层面锚定转型支点和价值基点;从进化论、催化论、应变论、嬗变论、智慧教育论的变因论层面解析教育数字化转型的机理逻辑;从教育数字化转型的实践原则、框架、领导力发展、成熟度测评和敏捷法的基本性方法论层面勾勒教育数字化转型的实用方略。顾小清[10]从价值导向出发,增强理论引领与典型示范作用,强调数据智能促进学、教、管、评多场景应用,以此阐释未来教育数字化转型的发展方向。

祝智庭、胡姣[11]构建了教育数字化转型的核心要素框架,从教学维度、基础设施维度、管理维度和外延维度分析了教育数字化转型实践的基础性场域,并从新范式、新思维、新能力、新环境、新资源、新应用和新文化的发展层面叙述了教育数字化转型的未来研究方向。祝智庭、郑浩、谢丽君、吴慧娜、吴永和[12]等从新网络(为教育数字化转型建设基座)、新校园(为公平优质校园再造环境)、新平台(为教育融合创新铺路搭桥)、新资源(为深度学习体验提供支持)、新应用(为教育数字化转型积极行动)、新安全(为教育绿色韧性发展护航)六方面阐释了教育新基建对教育数字化转型的需求,并提出相应的行动建议。

王运武、李袁爽、姜松雪、李雪婷[13]等指出在疫情背景下,高等教育亟须加快数字化转型,以重塑更具适应性和灵活性的高等教育新生态。文章解读了美国《2022 地平线报告(教与学版)》(2022 EDUCAUSE Horizon Report, Teaching and Learning Edition),为理解高等教育数字化转型提供了新视角,并通过对重构高等教育新生态的时代诉求进行分析,深度解读了重塑未来教与学的社会、技术、经济、环境和政治趋势,剖析了教与学采纳的六项关键技术。

祝智庭、胡姣[14]指出,教育数字化转型的实践逻辑可被视为具有价值意图支配的行为选择,在实践活动中深层次的生成原则包括:"问题驱动+理念引领"的原则、"系统进化+创新突破"的原则和"价值评估+迭代优化"的原则。目前,在构建智能社会新生态、构建高质量教育体系和新型冠状病毒肺炎外部压力催化的背景下,教育数字化转型面临着难得的发展机遇,但当下教育数字化转型的实践与所期待的价值取向还存在一定差距。因此,需要研发教育数字化成熟度模型或框架,开展全国性的教育数字化就绪行动,做好各级各类教育数字化转型试点,重视教育数字化转型的相关教育理论研究,以更主动的姿态迎接世界教育变革的浪潮。

祝智庭、彭红超[15]提出,后疫情及"十四五"时期,增强教育系统韧性的数字化转型将出现无边界、多通道、"去中心"、分布式、自治性、自修养等六大新路向。2020年《政府工作报告》首次写入了"新型基础设施建设",各行各业开启了信息基础设施、融合基础设施、创新基础设施的建设,数字化转型的进程在加速推进。针对行业数字化发展和业务场景数字化的需求,数字底座、基座的概念、设计、功能应运而生。

祝智庭、许秋璇、吴永和[16]基于教育信息化新基建标准需求分析,从数字底座、体系规范、应用场景、目标引领四个层面建构了面向教育信息化新基建的标准需求框架,指出研究自主可控的教育信息化底座架构:教育信息化已经进入跨界融合、智能引领、系统创新的新阶段,给教育数字化转型升级带来了新的机遇,而研究自主可控的教育信息化底座架构是加速教育数字化转型升级的战略行动,建议参照一种融入新兴技术的5G泛联网架构。

综上所述,教育数字基座的诞生是教育数字化转型实践探索的产物,教育数字化转型是指通过在教育生态系统中充分利用数字技术的优势促进教育的系统结构、功能、文化发生创变的过程,使教育系统具有更强的运行活力与更高的服务价值[17]。

2. 政府推进

为贯彻党的十九大精神,进一步落实教育部《教育信息化2.0行动计划》和《教育部等六部门关于推进教育新型基础设施建设构建高质量教育支撑体系的指导意见》[18]。2021年11月《上海市教育数字化转型实施方案(2021—2023)》发布,明确八项主要任务之三是打造教育数字基座,赋能各类教育应用发展。上海市政府通过建设学校数字基座,推进服务购买,改善信息化建设、管理及应用模式。以制定学校数字基座建设标准为引领,推进整体规划统筹,以整区推进、学校为最小建设单位,推进"政府定标准、搭平台,企业做产品、保运维,学校买服务、建资源"的信息化建设及运维模式,促进教育管理业务重组和流程优化,支持管理决策和教育治理,促进校、区、市三级的数据有效融通共享,为基层教育单位进行技术减负、管理减负,推进数字化转型来赋能教育变革和高质量发展。

上海市政府提出基座及应用标准总体要求,应遵循"六个统一"原则,即统一门户集成、统一用户管理、统一授权管理、统一接入管理、统一资源管理、统一安全防护,在市级数据标准的基础上,建立校级数据库。实现多源异构数据的有效管理,集数据采集、转换及加载于一体,在各个应用之间实现数据交换,并能向上级数据中心提供可靠的数据。标准对学校在基础应用、系统技术、系统安全和系统运维等方面进行了规范,并为学校提供教育信息化服务的供应商。学校数字基座建设计划将分为数据治理、试点先行,数据融通、系统整合,生态建构、教育创新三个阶段分步有序地推进建设。

三、数字基座概念与特征

1. 数字基座概念分析

"数字基座"也称"数字底座",该词源于华为轮值董事长郭平发表的题为《建设智慧城市的马斯洛模型》[19]的主旨演讲。这篇演讲指出:"城市的数字化转型纷繁复杂,没有任何一种技术可以独立支撑城市数字化,一定是多种技术的组合,称之为'数字底座'。"2021年12月25日,中国信通院[20]发布《企业数字化转型蓝皮报告——新IT赋能实体经济低碳绿色转型》,指出"新IT"作为数字基座,能发挥帮助企业降本增效,打造敏捷化服务,减少能耗和碳排放的重要价值,赋能实体经济数字化转型。非教育行业将"新IT"作为数字基座,指出数字基座不仅提供技术、服务、解决方案,还要赋能企业发挥价值,以及赋能实体经济数字化转型。杨宗凯[21]指出,从技术视角来看,教育新基建是高质量教育支撑体系的"数字底座"。教育新基建是指以技术创新为驱动,以信息网络为基础,为满足教育高质量发展需要提供数字转型、智能升级、融合创新等服务的基础设施体系,具体包括六个"新":新网络、新平台、新安全、新资源、新校园、新应用。新网络、新平台、新安全属于信息基础设施,是支撑教育信息化发展的"基石";新资源、新校园属于融合基础设施,是在新网络、新平台、新安全的基础上,根据教育实际,孕育出具有行业特色的基础设施;新应用是基于新资源、新校园,信息技术与教育教学深度融合的创新应用基础设施。六个"新"整合在一起,构成了高质量教育支撑体系的基座。

由此可见,教育中的基座在《教育部等六部门关于推进教育新型基础设施建设构建高质量教育支撑体系的指导意见》[22]下统一了其外延与内涵。

2. 行业数字基座及其特征

(1) 华为公司打造"鲲鹏+昇腾"新计算"底座"[23]

华为发力构建"鲲鹏+昇腾"生态,打造"鲲鹏+昇腾"新计算"底座",提供"三层架构+五个平台+三类生态"的整体框架,发挥自身技术优势,与行业伙伴一道,做端、管、云、平台协同的智慧城轨发展引擎,共同推动轨道交通行业的数字化转型。目前,华为已与产业伙伴联合创新,为政府、金融、运营商、电力、交通、互联网等广大行业客户提供了基于鲲鹏处理器的 IT 基础设施和服务。

(2) 百分点公司诠释作为"数字底座"的新基建[24]

基于对新基建的认识,百分点公司构建了新型智慧城市建设架构,包含"互联网、物联网、移动通信网、天基通信网"四张网络,以及"超融合云平台、大数据平台、人工智能平台、联动指挥平台"四大平台,覆盖"大屏端、PC 端、移动端、车载端"四类终端,以数据驱动政府智慧运行,推进政府治理能力提升和治理体系现代化。百分点公司通过实际案例诠释了作为"数字底座"的新基建由四张网+四大平台+四类终端构成,在这样的数字底座之上可以催生更多新的数字化和智慧化应用场景。

(3) 百度地图成为中国新基建数字底座的一部分[25]

2020 百度地图生态大会现场对外公布了"新一代人工智能地图"生态全景 2.0,展示了百度地图一年来引领行业创新和赋能生态的新进展,成为中国新基建数字底座的一部分。百度地图数字底座由海量用户与海量数据+强大的人工智能(Artificial Intelligence,AI)能力+基于二者搭建的开放平台,将技术开放给行业和开发者,助推产业智能化升级。

(4) PKC 技术体系构建现代数字城市底座[26]

基于中国电子的"PKC"(飞腾处理器 Phytium、麒麟操作系统 Kylin、易捷行云云平台 EasyStack Cloud)技术体系构建现代数字城市底座,提供了包括云计算、大数据、人工智能、物联网、视联网、时空地图、区块链等建设现代数字城市所需要的基础技术平台,以及支撑现代数字城市业务的数据中台、智能中台、数字孪生三大中台,从而为数字经济、数字政府、数字文化、数字社会、数字生态等五大类业务提供一体化交付的新一代数字化基础设施。

综上所述,行业数字底座的构建已经不再是只有技术融合的狭义的底座,而是具有以下特征的广义底座:

① 数字底座是云、数、智、物、链、视、图等多种技术的融合发展。

② 数字底座是强基,是支撑各行各业实现数字化转型的数据+多种技术等整合的智慧体。

③ 不同行业根据自己的需求,有属于本行业自己的数字底座,能够支撑行业需求的应用和功能。

④ 通用数字底座+行业需求+解决方案可以构成其他各行各业的数字底座。

⑤ 数字底座是实现各行各业数字化转型成功的关键。

非教育行业数字底座的发展为教育数字基座的发展提供了技术储备和建设经验。

人工智能时代,信息技术为学校信息化建设提供了多种途径,这也造成了学校各自为政、各自开发,从而造成功能碎片化和标准差异化的情况,与"一网通办"不能较好地契合,从而影响教育现代化的实现和发展。数字基座是以新兴技术为底层支撑,以构建开放共享、技术集成、交互可视的数据治理综合体系。学校数字基座作为数据中心,是多种技术的组合,是教育数据汇聚地,其完整、规范、准确的数据体系能够将来自各级各类教育平台的多源、多态、异构、海量的数据,进行标注定义及分层建模,使得不同平台之间的数据高效融通共享,形成"物联、数联、智联"一体化的学校数字基座新生态。

3. 教育数字基座及其特征

上海是全国首个数字化转型试验区,"教育数字基座"一词首次出现在上海市数字化转型8项任务之中。上海市教育数字基座建设依托上海数字化转型契机,研究现有的非教育行业的数字底座功能以及如何赋能教育应用发展,提出以数据为核心、生态为基础、能力为导向,将数据、生态和能力聚焦于校级数字基座的构建,纳入校区市管理的三级架构(平台),进行数据访问、信息分发、教育服务以及用户(三级统一)管理,切实体现教育数字基座这一基础服务设施,并努力将其建设成为可控、可信、可用、智能、高效的教育高质量新基础服务设施。

因此,教育数字基座应该具有以下特征:

(1) 是数字经济时代为教育服务的新型基础设施,承数字化转型、智慧化升级之重。

(2) 包含多种技术架构和解决方案,能够应对教育中的多种问题。

(3) 能够支撑各种教育应用的使用,赋能教育应用发展并产生增值服务。

(4) 数据、生态和能力是基座中不可缺少的三要素。

基于数字基座(中台)技术的教育应用场景,如上海外国语大学"数据中台系统"实现"让一切业务数据化,一切数据业务化"的目标,契合高校信息化建设的方向。该数据中台可以对海量数据进行采集、计算、存储、加工,形成标准的大数据资产层,为组织的内外部客户提供高效数据服务;支持前端各类数据服务,对后台原始数据进行加工和整合后生成的各类数据集合;采用开源和自主开发相结合的方式进行建设;针对数字化校园建设中存在的数据"不可知、不可控、不可信、不可用"的问题,南京理工大学启动了数据治理体系建设,以数据的"采、管、用"为目标,以全量数据中心建设和数据中台服务为依托,旨在提升智慧校园数据服务能力,为学校提供全面、高效、精准的数据支撑。

上海是全国首个教育数字化转型试点区,在解读、分析了现有的非教育行业和教育行业赋予数字底座和数字基座的概念后,在《上海市教育数字化转型实施方案(2021—2023)》中明确指出按照"物联、数联、智联"原则,全市统筹,试点引领,以区为主体,搭建开放共享、数据互通、技术集成、应用协同、交互可用的教育数字基座,实现各级各类应用系统连接和复用。构建学校数字基座是促进教育数字化转型的必然要求。笔者研究分析了实施方案中对教育数字基座赋予的能力,同时结合现有的各行各业赋予数字底座或基座的概念与能力,认为教育数字基座是集成了数据、技术、应用和生态的一个智慧体,该智慧体按照"物联、数联、智联"原则可以实现开放共享、数据互通、交互可用、生态进化,并赋能各类教育应用发展。学校数字基座(Education Digital Base,EDB)是以新技术广泛应用为重点,汇聚各级各类教育平台的多源、多态、异构、海量的数据,构建开放共享、技术集成、交互可视的教育数据治理综合体系。

四、教育数字基座服务新模式

1. 技术要求

虚拟化、低代码、生态化是教育信息化轻装建设的三种有效途径[27]。

虚拟化:超融合(hyper convergence)是一种创新性的虚拟化信息基础设施架构系统,可将计算机和软件定义的存储集成到单个易于管理的软件定义平台中,在数据效率、移动性、可伸缩性、数据保护和成本效益等方面具有较强的优势。

低代码:低代码/无代码平台通常具有可视化建模、开箱即用(out of the box)、可重用、跨平台兼容、后台应用管理、移动应用定制、流程监控与跟踪等功能,支持不具有任何编程经验的用户随时依据需求开发业务应用程序。

生态化:盖茨基金会(Bill & Melinda Gates Foundation)支持美国高等教育信息化协会开展的《下一代数字学习环境:研究报告》(The Next Generation Digital Learning Environment: A Reporton Research)项目指出,下一代数字教学环境必须具有互操作性和集成能力,支持个性化学习与协作,可实现分析、建议和学习评估功能,具有可访问性。下一代数字学习环境采用"搭积木"式的开发模式,以学习者为中心,以学习管理系统为核心要素,同时添加能实现数据存储、学习分析、社会交互、学习评估等功能的独立软件或微型工具,通过各种学习工具的无缝式集成和互操作性功能,为学习者提供满足个性化需求的可配置数字学习环境,使学习者之间的协作成为可能,最终形成一个由学习者、教师、工具、内容等组成的动态的、相互关联的、不断发展的生态系统。

2. 服务新模式

信息技术系统架构包括软件即服务(Software-as-a-Service,SaaS)、平台即服务(Platform as a Service,PaaS)、基础设施即服务(Infrastructure as a Service,IaaS)。从超融合架构、低代码开发、一切皆服务(X as a service,XaaS)三方面开展新校园轻量级建设。一切皆服务是一个包含软件即服务、平台即服务、基础设施即服务等的巨大池子,能够提高生产率,提供更高水平的网络安全,优化工作流程,助力学校信息化建设轻装上阵。[28]

教育数字基座作为解决教育问题的基础服务设施,沿用一切皆服务的概念,提出基座即服务(Base as a Service,BaaS)的服务概念和基于基座的应用(Based Application,Bapp)。

基座即服务模式:该模式将计算资源、应用资源、通讯资源、存储资源转化为对外的可访问的接口,使开发者专注于开发,学校数字基座提供基座即服务模式是一个教育数字化转型 LET 技术系统新的服务模式,提供了包括类似平台即服务和软件即服务所能提供的服务模式,是教育数字化转型所需的集成多样服务模式的技术服务架构新模式。

服务即应用模式:学校数字基座的应用建立在数字基座服务之上,服务即应用模式作为学校数字基座基本架构应用服务模式,提供了基于教育基座应用服务的互操作。学校数字基座提供基于数字基座的数据服务,按照"按需服务"和"就近访问"的数据访问规则开展数据访问服务。

五、上海市教育数字基座的总体架构

上海市依托教育数字化转型契机,重点研究学校功能,指明学校是教育数据汇聚地,其完整、规范、准确的数据体系能够将来自各级各类教育平台的多源、多态、异构、海量的数据进行标注定义及分层建模,使得不同平台之间的数据高效融通共享,形成"物联、数联、智联"一体化的应用新生态。李永智论及"上海:一场正在展开的教育数字化转型实践"中谈到,以数据为核心、生态为基础、校级基座为关键点,打造学校数字基座,建设成为可控、可信、可用、智能、高效的教育高质量新基础服务设施。[29]

围绕教育教学的变革,以学校数字基座为核心,体现了教育数字基座的技术要求和服务新模式。在市级层面,建设基础的核心数据库、市级管理平台和应用市场,提供统一认证,建立教育数字化转型的标准规范体系;在区级层面,建立教育数据中心、区级管理平台和教育统一认证的区级子域,并厘清以下三点:

① 从数据标准规范、统一技术体系、服务体系、教育统一用户管理、统一应用市场、应用服务、安全标准规范等方面设计学校数字基座总体架构,如图1所示。

② 学校数字基座通过数据中心、应用中心、物联中心、消息中心和组织中心的体现数字基座的基座即服务模式,提供应用开发者数据接口、应用接口服务等。

③ 学校数字基座按照建设及运营标准规范,提供校级数字基座、区级管理和市级管理的三级架构,进行数据访问、信息分发、教育服务以及用户(三级统一)管理。体现数字基座的基于基座的应用模式,提供应用服务和数据服务等。

学校数字基座建设架构遵循"五大中心 + 五大规范",五大中心是指数据中心、应用中心、物联中心、消息中心和组织中心,如图1所示。五大规范即建设及运营规范,包括:学校数字基座建设规范、学校数字基座数据标准规范、学校数字基座应用接入规范、学校数字基座应用上架规范和学校数字基座运营服务规范等核心标准,具体涉及数据标准、质量标准、服务标准、安全标准、设备标准、物联标准、通信标准、运维标准、流程规范、权限规范和应用规范等。

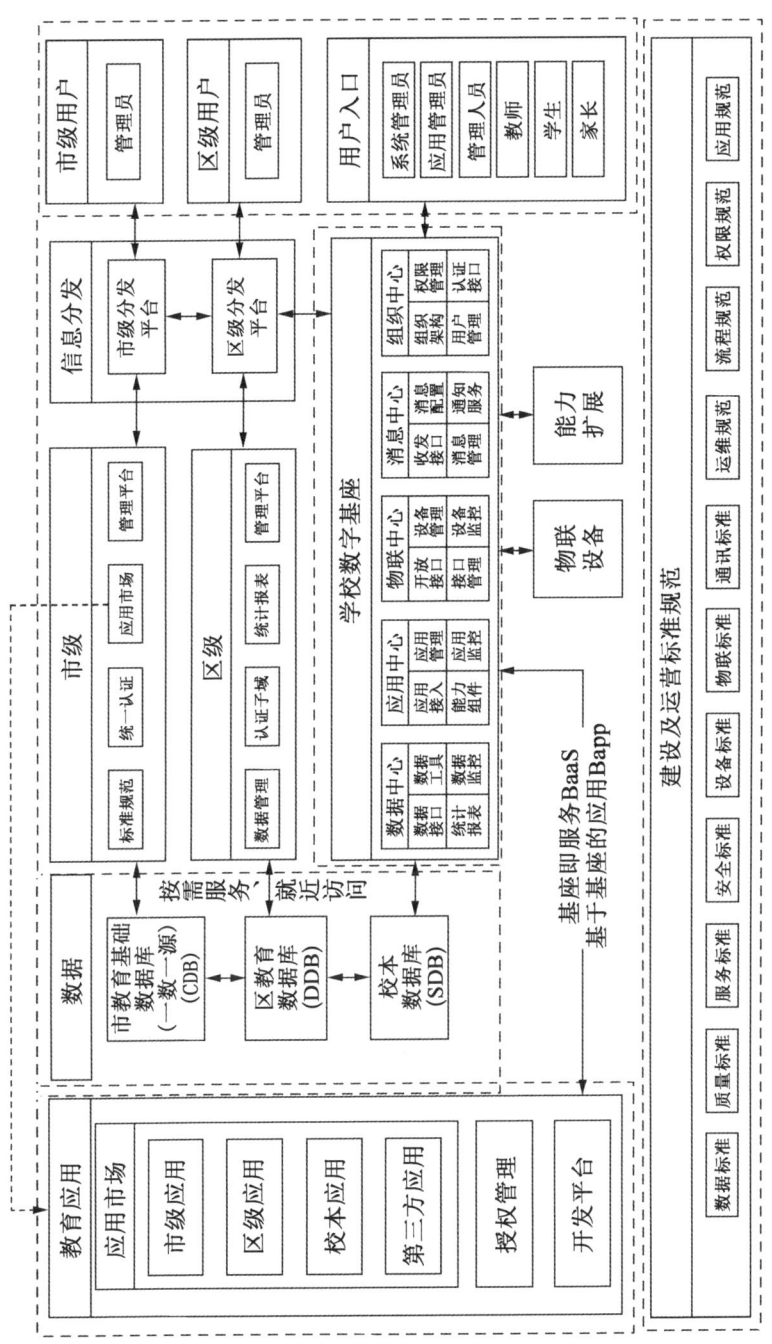

图 1 学校数字基座总体架构

六、教育数字基座核心结构

在校、区、市三级架构中,校级数字基座是建设的核心和重点,包括物联中心、组织中心、数据中心、消息中心和应用中心等部分,并且校级数字基座具有能力扩展,物联设备通过物联中心相关接口服务校级数字基座。区、市二级提供相关管理服务,其中区级管理包括数据管理、认证子域、统计报表和管理平台,市级管理包括数据管理、统一认证、统计报表、应用市场和管理平台。其中,物联中心、组织中心、数据中心、消息中心和应用中心的关系如图2所示。

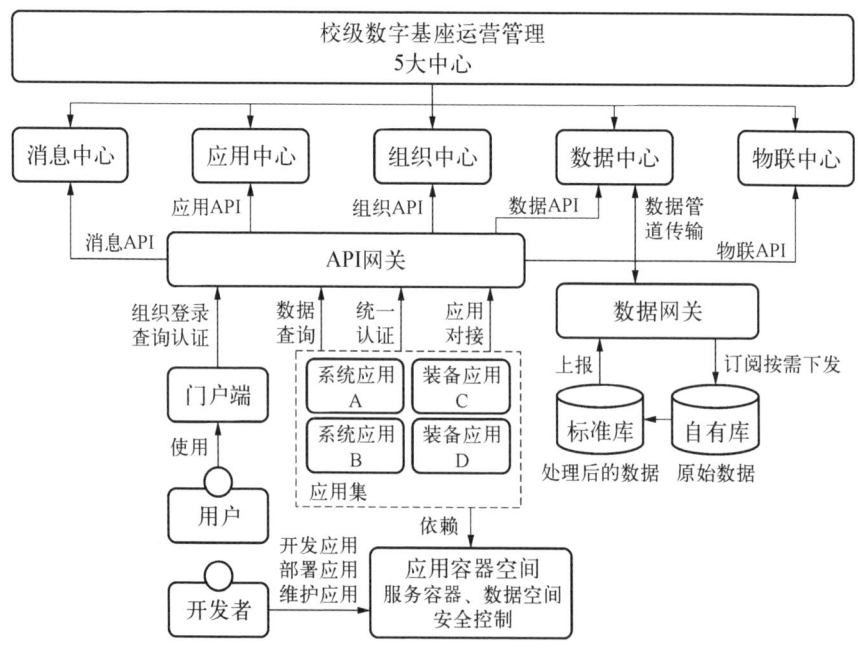

图2 学校数字基座五大中心访问示意图

物联中心是整个基座泛在连接,提供物联设备统一访问服务;组织中心是整个基座管理抓手,对人员组织进行统一管理;数据中心是整个基座基础要素,提供统一数据访问服务;消息中心是整个基座统一接口,提供不同层面消息服务接口;应用中心是整个基座核心要义,提供应用服务。基座五大中心的简单规则:

① 物联中心(物联服务能力):设备统管,智能物联;教育设备统一管理,通过物联网(Internet of Things,IOT)技术进行智能管控。

② 组织中心(组织服务能力):统一架构,依需设组;在顶层(市区级)对人员进行统一架构,在低层(学校)按照具体需求设立管理组(虚拟组织)。

③ 数据中心(数据服务能力):按需服务,就近访问;学生、教师、学校和教育管理部门按照自己的实践需求得到相应的数据服务,采用就近访问方式的原则访问分布式教育大数据。

④ 消息中心(消息服务能力):上下统发,精准定位;市区校不同层面的消息(人员管理和设备管理)能上下统一发送,并且能够精准定位到所要发送的对象,得到相应反馈。

⑤ 应用中心(应用服务能力):规范上架,按需选用。来自教育体系(市区校)和第三方的教育软件(企业和个人)按照规范原则进行统一上架管理,其中来自教育体系采用备案制,而第三方的采用审查制,用户(学生、教师、家长和管理者)按照自己的需求选用自己合适的应用(软件)服务(通过工作台)。基座五大中心体现"中心——能力——服务",其规则见表1。

表1 基座五大中心服务的规则

基座子中心	服务对象	互操作性	服务能力	简单规则
物联中心	物联设备	设备互操作	设备管理服务	设备统管,智能物联
组织中心	人员组织	人员互操作	人员组织统一认证	统一架构,依需设组
数据中心	数据	数据互操作	数据存储与访问	按需服务,就近访问
消息中心	消息	消息互操作	消息分发	上下统发,精准定位
应用中心	应用软件	应用互操作	软件应用	规范上架,按需选用

基座五大中心具体描述如下：

① 物联中心：解决所有物联设备的无缝连接。接入教育行业云与教育网，加强对物联感知设备统筹管理，加强网络安全及运维保障，为各类教育数字化应用提供高效便捷、安全稳定、按需使用的基础设施资源。

② 组织中心：全市建立统一组织用户体系，市、区、校按照实际管理的组织层级进行关联。市级平台设置市、区、校管理员，管理员可使用组织服务提供的管理功能，对组织关系、组织成员进行管理操作。各级组织自建的业务应用，按照统一要求接入学校数字基座，可使用组织服务提供的统一认证功能，实现业务系统用户的单点登录。组织内进行权限角色管理、权限点设置、管理员管理、应用授权，实现不同角色的用户权限管理。

③ 数据中心：基于数据标准规范，提供教育数据从采集、存储、加工、分析、共享及可视化的全过程能力。针对市、区、校三级用户，提供独立的云上数据空间，用于存储各类数字化应用的业务数据及经标准化加工处理后的数据，并通过数据基座实现跨数据空间互联，实现教育数据在市、区、校之间的共享。通过可视化的呈现方式，为市、区、校管理平台提供基础数据、应用使用情况等数据的汇总概览。在数据层面，通过数据基座统一提供市、区、校三级数据服务，其中市级数据服务是由市教育基础数据库——统一的数据库（Consolidated Database，CDB）提供统一数据访问服务，所有市教育基础数据库都采用一数一源的大数据管理机制进行数据采集、服务和维护；区级数据服务是由区教育数据库——数字数据库（Digital Database，DDB）提供统一数据访问服务；而校级数据服务是由校本数据库——空间数据库（Spatial DataBase，SDB）提供统一数据访问服务。

④ 消息中心：包括应用级消息（市级消息分发、区级消息分发、学校消息分发）和系统级消息（物联、数联、智联的消息方法和汇聚）。打破条块分割、单部门内循环模式，提供消息推送功能，利用基于基座的应用方

式,以学校、班级、个人等为单位,向用户按需推送各类消息和通知,并向上层应用提供消息通知的统一接口。将免登鉴权组件、通讯录组件、即时消息通讯组件、服务端接口组件、前端接口组件等整合,通过学校数字基座开放给应用调用。市级分发平台和区级分发平台分别提供信息分发功能,其中,市级分发平台可将信息分别发布给区和学校,区级分发平台直接发布给学校。

⑤ 应用中心:构建市、区、校三级应用服务体系。统建市级应用市场,基于第三方应用提供易接入的标准化接口,实现应用准入、上架、展示、搜索及监管,为学校提供具有通用性的基础应用,区、校可浏览、查找应用,安装到组织成员的工作台进行使用。实现市级应用直接落地到校,鼓励学校采购市场上专业的、成熟的、安全的信息化服务进行接入。通过应用市场的监管分析,实现使用体验、评价、服务内容和质量的监管统计,配套应用淘汰机制,为用户建设真正满足使用需求的多样化、个性化应用。应用中心与教育应用有效对接。教育应用包括应用广场、授权管理和开发平台等部分。其中应用广场包括市级应用、区级应用、校本应用和第三方应用。

学校数字基座从逻辑上包括校级数字基座、区级数字基座、市级数字基座,其中,区级数字基座和市级数字基座是轻量级的,分别以区级管理服务平台和市级管理服务平台呈现。

七、教育数字基座标准体系

1. 研究范围和主要技术内容

(1)研究范围:本标准规定学校数字基座的术语和定义、通用架构和服务要求;研究基于学校数字基座开发、应用、上架等所涉及的教育数据治理框架模型等问题;制定数字基座应用接入的通用框架,适用于各级教育管理部门及其辖区内的公办中小学构建的应用服务体系,为学校提供具有通用性的基础应用和运营服务。

（2）主要技术内容：本标准对教育数据治理框架模型进行规定，界定了数据标准、安全应用的研究范围和主要内容，解决学校数字基座在教育中深度广泛应用的问题；梳理了教育应用接入规范的架构，从市级、区级、校级等层面明确教育应用接入规范，适用于数字技术促进教育治理体系的管理和实施。

2. 教育数字基座标准体系

教育数字基座标准体系基本包括学校数字基座建设规范、学校数字基座数据标准规范、教育应用接入规范、教育应用上架选用规范、学校数字基座运营服务规范等，各项规范之间相互联系、相互作用，共同构成教育数字基座标准体系（如图3所示），助力教育数据治理，推进教育数字化转型。

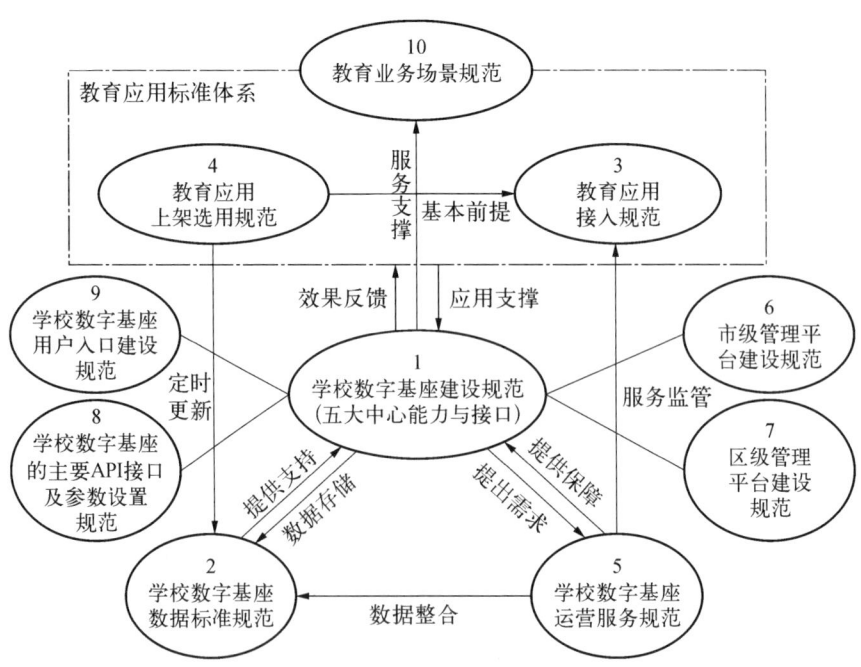

图3 教育数字基座标准体系

教育数字基座作为系列标准,规定了教育数字基座的建设要求,分为十个部分:

——第 1 部分:学校数字基座建设规范
——第 2 部分:学校数字基座数据标准规范
——第 3 部分:教育应用接入规范
——第 4 部分:教育应用上架选用规范
——第 5 部分:学校数字基座运营服务规范
——第 6 部分:市级管理平台建设规范
——第 7 部分:区级管理平台建设规范
——第 8 部分:学校数字基座的主要应用程序(Application Programming Interface,API)接口及参数设置规范
——第 9 部分:学校数字基座用户入口建设规范
——第 10 部分:教育业务场景规范

整个标准是分部分的系列标准,涉及教育数字基座的各个方面,这 10 个部分的标准内容、适用范围和解决问题如表 2 所示,其中第 1 部分标准是核心标准。目前已研制出第 1—5、8 部分共 6 个标准,由上海市教委统一发布。

表 2 教育数字基座标准情况

部分	标准名称	标准内容	适用范围	解决问题
1	学校数字基座建设规范	规定了学校数字基座建设的术语和定义、通用架构和服务要求	适用于建设学校层面数字基座,实施从学校的教育数字化转型,实现技术赋能学校治理体系和治理能力的现代化。	数字基座信息模型
2	学校数字基座数据标准规范	规定了学校数字基座的数据标准、数据安全要求,以及数据伦理和隐私。	适用于基于数字基座的开发、应用和上架	数字基座数据标准

续 表

部分	标准名称	标准内容	适用范围	解决问题
3	教育应用接入规范	规定了学校数字基座应用接入的术语和定义、通用架构和服务要求。	适用于教育应用接入,从市级、区级、校级等层面明确教育应用接入规范。	应用接入
4	教育应用上架选用规范	规定了学校数字基座应用上架的术语和定义、应用验收、应用注册、应用注册和应用分发。	适用于规范面向企业开发的第三方应用和自生(校方)开发的定制应用。	应用上架
5	学校数字基座运营服务规范	规定了学校数字基座运营服务的术语和定义、通用架构和服务要求。	适用于数字基座在市、区、校三级的运营服务。	基座运营服务
6	市级管理平台建设规范	规定了教育数字基座在市级层面管理功能和应用程序接口。	适用于数字技术促进教育治理体系的管理和实施。	市级管理平台
7	区级管理平台建设规范	规定了教育数字基座在区级层面管理功能和应用程序接口。	适用于数字技术促进教育治理体系的管理和实施。	区级管理平台
8	学校数字基座的主要应用程序接口及参数设置规范	规定了教育数字基座在学校层面管理功能和应用程序接口。	适用于数字技术促进教育治理体系的管理和实施。	应用程序接口及参数设置
9	学校数字基座用户入口建设规范	规定了在学校数字基座上用户入口建设要求。	适用于数字技术促进教育治理体系的管理和实施。	用户入口
10	教育业务场景规范	规定了学校数字基座整个教育业务场景要求。	适用于教育数字基座上教育应用场景开发。	教育业务场景

八、教育数字基座建设实践探索

教育数字基座的整个建设生命周期包括顶层设计、初步核心框架、系统原型、标准初稿、初稿的迭代。其中,上海市教育委员会分管领导及信息化处进行标准的顶层设计,上海市电化教育馆负责具体标准建设,从顶层设计形成初步核心框架,邀请华为、腾讯、阿里、讯飞等头部企业深度参与,每家深度参与,给出标准草案和系统原型,项目组整合各家方案形成标准工作组草案的 WEB-DL(WD)版,邀请长宁、宝山和徐汇三个试点区的负责数字基座建设负责人一起修订完善标准草案,形成 CD 版送审稿,由上海教育数字化转型标准委员会召集标准专家和试点区的教育局局长和下属职能部门负责人一起审定该标准草案,根据专家和试点单位反馈修订建议,进一步修订完善,形成标准报批稿,通过多轮多次的版本迭代,最终形成标准试用版,2021 年 11 月 5 日上海市教育委员会发布《上海市教育委员会关于转发〈学校数字基座需求说明与建设标准(试行)〉等标准规范的通知》。

上海各区县按照建设标准(试行)开展数字基座建设,其中首批三个试点区有长宁区、徐汇区和宝山区。长宁区和徐汇区参照该系列标准,并结合本区建设需求,进行系统开发招标。其中长宁区于 12 月初完成招标工作,中标方讯飞承建长宁区教育数字基座的建设,而阿里参与宝山区建设,腾讯参与徐汇区建设。上海电教馆牵头开展教育数字基座的市级管理平台的建设,于 12 月下旬完成招标,中国联通上海分公司和华为公司中标,华为承担教育数字基座的市级管理平台研发,联通上海分公司分工为研发好平台的运营服务。

在标准方面,通过长宁、宝山和徐汇三个区的试点,进一步修订和完善教育数字基座系列标准。目前,长宁区区级管理平台构建完成,部分校级基座完成试点部署,下一步,区内的 106 所教育单位、6 000 多名教师和近 6 万名学生都将接入各自所属的校级数字基座,由此实现全区教育人员、软硬件资源和学校数字基座的"物联、数联、智联"一体化的应用新生态。当前,数字作业、智慧体育和智能阅卷等智慧教育场景已通过数字基座实践率先落地,长宁区后续还将陆续推进智能阅读、知识图谱等新场景探索[30]。长宁数字基座的开发部署,打造多元化、特色化的数字化转型应用场景体系的实践经验将会推动上海市教育数字基座全面落地与实施。同时,教育数字基座系列标准申请上海市对方标准的研制,并作为上海市数字化转型标准化建设的教育行业的任务——学校数字基座与教育数据标准的研制。另外,在数据基座(中台)标准研制方面,本文作者团队于2020年6月在全国信息技术标准化技术委员会教育技术分技术委员会(China E-Learning Technology Standardization Committee,CELTSC)立项"信息技术 教育 学习 培训 数据中台",成立"数据中台与数字基座标准研究"工作组,有113名研究专家参加数字基座和数据中台标准的研制工作。教育数字基座研究作为全国信息技术标准化技术委员会教育技术分技术委员会的今年一个主要任务,将形成标准研究报告。2022年7月9日,团队成员吴永和、陈翼在全国信息技术标准化技术委员会教育技术分技术委员会的"教育数字化转型实践与标准化研究——2022上半年教育信息化技术标准发展论坛"上,分别做了"教育数字化转型标准战略研究——构建国家教育质量基础设施""上海市学校数字基座标准规范研制初探"为题的报告,汇报了上海教育数字基座标准的实践探索成果和经验。

九、结论

在上海市数字化转型背景下,上海市教育数字基座按区试点、整区推进,优先在试点区试行。作为上海市首个教育数字化转型实验区,长宁区在上海市教育数字基座实施路径的指导下,正全面部署校级数字基座,构建基于数字基座的教育新生态,通过基座应用赋能教与学方式的变革,助力教师精准指导教学、助力学生自由全面发展。上海教育数字基座建设,进入数据治理、试点先行,数据融通、系统整合,生态建构、教育创新三个阶段分步有序地推进建设。辽宁省沈阳市、广东省深圳市也开始规划教育数字基座的建设,同时,上海市申请教育数字基座地方标准的项目,而教育部教育信息化技术标准委员会将教育数字化转型标准体系及教育数字基座标准作为今年的预研究项目,本文作者团队承担研究。目前,上海市正进行新一轮的基础教育综合改革,将教育数字化转型及数字基座的建设融入其中。这些研究工作将为未来的教育数字化转型(战略行动)建设在新范式、新思维、新能力、新环境、新资源、新平台、新服务、新应用、新文化和新蓝图等各方面继续深度探索。

参考文献

[1] Ana Sepúlveda, et al. The digital transformation of education:connecting schools,empowering learners[EB/OL].(2020-09-02)[2022-06-20]. https://unesdoc.unesco.org/ark:/48223/pf0000374309.

[2] Digital Education Action Plan(2021-2027)[EB/OL].(2020-09-30)[2022-06-26]. https://education.ec.europa.eu/focus-topics/digital-education/action-plan.

[3] 祝智庭,胡姣.教育数字化转型的理论框架[J].中国教育学刊,2022,(04):41-49.

[4] (两会受权发布)中华人民共和国国民经济和社会发展第十四个五年规划和2035年远景目标纲要[EB/OL].(2021-03-13)[2022-06-26]. http://m.xinhuanet.com/2021-03/13/c_1127205564_14.html.

[5] 中华人民共和国教育部.教育部关于同意将上海作为教育数字化转型试点区的函[EB/OL].(2021-08-30)[2022-06-20]. http://www.moe.gov.cn/srcsite/A16/s3342/202109/t20210916_563764.html.

[6] 上海市教育委员会.《上海市教育数字化转型实施方案(2021—2023)》公布[EB/OL].(2021-11-10)[2022-06-20]. https://edu.sh.gov.cn/xwzx_bsxw/20211110/9a48015bacfe4af1a4eb131abef5585b.html.

[7] 中华人民共和国教育部.教育部2022年工作要点[EB/OL].(2022-02-08)[2022-06-21]. http://www.moe.gov.cn/jyb_sjzl/moe_164/202202/t20220208_597666.html.

[8] 上海市人民政府.上海城市数字化转型标准化建设实施方案[EB/OL].(2022-04-20)[2022-06-21]. http://new.tzxm.gov.cn/zckd/gfxwj/202204/t20220424_1322788.shtml.

[9] 祝智庭,胡姣.教育数字化转型的理论框架[J].中国教育学刊,2022,(04):41-49.

[10] 顾小清.教育信息化步入数字化转型时代[J].中小学信息技术教育,2022,(04):5-9.

[11] 祝智庭,胡姣.教育数字化转型的本质探析与研究展望[J].中国电化教育,2022,(04):1-8+25.

[12] 祝智庭,郑浩,谢丽君,吴慧娜,吴永和.新基建赋能教育数字转型的需求分析与行动建议[J].开放教育研究,2022,28(02):22-33.

[13] 王运武,李袁爽,姜松雪,李雪婷.疫情背景下高等教育数字化转型趋势——美国《2022地平线报告(教与学版)》解读与启示[J].中国教育信息化,2022,28(05):13-20.

[14] 祝智庭,胡姣.教育数字化转型的实践逻辑与发展机遇[J].电化教育研究,2022,43(01):5-15.

[15] 祝智庭,彭红超.技术赋能的韧性教育系统:后疫情教育数字化转型的新路向[J].开放教育研究,2020,26(05):40-50.

[16] 祝智庭,许秋璇,吴永和.教育信息化新基建标准需求与行动建议[J].中国远程教育,2021(10):1-11+76.

[17] 祝智庭.教育数字化转型的内在逻辑与实践方略[EB/OL].(2022-07-08)[2022-06-26]. https://www.mbachina.com/html/ictedu/202207/467243.html.

[18] 教育部等六部门.教育部等六部门关于推进教育新型基础设施建设构建高质量教育支撑体系的指导意见[EB/OL].(2021-07-01)[2022-06-26]. http://www.gov.cn/zhengce/zhengceku/2021-07/22/content_5626544.html.

[19] "马斯洛模型"定义城市数字化需求,以数字底座支撑城市转型[EB/OL].(2019-05-22)[2022-06-26]. https://e.huawei.com/cn/digital-platform/hot-topics/huawei-digital-platform-smart-city.

[20] 中国信通院.企业数字化转型蓝皮报告——新IT赋能实体经济低碳绿色转型[EB/OL].(2021-12-01)[2022-06-26]. http://www.caict.ac.cn/kxyj/qwfb/ztbg/202112/t20211228_394734.html.

[21] 杨宗凯.用好高质量教育支撑体系的"数字底座"[N].中国教育报,2021-08-09(2).

[22] 教育部等六部门.教育部等六部门关于推进教育新型基础设施建设构建高质量教育支撑体系的指导意见[EB/OL].(2021-07-01)[2022-06-26]. http://www.gov.cn/zhengce/zhengceku/2021-07/22/content_5626544.htm.

[23] 华为发力构建鲲鹏昇腾生态 打造新计算"底座"[EB/OL].(2020-01-08)[2022-06-26]. https://www.chinanews.com.cn/cj/2020/01-08/9054623.shtml.

[24] 百分点.数字城市[EB/OL].(2009-12-08)[2022-05-26]. https://www.percent.cn/Solution/szcs.html.

[25] 百度地图智慧交通.打造智慧交通数字底座[EB/OL].(2017-12-28)[2022-06-28]. https://jiaotong.baidu.com/?forceScreen=pc.

[26] 易捷行云.现代数字城市方案[EB/OL].(2020-03-30)[2022-05-25]. https://www.easystack.cn/xinchuang/news/458.

[27] 祝智庭,许秋璇,吴永和.教育信息化新基建标准需求与行动建议[J].中国远程教育,2021,(10):1-11+76.

[28] 祝智庭,郑浩,谢丽君,吴慧娜,吴永和.新基建赋能教育数字转型的需求分析与行动建议[J].开放教育研究,2022,28(02):22-33.

[29] 陈荣.上海:一场正在展开的教育数字化转型实践[J].中国教育网络,2022(Z1):14-16.

[30] 王星.长宁区正构建基于数字基座的教育新生态——智联数联物联,撬动教学深度变革[N].文汇报,2022-01-27(7).

作者简介

吴永和　华东师范大学教育学部教育信息技术系研究员,博士生导师

朱丽娟　华东师范大学教育学部教育信息技术系博士研究生
卜洪晓　上海市教师教育学院副院长
陈　翼　上海市电化教育馆学生成长数据管理服务中心主任
马晓玲　华东师范大学经管学部信息管理系副教授
李海伟　上海市教育委员会信息化工作处处长

电子邮箱

yhwu@deit.ecnu.edu.cn

76363945@qq.com

hxbu@shec.edu.cn

chenyi@shec.edu.cn

xlma@infor.ecnu.edu.cn

hwli@shec.edu.cn

Chapter 4

教育数字化转型的挑战及其治理路径分析*

孙烨超　马和民

摘　要：不同于"信息化"对信息的存储和传递,"数字化"的效能来自多维数据的聚合,这使它能够积极处理经验形式的信息,从而呈现出"智能化"的"拟人"特征。技术性质的差异使教育数字化转型带来的新型风险可能脱离过去一般教育治理的辐照范围,故政府需要针对新的问题域重建自身在教育研究、投资、伦理、规范、公平等方面的定位。为此,政府可通过从"封闭、被动、中心化"到"开放、积极、数据驱动"的范式转换思路提升治理能力,并根据机构信息化、数据开放化、数据驱动化、治理智慧化的四阶段模型,实时定位转换的进度和即时目标。

关键词：信息化;数字化;人工智能;智能教育;技术伦理;范式转换

疫情的出现加速了教育与技术的融合趋势,数字化技术的发展为教育领域带来了崭新的活力,教育学、社会学、生物学、信息科学的边界逐渐融合,以往的学习、教学、学校、教育管理范式可能从根本上发生改变。与此同时,政府的教育治理也正面临着数字化转型的时代挑战,政府不仅要学会用新的数字化工具更好地解决历史遗留问题,还要创新工具来面对新的挑战。如何在教育乃至社会整体的数字化转型的"动荡"中同步保持和发展有效的教育治理,已成为当代政府教育主管部门需要面对的重大课题之一。

---

* 本文系国家社会科学基金项目"基于代际比较视角的当代青少年行为道德的社会学研究"(项目编号:17BSH003)的阶段性成果。

一、数字化、信息化与智能化的关系

从人类历史看,社会的发展已经历了多个不同的阶段,从最初的狩猎采集社会开始,技术革命使农业社会、工业社会、信息社会依次出现,而现在"数字社会"正逐渐从概念走向现实,已经有一些有力的声音开始将数字社会转型称为"第四次工业革命"。但就普通人的感知而言,数字化向人类承诺的,似乎和蒸汽机、电力网络、生物技术、互联网无甚区别,即一系列效率更高的工具或自动化技术的应用迭代。数字化和信息化之间的区别尤其使人迷惑,两者同样是依赖信息技术和芯片产业的发展建构起来的,且数字化的一些代表性技术,如"人工智能""物联网""大数据"等,似乎同样出现于二十世纪末对"信息化"的展望之中[1]。因此,要更好地迎接教育数字化转型的挑战,有必要先深入理解和区分数字化、智能化、信息化这一系列萦绕在教育现代转型过程中的重要概念。本节将试图抛开物联网、云计算、大数据、区块链、5G、人工智能等形而下的技术词汇,从一种形而上的角度对数字化的趋势与目前的社会信息化历程做出区分。

1. 信息化的效能源自信息的存储和传递,数字化的效能源自数据的聚合

信息化即"信息技术化",也就是令信息技术得以在更广阔的社会领域中推广[2]。在这一过程中,只呈现于宏观物理世界(包括真实的场景、自然的声音或是书本上的文字)的信息能够被转移到电子介质当中,使信息存储和传递的效率极大提升。这一转变映射到教育上,体现为人(主要是教师和教育管理者)在教育场域下的行为决策获得更多信息支持,其科学性和可靠性得以提升。以试卷批改为例,通过试卷扫描或网上考试等信息化手段,教师为学生的答卷匹配合理的分数或等第时,可以更快速地获取信息(网上阅卷不用手动整理纸质文件),更准确地判断信息(主观题

同时流转于多位教师手中进行综合判定），更方便地统筹信息（阅卷系统自动批改客观题，自动综合主观题评阅结果给出分数）。此后，阅卷系统还能自动计算各题得分率以供教师未来教学改进使用。

数字技术（数字化也可视作"数字技术化"）则将信息化得到的不同数据汇聚起来进行分析，从而产生新的信息。因此，其效能常常取决于新信息的价值。同样以试卷批改这一场景为例，当试卷批改数据与学生个人档案数据、学生作业数据、课程安排数据等聚合在一起时，"作业抄袭判定""学习倾向和学科素养的评估""定制化的课程安排标准"等新的信息就可能产生。如果这些新信息能够对教育活动的开展起到积极作用，且相关类型的信息无法通过传统方式或者有效率地获得，那么它就能成为教育发展的新"增长点"。因此，与信息化的就事论事相比，数字化本身就是一种创新驱动。

2. 信息化提供工具，数字化带来席卷社会的浪潮

数字化与信息化不同的赋能原理使其教育影响存在质的差别。在信息化的逻辑中，信息化系统对"人"的依赖是很大的，因为无论是哪一个渠道的信息，都只提供了事实整体的一个侧面，必须由人对不同的信息进行分析、处理、整合，才能得出合适的决策。因此，每一条信息的最大意义在于被人直接认知。信息化只能将原本就存在的、可获取的有价值信息尽可能多地呈现给人，而人的认知能力的极限限制了它的效能极限，其本质还是一种传输信息的工具。而数字化"数据聚合产生新信息"的逻辑则脱离了对人的依赖，每一条信息的价值取决于既有数据的总量，既有数据越多，信息与其他信息之间的组合就越丰富，有价值的"新信息"就越可能产生。这种指数式的效能增长逻辑，使得"数字化与否"以及"数据的多寡"对于一个组织的运作可能产生决定性影响，因为在既有数据总量足够大、维度足够多时，仅仅几种数据的连接都将为系统带来新的可能。

于是，教育的数字化进程可能不再如信息化那样经历数十年来覆盖、过渡，并温和地给予一部分人"工具选择"的自由（比如允许不习惯 PPT 的

老教师继续使用纯板书授课的形式),数据与数据之间出现一种近似"本能"的聚合趋势,会让处于数字化浪潮中的每一个组织都不得不"狂热"地追求更多数据。这一点在教育之外的数字化进程中已经初见端倪,如扫码支付、扫码点单逐渐从"备选项之一"变成许多情况下的唯一选择。此外,资源分布和价值分布也在数字化之下重新洗牌,从宏观上看,企业通过数字资源信息共享带来的创新效应已经比以往的封闭发展模式更为显著[3]。而从教育领域的微观视野看,许多以"名师视频+专业助教+大量数据支持"为结构的双师课堂,也正逐渐获得媲美过去资深教师面授的效果和认可。

3. 信息化提供参考,数字化直接带来决策

在数字化的"数据聚合"逻辑中还存在一个问题,即数据分析的方向性。随着数据维度的增加,各种数据组合的数量也会暴增,枚举式的分析显然是不可能的,如何从中挑选出可能产生价值的组合就成为一个重要问题(信息化的逻辑则不存在这一问题,因为信息的价值直接依赖于相关行为的价值,其定位仅仅是一种参考,而不必追求数字化这样直接生成价值)。对此,一个看似正确的回答是:人工智能。但是事实正好相反,从(作为大多数人工智能的基础的)机器学习技术原理看,一切组合的根本依据都源于真实人类的判断,人工智能恰恰是被挑选的结果。我们应该进一步坚定一个信念,即价值的最终指向一定是人。在教育数字化过程中,"选择合适数据组合,使其产生意义"的根本原理,就是学习"人是如何做出教育决策的"。教育决策是教育者或教育管理者结合自身教学、管理经验对眼前教育任务的分析处理。合理的教育决策主要基于教育需求(任务信息)、教育经验(经验信息)和教育思考(信息处理)三种要素。如果能够以教育决策的构成为线索,将其中涉及的各维度信息全部还原出来,对于机械信息处理能力强于人的电脑而言,完全可以在理论上得到可靠性近似人甚至超越人的教育决策。

继续以试卷分析场景为例,信息化的系统只能提供基于试卷结果的

各种信息,如分数、得分率、错误率等。但对一个经验丰富的教师而言,其根据试卷信息做出的有价值决策的能力,可能会远超上述参考型信息的范畴,达成对学生学习偏好、知识漏洞甚至学科潜力的深度判断。两者差距不在于信息处理能力上的高低,而是教师的许多经验数据参与了信息处理,比如学生平时的作业情况、与试卷答题思路类似的往届学生的发展情况、学生在其他学科上的成绩,等等。正因为教育决策的产生与数字化"通过数据聚合产生新信息"的原理是类同的,一旦构成教育决策的经验信息能够被数据化地采集,那么相应的决策就有可能被数字化系统复现。在教育以外的场景中,数字化的决策能力已经开始浮现,比如,在基于数字化平台的外卖递送过程中,外卖软件不只提供地图信息,还提供实时车况、天气数据、该区域外卖最快历史递送路径、外卖骑手行车习惯等数据信息,它不仅仅是为外卖员提供几条可供参考的路线,而且能够直接规划路线"要求"外卖骑手执行[4]。如果类似水平的技术出现于教育领域,有望极大提升各种教育过程的结果确定性。

4. 智能化是数字化的表现和结果

正因为数字化往往需要以"人的教育决策"为线索组合数据,其价值也往往锚定到"决策"之上,因此其结果会呈现出一种近似于人的智慧,即人工智能。人工智能的本质依旧是通过数据聚合和算法对于人的决策模式的模仿,是数字化的结果与表现。以现代人工智能的代表阿尔法围棋(AlphaGo)为例,它最核心的技术突破就是不再局限于对眼前的对局进行机械的枚举运算,而是像人类一样学习各种各样的棋谱和对局模型,最终形成了一套前所未有的"棋路"[5]。在这个意义上,我们可以在想象中为教育的智能化划定一条能力极限的边界(这条边界也和数字化共享):如果没有足以支撑真实人类做出教育判断的数据,那么技术也一样不能决策。比如,对于资深的数学教师而言,如果得到的学生作业数据只是排除了答题笔迹、草稿的纯结果性数据,其对于学生学情的判断和评价能力也会大大下降。这条边界对于我们分析教育数字化可及的功用具有重要意义,比如在最近热门的智能作业批改领域,就可以根据这条边界断定:直到数字化技术足以将学生留在纸质作业本上一切有意义的痕迹数据化之前,一切所谓的"智能"系统都不可能完全取代教师经验在学情判断当中的重要作用。

二、教育在数字化转型中面临的风险与挑战

如果我们能够将数字化的本质理解为经验(数据)的汇聚,就不难想象它有望对几乎全部的既有教育场景进行渗透和赋能,因为教育的基石正是教师的经验。目前智能校园、立体化综合教学场、基于大数据智能的在线学习教育平台、智能教育助理等基于"数字化 + 教育"的新物种已经应运而生,正逐渐搭建出一套数字化的智能教育生态[6]。但是,挑战与风险也蕴藏其中:数字化可以为教育带来更多的确定性,出于各种效率提升和规模化的考虑,它势必会替代一部分过去由教育者承担的职能;然而,数字化技术本身又是不完备的,它只能近似地收集教育决策模型的主要信息维度,不可能穷尽人类教育决策的所有维度,这就意味着教育的数字化转型过程必然会遭遇某种程度的教育决策失衡和功能缺失,从而带来各种具体的风险和挑战。

1. 现有教育者的专业空间受到挤压

相比信息技术,数字技术更深地介入人类的工作与决策之中,智能教育终端不仅掌握了一部分专属于教师的技能,更掌握了许多超越人类教育者的能力,尤其是对大量学习数据的准确运用和精准反馈,必然会对现有教育者的相应职能形成替代。这种替代看似只是一种局部优化,实则会造成链式影响,使教育者的专业性和专业地位受到挑战。其原因在于教育场域本身的特殊性:教育者不单单在其中承担教育职能,还需要进行各种活动组织、生活管理、生涯指导等。从某种程度上讲,教师职业的专业性也体现在其职能的复杂性上。这些繁复任务之所以能被有效执行,

往往依仗教育者的权威性,而这种权威性很大程度上是教师在教育过程中的"信息枢纽"地位在社会文化影响下泛化的结果。但随着教育数字化的深入,学习者得以在一些关键方面获得教育者之外的决策支持,教育者的权威性将不可避免地降低,进而影响其专业职能的发挥。另外,数字化浪潮也会冲刷教育领域的行政信息传递结构,过去班级—年段—学校—区县(市)教育局—省教育厅—教育部的层级式信息流动规则被打破,高层次的教育管理部门有望绕过中间机构的转述和汇报,史无前例地直接了解和掌控每一个基层班级乃至学生的原始数据。这一趋势意味着行政流程的精简和效率的提升,但也可能强化对教师的"工具式利用",教师的专业地位受到忽视,沦为收集数据并遵从数据结论行动的办事人员[7]。

2. 学校教育的普遍性原则和公平性原则受到挑战

数字技术的底层价值往往依靠量化的概率来体现,但教育过程中的许多原则是很难量化的,其中又以普遍性原则和公平性原则最突出。数字技术根据样本中的共性来抽象规律,它会尽可能地提升规律的可靠性,让其能够适用于每一个个体,但这个概率不可能达到100%。换言之,少数特殊个体必然受到技术的歧视,被技术抛弃,这与"学校教育坚持面向全体学生"的普遍性原则是绝对冲突的。比如,很多算法定义的"所有人"并不真正包含所有人,其选择性地忽略了由于缺乏硬件设备或生理障碍而无法应用教育技术的少数群体;另外,数字技术还容易在某些刻意利用之下带来教育资源的极端不对称。随着数据量的增大,数字化做出教育决策的可靠性将不断增高,价值不断增大,如果这些数据资源的获取被刻意限制,塑造出一种优质数字化教育资源的稀缺假象,就有可能为资源持有者带来巨大的利益,但与此同时,教育的公平性原则也将遭到破坏。

3. 公立教育机构的教育影响力有所削弱

在教育中,公益性、公平性、公共性等根本原则的实现,很大程度上需要依赖政府对于各种教育机构,尤其是公立性的学校的监管。然而,教育数字化可能削弱遵循传统运作模式的公立机构的教育影响力。就目前来看,相比于直属政府的公立学校和教育机构,私人化运营的社会机构在数字化技术运用上具有明显的优势。这就使得公立学校或教育管理部门在数字化转型中往往需要和私人化运营的社会机构进行一定形式的合作,以弥补在数字化知识和技术上的差距。这看似是一种互补性的合作,作为甲方的公立机构甚至有一些优势性的选择权,但实际上数字化时代下的教育技术服务采购的意义已经超越了服务采购本身。因为在服务过程中,为了对变量a、变量b做出判断,技术服务机构往往能够合理地获取相关变量cde、fgh两组数据,通过综合这两组数据,技术服务机构真正能够作出判断的变量很可能不局限于a和b,还包括额外变量i,即便对变量i的判断并不在甲方的需求以及预想范围之内。换言之,甲方最后得到的服务结果实际上少于乙方实际通过数据技术获得的。在实际情况中,乙方甚至还可以通过综合同类甲方的数据获取新的变量判断力。在数据积累和算法迭代逻辑的影响下,少数具有技术优势的社会机构能在短时间获得大量的数据,形成在相关事务上的不可替代性,在某些方面实现垄断与操纵,而公立教育机构的教育影响力则有所削弱。

4. 未成年人的隐私问题进一步放大

和众多其他领域一样,隐私问题也是教育在数字化转型中要面临的重大风险之一。隐私问题在教育领域的特殊性在于隐私主体的不成熟性:大量在校学生都是未成年人,在他们未能充分认识到自身隐私细节的价值和重要性的前提下,他们的隐私将在教育数字化的过程中受到更严重的威胁。目前有关教育的大数据究竟收集到了什么程度,这些"取之于民"的数据资源又该如何开放获取(open access)以实现"用之于民"的数据伦理,都处于一个黑箱当中。虽然目前社会对学生学习行为数据隐私的关注还远不如对于学生学业成绩的关注,但两者同样具有鲜明的隐私性和风险性,一旦学生的学习行为数据和细节被统一收集并集中储存,这些数据就存在因为人为疏漏而带被滥用或误用的可能性。直至今日,教育数据收集的透明化、教育数据的公开化以及教育数据保存的完善化都是悬而未决的问题。

三、政府在教育数字化转型中新职能的定位

近百年来,人类已经多次面对未来新技术抛下的橄榄枝,却有着不一样的发展结局。从目前来看,电力、计算机与因特网获得了普及与成功,而核能与太空旅行则令人失望。在社会面对新技术的抉择中,政府起到了举足轻重的作用。比如,因特网正是受美国政府资助,出于军事目的才诞生的。正因为国家承担了最初的基础建设,在它对公众开放时就爆发出巨大的互联网红利,迅速获得了全世界的关注与参与;在电力技术革命中,私营企业仅仅将电力网络铺设在了有利可图的大城市,如华盛顿、纽约、旧金山、芝加哥等城市,而政府的农村电气化管理局(Rural Electrification Administration)则将电力送到更多普通人家中,为电视、洗衣机等电器以及未来的电子通信技术的发展提供了广阔的平台。换言之,即便技术最初由私人投资创造或暂时由私人企业占据主导,政府也绝不能在技术变革中缺席。政府一方面要控制乃至解决技术带来的副作用和问题,另一方面还要完成自身的技术赋能,以创造更大的平台价值和公共价值[8]。同理,为在教育数字化转型的同时维持有效的教育治理,政府需要承担新的职能。

1. 教育技术研究和发展的引导者和投资者

教育与国家的兴衰沉浮息息相关,教育的效率就是国家的竞争力。在数字化浪潮下,对教育科技的研究与创新是提高教育效率,在教育领域的国际竞争中赢得优势的关键。教育数据的采集规模,以及是否具备兼有理论高度和人文关怀的算法及研发创新能力,将是决定国家是否处于比较优势的主要原因。为了突破技术壁垒和减少数据风险,政府必须涉足其中,不仅要进一步加大对教育技术研发的投入力度,在智能教育研发

流程中占据合理的生态位,通过提供传统市场机制难以提供或无法提供的基础性科研成果或尖端性科研成果,还要以"身在其中"的位置与视野,对民间创新与研究进行鼓励与政策支持,切实引导、把控智能教育向着最符合民族国家利益的方向发展。除直接干预外,政府还应通过专业设置、产业人力资源整合等形式,确保智能教育研发的人才培养机制。

2. 教育技术安全规范和教育技术伦理的维护者

政府教育部门在数字化浪潮下拓展自身治理范围的同时,也应对相应领域下各种规范和伦理的维护担负责任,做到权责一体。政府需要积极关注技术发展现状,制定、完善相关政策法律,确保学生、学校的教育数据信息安全,尤其要取缔并加重处罚企业利用监管漏洞,以教育方面的隐私数据谋取利益的行为,保障受教育者的权益。同时,政府还应该重视智能教育发展过程中的舆论宣传与道德引导,旗帜鲜明地为公民在教育数据上的隐私权"站台""撑腰"。鼓励行业内部形成相关自律机制,尽快渡过技术发展初期配套伦理规范或道德标准暂时不完善的状态。

3. 数字化教育机会可及性与公平性的捍卫者

教育对于社会系统维持健康的社会流动具有重要意义,其作用有效实现的前提是教育的可及性和公平性。公平地使用源自每一个人的数据,以及由数据赋能的数字化教育服务,是每一个受教育者在教育数字化过程中的应然权利。从信息化与数字化的差别中可以发现,随着数据维度和总量的增加,两者对原有社会生产关系的影响是线性增长和几何级数增长的区别,这就意味着,如果政府或相关主管部门不在顶层设计上对技术层面的劣势群体进行补偿,甚至只是按照教育信息化时代的比例框架对数字化教育资源进行二次分配,都有可能造成现代化以来最严重的教育不平等。政府必须运用政策工具,一方面尽快敦促数字化教育服务(包括硬件和软件)费率合理化,为受教育者提供具有多元选择余地的数字化教育服务,促进不同数字化教育服务之间的公平竞争,警惕可能的垄断趋势;另一方面着重在公共服务区和偏远地区设置数字化教育设备与服务,消除由网络机会不平等带来的数字化教育机会不平等,使每一个人都能享受到数字化教育带来的终身学习红利。

4. 数字技术的接纳者和运用者

在以公立学校为主体的学校教育结构下,很多教育数字化的推进都需要依赖政府教育管理部门的认可或者牵头。因此,政府要积极推动教育数据收集的规范化和学校教育的智能化转型:协助学校加强服务于数字化的内部基础设施建设,并为其转型提供诱因机制;在数据安全以及隐私得到保护的前提下,打通校际之间、学区之间的教育数据壁垒,建立和发展教育服务机构与学校、教育主管部门之间的数据与成果沟通机制,推动智能教育技术对课堂教学、学习分析、校园生活、学习助理、移动教育等全方位教育场景的赋能增效。教育主管部门应该以数字技术为基础,建设透明的、以服务受教育者为中心的、能够积极响应新的社会形势与民意的数字政府,在学籍管理、学位派给、志愿填报、师德监督等方面推广数字化服务。

四、教育治理能力发展的"范式转换"路径

在更新职能定位的基础上,政府要有效发展应对数字化教育的治理能力,还需可靠的路径作为依托。在《2020年数字政府服务能力评估总报告》中,世界银行提出应对数字化的治理转型的本质是一种"范式转换"(paradigm shift):数字化的出现打破了原先政府运行所倚赖的假设和法则,从而迫使政府对治理过程中的许多基本模式做出根本性的修正[9]。而在教育领域,随着技术对教育领域的渗透和影响力不断增大,不受管控的资本和信息垄断将进一步撕裂还未完全愈合的教育公平之伤;建设一个以人为本且兼具"可信赖、可预测、有效力(effectiveness)、有效率(efficiency)、开放、透明、负责"等数字化优势的教育治理模式已经迫

在眉睫。为此,范式转换的思路可以在这一过程中提供方针性的指引,具体可以从四个角度展开。

1. 从教育过程的数字化转化到教育规划设计的数字化

以有效、可持续的战略标准设计教育治理方式,使其简化、优化并保持一定的迭代节奏,建设一种由受教育者需求驱动的持续转型的教育服务机构。在这一过程中,不仅要充分考虑教育过程的数字化,更要重视多维数据交汇带来的效能释放潜力。

2. 从信息中心的治理到数据驱动的治理

教育主管部门必须认识到有关国民教育过程的所有数据都是具有资本性、政治性、战略性的资源,也是学校、政府、社会机构得以高效协同运作的"催化剂"。政府要充分利用大数据的预测性功能,响应社会需要提供教育服务与支持,从数据变化中不断加强对于自身运作之绩效的认识,从而更有效地回应智能教育变革的种种需求。

3. 从封闭的治理到开放的治理

要让教育数据资源为社会整体的运行赋能,就必须以合适的方式公开更多教育运行数据以及与教育治理相关的绩效数据,形成公益、透明、开放的政府运作,提升公众的参与感。教育领域的信息对称对于教育公平原则的实现具有重大意义,在数字转型之下,公众不仅应该可以了解政府是如何具体管理、协调教育资源的,还可以通过建言、协商、听证、直接参与等多种途径介入教育治理政策的制定过程中,使教育系统的改革更好地回应不同地区、阶层、群体的多元需求。

4. 从被动解决问题到积极前瞻地预防问题

越是在国际竞争激烈的年代,教育就越是与国家安全息息相关[10]。

无论在教育政策制定还是在公共教育服务提供上,政府都应该积极运用数字化技术赋能相关决策的制定,快速甚至预先对问题与风险做出反应。教育治理行动的绩效要有明确的数据结果导向,尤其是在高考改革、学区分配等舆论争议较大的教育领域下,对公众合理请求的回应不能是一味地阐述"我已经做了什么""我将要做什么",而是"我预计通过我的做法达到什么样的具体结果,哪些数据、报告可以跟进、透视、监督这一过程的实施进展"。

五、教育治理转型历程的阶段划分及其过程性指标

教育治理的本质在于政府对教育实践的有效服务[11],面向教育数字化的教育治理转型无疑是一个长期的历程。为此,政府有必要时刻清醒地认识自身所处的过程性位置,洞悉不同阶段的特征、模式、定位,方能系统地实现教育治理能力发展,为数字化的教育实践提供有力支持和保障。参考欧盟数字政府转型的基本框架[12],可以从政府服务模式、数字系统定位、生态系统特征、技术焦点、主要衡量标准、推动力六个角度,将数字化教育治理转型分成四个主要阶段:机构信息化、数据开放化、数据驱动化、治理智慧化。

表 1 治理转型的四个阶段

	机构信息化	数据开放化	数据驱动化	治理智慧化
政府服务模式	被动的	主动的	广谱的	前瞻性的
数字系统定位	网络服务	数据的再利用和数据分析	万物互联的平台	服务于生态的动态环境
生态系统特征	双中心的	政府—社会共同创造服务	社群丰富化和政府定位多元化	生态角色定位的动态化和多元化

续 表

	机构信息化	数据开放化	数据驱动化	治理智慧化
技术焦点	服务导向的结构	应用程序编程接口管理	物联网	智能算法
主要衡量标准	网上服务的比例	开放教育数据的数量及APP数量	创新性服务的数量	原有服务被智能技术替代的比例
推动力	便利与效能	公开与透明	影响力与秩序	远见与共同愿景

1. 机构信息化

全面的信息化转型是数字化转型的基础，机构信息化阶段的焦点是将基于物理地点和机构的政府服务迁移到线上。这一阶段的发展主要出于对教育实践提供便利与服务增效的考虑。其中，数字系统的定位是实现网络服务，相关技术架构也基于完善既有服务而设计；政府服务模式尚处于被动状态，需要因应公民或社会机构的需求才能提供服务。因此，整个教育服务生态是分裂的双中心状态：一方面，许多传统教育服务都继续以政府为中心，依赖相应的认证和管理服务；另一方面，大量先行的教育服务机构已开始走向数字化教育，并自发形成一系列不甚完善的联盟和规则，构成另一个模糊的中心。这一阶段的绩效衡量标准主要是服务电子化的比例（具体包括远程办事的比例，对移动端友好的服务比例，远程办结占整体办结的比例等等）。

2. 数据开放化

即便政府意识到了数字化与信息化的重要差别，开始重视数据的收集与分析，从"做出行为"到"产出效能"也依旧要经历技术追赶过程。向社会开放数据是更快实现数据价值、提升公共效能的方法。在"透明政府""公开政府"的政治目标下，政府服务模式开始变得积极主动，数字系统开始着力于帮助过去"沉积"的教育数据实现再利用，使其面向能够从中获益的、技术成熟的外部机构。数据开放化是分裂的教育生态重新整合的第一步,以开放的应用程序接口为桥梁,政府—社会共同创造教育服务的生态模式得以出现。这一阶段衡量绩效的主要指标是开放教育数据的数量,以及利用这些数据的 APP 数量。

3. 数据驱动化

随着转型的深入,政府内部对数字化和数据决策赋能的认同度不断提高,并致力于以数据驱动的形式改善政府运作。数据驱动化阶段主要有技术和生态两条线索。从偏技术角度看,政府意识到教育数据的资源性价值,不仅将跨部门的数据流动常态化,更试图将更多物理现实数据化记录以丰富数据库。为此,新的数字系统定位将是"以物为中心"的数据交互平台,技术焦点则聚焦"物联网技术",力图在"万物互联"之中充分收集教育过程中的各种细节数据,实现数据资源的极大丰富。从生态角度看,政府开始觉知数字化教育服务生态的复杂性,并改变自身在其中的固有定位,以扩张影响力并奠定生态秩序。政府不再执着于做服务的源头供应者,而更愿意成为多元服务的汇集者、中介者。更多跨界性质的服务机构将被引入教育服务生态当中,使政府服务模式呈"广谱化"(broad spectrum)。通过将自身定位平台化,政府得以更深入地渗透智能教育服务生态,将其宗旨向"寻求社会整体的福祉"引导。这一阶段衡量绩效的主要指标是社会整体的创新性教育服务的数量。

4. 治理智慧化

当数据驱动的数字创新已经深度融入政府运作时,"创新"本身的可预测性也不再渺茫。进入治理智慧化阶段后,政府服务模式将是前瞻性的,政府与个人、政府与机构之间的互动将因为政府对需求的智慧预判极大加速。在政府的引导下,公立中小学、高校、教师、教育研究者等不同主体均能在教育服务生态中对自身角色、目标、所处环境的复杂性有更深刻的理解,其视野得以超越固化的生态位,从而动态调整和多元定位自身在生态中的角色,消弭教育数字化对教育者的专业空间的挤占。新的数字化系统将以这种新的生态为中心建立,政府的服务将帮助整体生态进行动态调整以适应内外部环境的变化。智能算法成为技术焦点,发达的机器学习技术是使数据转化成有效教育决策的催化剂。推动治理智慧化的驱动力不再局限于眼前的收益或效能,而主要来自政府和数字化教育领导者符合人才发展规律的长期蓝图和愿景。这一阶段衡量绩效的主要指标是原有服务被智能技术替代的比例。

参考文献

[1] 祝智庭.教育信息化:教育技术的新高地[J].中国电化教育,2001(02):5-8.
[2] 何克抗.我国教育信息化理论研究新进展[J].中国电化教育,2011(01):1-19.
[3] 黄节根,吉祥熙,李元旭.数字化水平对企业创新绩效的影响研究——来自沪深A股上市公司的经验证据[J].江西社会科学,2021,41(05):61-72+254-255.
[4] 陈龙."数字控制"下的劳动秩序——外卖骑手的劳动控制研究[J].社会学研究,2020,35(06):113-135+244.
[5] Wang F-Y., Zhang J. J., Zheng X., et al. Where Does AlphaGo Go: From Church-Turing Thesis to AlphaGo Thesis and Beyond[J]. IEEE/CAA Journal of Automatica Sinica, 2016, 3(02): 113-120.
[6] 兰国帅,郭倩,魏家财,等.5G+智能技术:构筑"智能+"时代的智能教育新生态系统[J].远程教育杂志,2019,37(03):3-16.
[7] 孙庆玲,王豪.基层教师的时间去哪了?[J].云南教育(视界综合版),2019(05):6-8.
[8] 内奥米·奥雷斯克斯.信息技术主导新世界[N].光明日报,2020-11-19(014).
[9] World Bank. Digital Government Readiness Assessment Toolkit[R]. Washington, DC: World Bank, 2020.
[10] Flemming A. S. The philosophy and objectives of the National Defense Education Act[J]. The Annals of the American Academy of Political and Social Science, Sage Publications: Thousand Oaks, CA, 1960, 327(1): 132-138.
[11] 孙杰远.教育治理现代化的本质、逻辑与基本问题[J].复旦教育论坛,2020,18(01):5-11.
[12] Barcevičius E., Misuraca G., Codagnone C., et al. Exploring Digital Government transformation in the EU[R]. Luxembourg: Publications Office of the European Union, 2019.

作者简介

孙烨超　华东师范大学教育学系博士研究生,美国俄亥俄州立大学访问学者

马和民(通讯作者) 华东师范大学基础教育改革与发展研究所研究员,博士生导师

电子邮箱

mhemin@163.com

Chapter 5

教育数字化标准研究探索*

洪道诚　史洪玮　郑隆威

摘　要： 新一轮产业革命和科技革命提供的强大移动终端、数据存储和计算平台,促进了数字技术和教育教学的深度融合,推动着教育领域数字化转型工作的蓬勃发展。本文针对教育情境中数字化相关概念不清、发展状态表示模糊以及相应数字化标准发展过程和趋势缺失等问题展开探究,从DIKW理论模型视角来辨析教育数字化、信息化、数据化、网络化、知识化、智能化等基本概念,提出相对应教育数字化标准发展的初始阶段、应用阶段、融合阶段、创新阶段的内容,讨论总结了教育数字化标准的规范、诊断、导向三方面主要功能作用,并建议从新基建、新体系、新模式、新评价四个方面来重点发展教育数字化标准。

关键词： 教育数字化；数字化标准；数字化转型；教育信息化

一、引言

在以云计算、大数据、物联网、移动互联网、人工智能、区块链等为代表的数字技术交叉融合、发展引领下,全球新一轮科技革命和产业革命正在加速推进,对人类生活带来前所未有的影响。新技术的深入发展在为经济社会的进步创造条件的同时,也将深刻改变国家的比较优势和竞争优势,对全球格局产生深刻影响。鉴于此,世界各国纷纷出台国家数字化

---

* 本文系国家自然科学基金项目非干预式感知的学业求助资源推荐研究(项目编号：61977025)、基于教师制品的教师技术采纳评价与归因研究(项目编号：62007008)研究成果。

发展战略,布局科技与经济发展,更明确重点推动教育领域的数字化转型。我国在这一时代背景下积极谋划,出台了全方位促进教育数字化发展的系列政策和文件[1][2][3][4][5],向建设高质量教育体系、加快推进教育现代化、建设教育强国的发展目标稳步迈进,并不断为教育主体、客体、内容、形式四要素注入新的内涵[6]。为了厘清教育数字化背景下相关的基本概念,把握教育数字化标准的发展脉络、功能作用,特别是对教育数字化标准的未来发展趋势做出研判,本文深入教育数字化标准领域,开展相关研究并得出了初步结论,以期为产业界和学术界做出探索性贡献。

二、基本概念

在教育与信息技术融合的理论和实践中,已经出现了信息化、数字化、网络化、智能化、智慧化等名词概念,并在不同场景被选择性采纳。这些名词在丰富教育和信息技术词汇的同时,由于缺少一致的定义,给学术界、产业界带来了困惑,影响了教育理论和实践的发展进程。本文从DIKW(Data-Information-Knowledge-Wisdom)理论模型视角出发[7],总结归纳教育情境中的基本概念,并对这些概念之间的联系和区别进行解析,从而为相对应教育数字化标准发展内容的研究分析奠定基础。

1. DIKW 理论模型

数据(data)、信息(information)、知识(knowledge)、智慧(wisdom)是信息科学的基本概念,其相互关系可以由 DIKW 理论模型进行描述,Cleveland 在 1982 年提出原型,后由 Zeleny 等扩展,2007 年由 Rowley 融合后形成一个可供借鉴的概念系统[7][8]。DIKW 理论模型也被产业界广泛接受,特别是在国际商业机器公司(International Business Machines Corporation,IBM)得到推广应用和进一步发展[9]。DIKW 理论模型的价值体系中数据是基础性概念,是形成信息、知识和智慧的源泉;信息可以发展为知识和智慧;知识可以升级为智慧,相互之间通过可理解程度和场景化程度两个维度进行区分。在已有研究基础上[10],本文借助DIKW模型体系来透视分析,将数据和数据化、信息和网络化、知识和知识化、智慧和智能化分别对应,并作为教育信息化发展过程的主题状态表示(如图1所示)。DIKW理论模型为教育和技术融合的信息化发展主题提供了特定的理论视角,本文将数字化作为贯穿其中的基础技术逻辑主线,通过分析对应的不同状态,从而研究确定相应教育数字化标准的主要阶段内容。

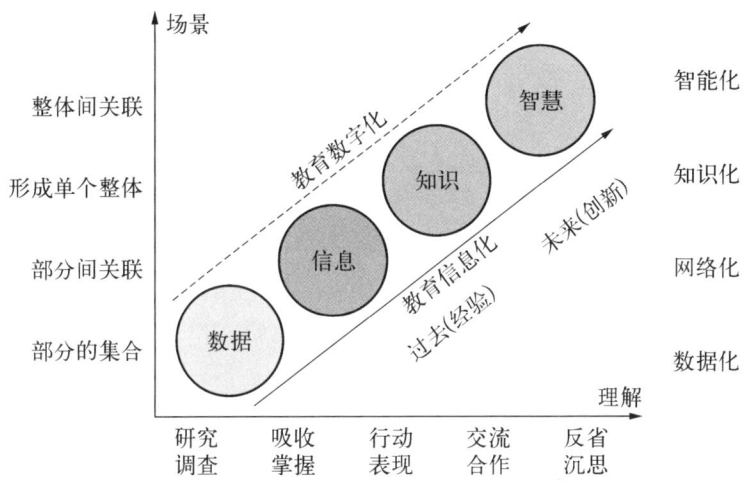

图1 基于DIKW的教育数字化

2. 数据和数据化

数据是事实、信号、符号的抽象表示集合,由于可能存在原始的、不一致的或无组织非结构化的情况,导致其只能表示事物的一个方面且不易被人理解。相应的数据化,一般是指通过记录、分析、重组数据,将现象问题转化为可制表分析的量化形式的过程。结合在数字技术支撑下的业务数据化实际,教育数据化是将教育活动和现象转化为数字化数据资源形式的过程,其目标是通过数字技术量化教育过程和结果,实现教、学、评、管等教育活动的有效数据记录:教学数据化涉及教学准备、教学过程、教学内容等课前、课中、课后教学活动的量化处理;学习数据化包括学习空间、学习内容/资源、学习过程和方式等学习部分的量化处理;测评数据化涉及教育过程、教育质量、教育行为等内容的数值量化处理;管理数据化则是教育行政管理和学校内部管理的数值量化处理。

在教育数据化主题内容中,各种各样的教育数据是教育活动数据化生成的结果形式。在教学方面,教师备课、教学方案、教学文件、教学课件、教学资源等教学活动涉及内容在数字采集技术(传感器、视频、音频、图像、文本等)支持下,顺利转变为海量丰富的教学数据资源。在学习方面,通过学习者在学习空间、电子课本、电子书包的表现,特别是在德、智、体、美、劳方面的(非)穿戴感知设备上的数据积累,极大地推进了学习活动的数据化。在教育测量和评价方面,对象是教育活动中要素的各个方面,从教育背景、投入、过程、效果等各方面的人和物,到有关的活动与现象,实现的是形成性、过程性和终结性测评的数据化。在教育管理方面,基于教育环境、教育决策、教育服务应用过程产生的主题数据,包括学生、教师、校友、组织机构、校园建筑、装备、餐厨、教学、招考、毕业等管理内容的数据化。

3. 信息和网络化

信息是以一致的方式排列和排序的数据集合,其时效性和场景化程度得到增强。由于存储和检索相对方便、容易,使得信息形式的数据变得更加有用,特别是通过相互之间的连接反映了事物背景状况,也更加容易被人理解。这一阶段基于编码信息流的网络化,包含两方面的含义。一方面是指信息传播推广的互联网通道,是利用通信技术和计算机技术,把分布在不同地点的计算机及各类电子终端设备互联起来,按照一定的网络协议相互通信,以达到用户整合共享软件、硬件和信息资源以及交互的目的;另一方面是指信息产品的网络效应,就是指产品对用户的价值取决于使用该产品的其他用户的数量,称为网络外部性,或称网络效应,要求尽可能扩大资源使用的范围。此阶段对应的教育网络化,满足了用户对获取信息、交换信息、共享信息、远程协作的需求,聚焦在突破教育时间和空间限制,赋能课堂内外,在优化学习方式、提高教学效率、助力教育公平、最大化教育资源效应等方面发挥着重要作用。

在教育网络化主题内容中,教育活动数据累积产生了丰富的信息资源,通过使用网络通信技术有力地提高了信息传播的速度,拓宽了传播的广度,实现了教育信息互联互通基础上的流动、整合、共享、利用,提升了教育信息资源与"互联网+"的聚合效应。在学、教方面,远程教学、慕课、翻转课堂等迅速发展都得益于教育网络化的推动,包括教学资源的共建、共享,学习过程和结果的协调统一,学习时间和地点的突破,学习内容和互动的多样,等等。在教育测量和评价方面,网络化极大地促进了诊断性测评、形成性测评、过程性测评和终结性测评的发展,实现了有机的统一。在教育管理方面,基于网络化的教育行政管理和学校内部管理,实现了教育环境、教育决策、教育服务等应用远程管理的实时性和全程性。

4. 知识和知识化

知识是一组信息及其关联背景的集合。其中,背景是随时间的进展而形成的信息集合之间关系的表示,知识则是大量信息基础上经验积累的结果。实践中在对信息进行归纳、演绎、比较、挖掘后,沉淀积累有价值的部分,并将其与已存在的知识体系进行逻辑性结合,从而使得有价值的信息转变成知识。随着网络化发展,数字空间充斥着各种参差不齐的海量数据信息,严重影响用户的使用,迫切需要对数据信息进行有效组织,提升知识化程度。知识图谱提供了有效的解决方案,它作为一种语义网络拥有极强的表达能力和建模灵活性,通过描述客观世界中概念、实体及其关系,从而让计算机具备更好地组织、管理和理解海量数据信息的能力。此阶段对应的教育知识化,强调在教育数字化中采用图谱的形式存储知识点以及各个知识点之间的关系,构建知识基础资源库,开展可解释性测评,为学、教的自适应调整提供资源基础和路径生成。

在教育知识化主题内容中,累积的教育活动数据和信息通过知识图谱技术手段,转变为结构化的实体知识,实现多数据源的知识实体融合、关系融合和实例融合,有利于提高教、学、评、管等教育环节的自适应、个性化、精准化程度。在学、教方面,以学科知识为核心,建立各个学科的知识点概念、层级关系、关联关系,构建学科知识图谱,并使其与教学资源(教材,教案,试题,教学视频等)、教师和学生建立关联,既精准刻画学生及其知识掌握情况,也可以帮助教师更好地了解学生学情,优化教学方法和调整教学策略。在教育测量和评价方面,通过知识图谱实现对学生知识掌握情况精准刻画,实现对学情的动态、精准研判,以及个性化的学习路径规划、学习资源推荐。在教育管理方面,通过基于知识图谱的总体学科分析、学情分析,实现了对教育决策、教育服务的科学调整和优化。

5. 智慧和智能化

智慧是根据已有知识选择最佳路径方式以达到预期结果的能力,是从感觉到记忆再到思维这一高级创造能力的体现。这既是经验知识的结果,也是对以往成功尝试的知识积累,更是对未来发展和创新进行有效预测和指引。本阶段的智能化/智慧化,是指通过全面的数字化转型升级,将数据、信息、知识等效能最大化,实现物理空间、社会空间、数字空间融合发展的人本智能。而教育的智能化/智慧化,强调通过人工智能技术的应用,开展教育实践,变革教学方式、人才培养模式,满足规模化教育与个性化教育的需求,重构教育行业生态,同步提升教育质量、效率和公平。总体上是对智能环境、智能教学、智能资源、智能评价、智能治理等一系列教育内容的重构,打造以学习者为中心的高质量教育模式、教育体系。在教育智能化/智慧化主题内容中,教育大数据、人工智能、高性能云计算平台对教育的革命性影响和重塑有条不紊地通过教育环节展开。在学、教方面,自适应学习、认知辅导、智能导学、智能答疑等基于人工智能(Artificial Intelligence,AI)教学过程的互动,积聚了丰富的多模态数据,加上算法技术更新升级,从而实现对教师与学生的状态描述越来越精准,推动了大规模因材施教、个性化学习这一教育新模式的发展。在教育测量和评价方面,智能批改、口语测评、情绪识别、心理健康监测等智能化测评被应用于学生能力和知识水平评估、人格与心理健康评估以及教学过程评估,提供及时的指导、反馈和解释,推动了可解释评价、过程评价、增值评价、综合评价的发展。在教育管理方面,智能技术支持物理世界、社会空间中数据、信息、知识、智慧在数字空间的全时、全域、全要素映射应用,推动了教育环境、教育决策、教育服务等应用管理智能化水平发展。

6. 数字化和信息化

数字技术在支持数据、信息、知识、智慧的应用中,实现了物理世界、社会空间在数字空间的全息映射,有力地促进了人机物三元深度融合,这一过程就是数字化。具体到教育数字化,是通过借助数字技术构建环境(设备、学习空间、教育生态等)、资源(图书、讲义、课件等)和应用(教、学、评、管、服务等)的数字空间,拓展教育的时空维度,重塑教育模式、教育体系。美国高等教育信息化协会(EDUCAUSE)定义了教育的数字化转换(Digitization)、数字化升级(Digitalization)、数字化转型(Digital transformation)以及三者之间的关系,如图 2[11]。其中,数字化转换指将物理信息或模拟信息转换为数字信息,并对数字信息进行组织的过程;数字化升级是利用数字技术和信息改变机构运作过程,实现业务流程自动化和业务流程顺畅衔接的过程;数字化转型是指通过组织机构转型,利用一系列相互协调的文化、技术和人员的改革创新,实现教学模式、运作模式和价值主张的创新。教育的数字化转换和数字化升级为数字化转型奠定基础,教育的数字化转型是数字化转换和数字化升级的发展深化。

信息化被广泛认为是将信息技术应用到相关领域,促成对象发生转变的过程,是一个相对的、动态发展的概念,更是一个渐进的动态过程。教育信息化是现代信息技术在教育领域的应用、赋能和变革,是以培养创新型人才为目的,以实现教育现代化为目标,全面推进教育领域的创新和发展,使之成为与信息社会相适应的新型教育形态的一个动态发展过程。一方面,教育自身发展是一个持续的过程,信息技术的引入以及与教育的

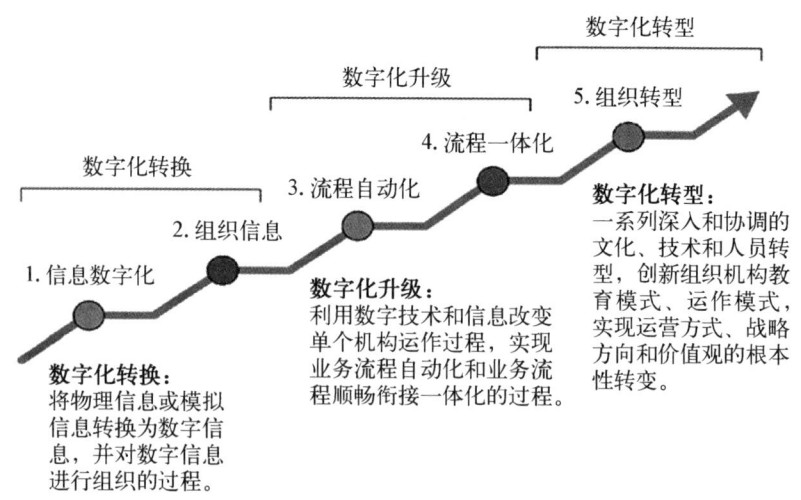

图 2　美国高等教育信息化协会定义的教育数字化

匹配、融合也都随之逐步进行，无法一蹴而就，从而使得现代信息技术运用成为系列主题过程；另一方面，信息技术在教育领域运用也是持续的过程。信息技术和教育的融合是一个不断演变和整合的过程，这一过程会导致教育理念、教育目标、教育形式、教育内容、教育模式和教育环境生态等方面产生革命性、系列性变化，必然成为长期过程。教育信息化发展主题状态包括教育数据化、网络化、知识化、智能化，而贯穿其主题状态的底层基础主线是教育数字化。

7. 小结

通过借助 DIKW 理论模型视角，教育中以数字化技术为底层基础主线的数据化、网络化、知识化、智能化等基本概念被有效解读，而教育信息化是信息技术影响、重塑教育过程中的基础性内涵概念。这意味着，教育数字化贯穿教育和技术融合发展的全过程，而教育数据化、网络化、知识化、智能化是教育信息化建设中随着技术转型、升级，不断深化、融合创新的发展形态。特别需要说明的是数据化、网络化、知识化、智能化作为教育信息化发展过程的不同状态，相互之间并不是完全割裂，而是具有交叉融合的部分,只是它们在不同时期的不同发展阶段所强调主题的程度体现。因此,每一主题状态所对应教育数字化标准阶段是融合过去发展和当前发展的结果和体现,而教育数字化标准的构建既要符合当前实际,又要着眼未来和顺应发展趋势,实现动态调整。

三、教育数字化标准的发展历程

在数字时代加强教育治理,需要按照一定标准开展[12][13],例如传统学、教、评、管等教育过程中课程标准和学习测试标准[14][15]。按照前文所提教育数据化、网络化、知识化、智能化发展主题状态,本部分教育数字化标准发展过程对应初始阶段、应用阶段、融合阶段、创新阶段。教育数字化标准发展分为国外和国内两个部分,通过梳理国内外教育领域的相关技术标准可以发现,总体而言,国内实现了从跟跑到并跑以至在特定方面领跑的发展过程,以下从理论、实践等多方面进行分析。

1. 教育数字化标准发展的初始阶段

美国 1996 年发布的《国家教育技术规划》(National Educational Technology Plan,NETP),对联网计算机、教学软件、教师技能培训等提出要求。1997 年,日本制定"教育改革计划",提出全国互联网建设,确保学校接入互联网。韩国在 1997 年实施"教育信息化全面规划"(Comprehensive Plan for Education in the Information Age),推动全国学校部署计算机终端、建设计算机网络。新加坡教育部于 1997 年颁布了为期 5 年的基础教育信息化一期发展规划——*Masterplan 1*,对生机比、师机比、网络传输技术与速率、教师信息技术和课程整合能力等做出了明确规定。

此阶段是教育技术基础设施初步具备,教学中开始使用数字资源,而学校和培训机构采用管理信息系统进行事务处理的阶段。与此同时,国际组织也开始涉足教育数字化标准制定,其中比较著名的是国际电气和电子工程师协会(Institute of Electrical and Electronics Engineers,

IEEE)。其下设的学习技术标准委员会（Learning Technology Standards Committee，LTCS），于1996年开始学习技术标准的制定，并发展为后来的标准IEEE 1484。1999年，国际标准化组织（International Organization for Standardization，ISO）的JTC1/SC36专委会成立，并开展学习、教育、培训技术标准的征集、研究。我国于2001年组织有关专家成立了现代远程教育标准化委员会（Distance Learning Technology Standardization Committee，DLTSC），专门从事网络教育技术标准的制订和推广工作。2002年，经过国家标准化委员会批准，成为全国信息技术标准化技术委员会教育技术分技术委员会（China E-Learning Technology Standardization Committee，CELTSC）。在2002年启动的时候，标准研究主要是建设"系统架构与参考模型""术语"等指导性的标准规范。

2. 教育数字化标准发展的应用阶段

丰富的数字教育资源和有效的教育管理系统是这一阶段的特征，也是标准建设的必要基础。美国发布的《国家教育技术规划2000》和《国家教育技术规划2004》中，强调普及数字资源、利用评估促进教学和提升数据系统的互操作性。韩国在第二个教育信息化规划中，要求加大数字教育资源建设和数字化学习。日本的"教育信息化实施计划"提出2001年所有公立学校接入互联网，公立学校教师都会有效使用计算机。英国于2005年发布《利用技术：转变学习和儿童服务》（Harnessing Technology：Transforming learning and children's services）战略，随后又进行更新和修订，并于2008年发布了《利用技术：下一代学习（2008—2014）》（Harnessing Technology for Next Generation Learning 2008－2014）战略。我国于2008年发起全国范围内的网络教育数字化学习资源中心建设，研究网络教育数字化学习资源共享机制、标准、技术与平台，推进优质网络教育资源网上开放与共享。

在本阶段，标准研制目的是促进应用资源、数据共享以及系统间数据交换。如都柏林核心元数据设计，其目标是实现网络电子资源的识别、描述和定位。2000年国际电气和电子工程师协会下设的学习技术标准委员会发布学习对象元数据的描述方法标准（Learning Object Meta-data，LOM），目的是帮助学习者或教育者实现对学习资源的查找、评估、获取和使用，从而进一步实现对学习资源的共享和交换。美国航空工业计算机培训委员会、国防部组织的高级分布式学习机构在这一时期，分别提出了计算机管理教学标准和可共享内容对象参照模型标准（Sharable Courseware Object Reference Model，SCORM）。IMS全球学习联盟（IMS Global Learning Consortium）也制定了通用的国际化标准，包括一套如何对学习内容确认和标记规范，以及如何跟踪在学习过程中一些通用的参数，如元数据、内容封装、问题与测试互操作、学习者信息封装等。全国信息技术标准化技术委员会教育技术分技术委员会在本阶段立项的标准包括教育资源建设规范、内容封装、测试互操作、学习者模型、平台与媒体标准组谱、学习管理等，这些都是数字化学习内容、学习资源和系统操作的标准。

3. 教育数字化标准发展的融合阶段

本阶段一方面强调利用数字技术促进教师专业能力发展，另一方面基于数字资源环境的教学方法创新。同时，在数字技术与教学环境融合方面，国外在中小学校园大规模推广使用电子书包，通过云服务实现所有终端教育资源同步推送。新加坡在第三期教育信息化规划提出教师为学生提供素质环境下的学习经验，构建多种合适的学习平台，通过网络实现学生之间的协作。日本2010年发布《教育信息化指南》，提出要持续推动教育信息化向全面纵深发展，并于2013年进一步发布《第二期教育振兴基本计划》，提出为了切实提升学生学力而充实教育内容和方法，强调推进有效利用数字技术的新型学习。2010年，英国发布《下一代学习：2010—2013执行计划》（Next Generation Learning：The implementation plan for 2010‐2013），提出教育信息化发展的主要目标。2015年，澳大利亚发布《国家创新和科学议程》（National Innovation and Science

Agenda)报告,计划通过推广编程和计算机使用,帮助本国学生融入数字时代。2012年我国教育部组织编制了《教育信息化十年发展规划(2011—2020年)》,明确提出建设国家教育云基础平台,要求充分整合和利用各级各类教育机构的信息基础设施,建设覆盖全国、分布合理、开放开源的基础云环境。

随着教育数字化朝着系统化、模块化、集成化的方向发展,相关的数字化应用系统不再是孤立系统,而是由各种不同模块集成,需要实现基础数据和资源的共享。因此,构建系统整合标准就成为研究重点。IMS全球学习联盟在其早期标准化工作的基础上发起了数字学习服务标准,该标准包括内容统合封装、学习工具互操作和学习信息服务三类,这些标准提供促进数字内容、学习应用跨越教室、校园和在线技术平台无缝整合的基础规范。内容统合封装是一系列开放标准规范的集合,该标准主要解决两类问题:一是提供数字化学习资源内容封装、内容描述和内容迁移的解决方案;二是统合封装组谱提供了在线课程资源和电子书的出版模式,其核心思想是对资源进行模块化封装,以便在互联网发布、交互和定制化。学习工具互操作规范的目的是,通过提供一个更加完整和可拓展的平台来促进服务和事件更深度地整合,实现学习者在不同学习平台获得一站式学习服务。全国信息技术标准化技术委员会教育技术分技术委员会研究的标准项目包括:学习设计、数字权利描述语言、高等教育管理信息标准、系统架构及接口规范等,这些标准主要是为了促进不同系统间的数据融合、功能共享和系统集成。另外,全国信息技术标准化技术委员会教育技术分技术委员会的研究项目开始重点关注教育领域相关技术的整合应用,例如虚拟实验、电子课本与电子书包、教育云、教育服务等领域的标准。

4. 教育数字化标准发展的创新阶段

欧盟特别强调教育与培训系统应适应数字时代的发展要求,2018年发布《数字教育行动计划(2018—2020)》(Digital Education Action Plan 2018-2020),并于2020年发布《数字教育行动计划(2021—2027)》(Digital

Education Action Plan 2021–2027),提出了两大优先战略,分别是发展高水平的数字教育生态和为数字化转型提升数字技能与素养。2018 年,英国教育部发布了一份咨询报告,提出了提高成人基本数字技能的计划:更新生活和工作所需的基本数字技能国家标准;提高基本数字技能标准;将基础数字技能纳入国家权利。2020 年,澳大利亚发布了《数字素养技能框架》(Digital Literacy Skills Framework),在学习、阅读、写作、口语交流和算术等核心领域培养数字素养。至 2017 年,美国先后推出六项国家教育技术规划,之后每年都发布新版,体现了每一时期所对应的教育数字化需求与发展基础。2020 年,美国发布了《父母和家庭数字学习指南》(Parent and Family Digital Learning Guide)。

在此创新阶段,教育数字化标准被进一步规范,特别是随着人工智能、大数据、物联网等新型数字技术和教育的深度融合中,教育数字化转型又对数字化标准提出了新要求。美国在 2020 年发布计算机科学和数字化能力学习标准(Computer Science and Digital Fluency Learning Standards),此标准包括五个关键内容:计算的影响(Impacts of Computing)、计算思维(Computational Thinking)、网络与系统设计(Networks & System Design)、网络安全(Cybersecurity)、数字素养(Digital Literacy)。2021 年,英国颁布数字基础技能标准(Digital Functional Skills Qualifications)以替代信息与通信技术(Information and Communications Technology,ICT)技能标准,新的标准旨在提升成人的基础数字技能。我国教育部于 2018 年、2020 年和 2021 年分别发布了针对中小学、职业院校和高等学校的数字校园建设规范,为数字化新基建提供了明确的指导要求和规范;教育部发布的 2022 年工作要点,强调实施教育数字化战略行动,加快推进教育数字化转型和智能升级。

四、教育数字化标准的功能

通过制定、发布和实施各项标准,促进数字化转型推进过程中的互享数据、互通系统、互动决策,从而获得教育数字化的最佳秩序和效益。总结借鉴已有教育技术标准研究[16],教育数字化标准为教育现代化提供明确切实可行的规范、分析和导向依据准则,受到学术界和产业界的普遍重视。综合而言,作为建设高质量教育体系重要内容的教育数字化标准,其具体功能有规范、诊断、引导等三个方面。

1. 规范功能

教育数字化标准的规范功能覆盖学、教、评、管等教育全环节,是从底层数据出发,对数字化教育基础数据开展的指数化处理规范,包括数据正向化即同趋化处理规范,以及标准化即无量纲化处理规范。教育数字化标准通过规范实践操作,针对数据同趋化处理中多源异构数据融合问题、无量纲化处理中数据比较问题,有效指示利益相关者关注数据的价值、意义以及如何推广和在哪个范围内进行推广。教育数字化标准通过规范数据的循环和流通机制,从基础上确保数据的可读性和语义分析的连续性,进而挖掘教育数字化的意义和价值。

2. 诊断功能

教育数字化标准为学、教、评、管等教育全流程环节的问题诊断,提供了统一的规则依据。实践中,通过对教育活动发生现象进行客观的记录、归纳、总结,借助数字化分析技术,对照相应标准,从中发现问题、查找问题根源,并制定解决方法,提出应对措施和改进建议。更关键的是将措施方案回归应用于教育实践,借助科学的教育数字化标准指导教育行为。教育数字化标准的诊断作用通过数据统计、分析、挖掘等技术规则,精准有效表征数据内涵和面临的发展问题,通过采用智能推荐算法,实现对教育活动的精准干预。通过融合智能算法,解释、预测海量教育数据的变化规律,并能够从整体全局挖掘教育系统数据各要素之间的内在关联,为诊断决策、优化干预提供科学证据。

3. 引导功能

教育数字化标准针对学、教、评、管等教育全环节内容提出规范性指导原则，引导教育活动和服务向预定目标发展。教育数字化标准具有融合统一的协同机制，是破解教育系统功能割裂和数据碎片化的重要手段。一方面，数字化标准由"分散多样"转向"融合统一"，打通行为表征、数据采集、诊断评估等立体性、动态化过程，挖掘教育数据的真正价值，为教育决策和数据治理提供切实可行的应对措施；另一方面，数字化中枢由"碎片式整合"转向"网状化融合"，通过汇聚多元化的数据类型，打通数据之间的流通机制，有利于把控数据的内在机理和规律。与之类似，已有研究从横向分工网状化以及纵向结构扁平化等方面精准把控数据的传输过程，加强多模态数据流的融合互通，引导和推进大规模数据协同的开放共享。

五、教育数字化标准的展望

新时期的网络化、数字化、智能化、个性化、终身化教育体系构建，需要标准作为规范指导框架，实现教育理念更新、模式变革、体系重构。教育数字化标准在建设高质量教育体系的进程中，具有不可替代的规范、诊断、引导作用。总结国家和地方有关教育数字化转型政策方案[17]，建议教育数字化标准重点从新基建、新体系、新模式、新评价等四个方面展开。

1. 新基建方面的教育数字化标准

在我国信息基础设施多年发展、初具规模的基础上，教育数字化创新转型是进一步全面优化教育信息基础网络环境，包括推进 5G 和云网融合、深化互联网协议第 6 版（Internet Protocol Version 6，IPv6）应用、推进校园物联网建设、加快教学场景数字化改造、研究规范教育终端标准[18]。在传统信息基础设施基础上向下延伸到数据层，通过标识识别、标准接口、标准存储定义方式,把各种采集到的数据整合起来,进行数据的挖掘使用,建设成真正意义上的数据支撑平台。之后,基于大数据和人工智能,构建一个基于数据的应用服务平台,最终支撑以数据为关键要素的教育数字化快速发展。教育数字化标准为构筑研、建、用协同的教育数字化新生态发展环境提供了规范支持,创新了教育场景示范应用,推进了教育教学变革,实现了"人人皆学、时时能学、处处可学"的智能泛在可选学习环境[19][20]。

2. 新体系方面的教育数字化标准

随着国家将"建成服务全民终身学习的现代教育体系"确立为2035年主要发展目标之一,以"加快发展面向每个人、适合每个人、更加开放灵活的教育体系,建设学习型社会"为标准的教育数字化转型成为教育服务的重要内容[21][22]。教育数字化标准通过充分发挥学术界和产业界的优势,解决社会教育服务中教育资源和服务优质均衡的难题,实现面向每个人的均衡化、个性化、精准化、泛在化的教育服务,促进服务全民终身学习的现代教育体系加快建设。现代高质量教育体系建设,涉及不同层次、不同类型教育,教育数字化标准旨在建设面向全民、贯穿于人生全程、具有连续性和统一性的社会化教育服务体系。具体而言,教育数字化标准需要保证优质均衡的从学前到高中阶段这一基本公共教育服务体系的构建,需要保证支撑技能社会建设的职业技术教育体系的构筑,需要保证开放多元的高等教育体系的构造,需要保证服务全民终身学习的教育体系的完善。

3. 新模式方面的教育数字化标准

《中国教育现代化2035》提出利用先进技术加快推动人才培养模式改革,实现规模化教育和个性化培养的有机结合。这一培养模式变革要求提出的背景是数据已成为新的生产要素,成为国家新的重要战略资源。

通过实现数据的本体化、标准化、一体化，构建教育领域新一代数字信息基础设施，推动数据互联互通基础上的万物互联。通过大数据、云计算、人工智能、区块链等新型数字技术，实现向以数据为基础、网络为支撑、智能为应用的个性化新型教育模式转变。教育数字化标准在推动教育顺利转型为新模式方面，需要对学、教、评、管等教育全流程环节进行基于数据的规范，在统一的、多模态数据标准体系框架内，实现物理空间、社会空间与数字空间的全时全域全要素映射，构建全要素的感知、计算、决策流程体系，为因材施教、个性化学习、智能评测、智慧治理的教育新模式赋能提供有力支持，打造高质量教育体系[23][24]。

4. 新评价方面的教育数字化标准

在中共中央、国务院印发的《深化新时代教育评价改革总体方案》中，明确提出教育评价的基本原则，"坚持科学有效，改进结果评价，强化过程评价，探索增值评价，健全综合评价"，要求"充分利用信息技术，提高教育评价的科学性、专业性、客观性"。教育数字化标准可以针对测评对象的学、教、评、管等教育全环节内容，对包括过程性评价、形成性评价、诊断性评价等在内的评估提供依据和准则，完全符合以上评价改革方案[25]。教育评价分析本身不能解决任何现实的教育问题，也不会改变存在的风险状况。评价分析主要作用在于根据教育数字化标准，动态化、精准化、个性化地测量和评估教育问题及问题的根源，提出教育问题的解决方案。教育数字化标准基础上的评价分析，所提解决方案的实施能够改变风险状况。因此，教育数字化标准重点在教育评价中问题的准确界定和有效解决方案的合理提出，使用数字技术赋能教育管理与教育教学各环节，从而有效支撑教育评价改革，完善新教育体系。

六、总结

教育信息化是教育与信息技术深度融合中相对稳定的基础内涵概

念,而教育数据化、网络化、知识化、智能化是持续扩大且有着不同融合程度的发展状态概念。互联网、物联网、云计算、大数据、人工智能、区块链等数字化技术,正是促进教育信息化"量变"和"演变"过程中的基础技术和工具。可以预想,在不久的将来,新技术、新名词一定会接连出现,但数字化这个贯穿信息化的基础技术逻辑坚实而不变。教育数据化、网络化、知识化、智能化的不同状态分别对应教育数字化标准发展的初始阶段、应用阶段、融合阶段、创新阶段,教育数字化标准构建趋势重点集中在新基建、新体系、新模式、新评价四个方面。

参考文献

[1] 教育部.关于同意将上海作为教育数字化转型试点区的函[EB/OL].[2021-9-16]. http://www.moe.gov.cn/srcsite/A16/s3342/202109/t20210916_563764.html.

[2] 教育部等.关于推进教育新型基础设施建设构建高质量教育支撑体系的指导意见[EB/OL].[2021-7-20]. http://www.moe.gov.cn/srcsite/A16/s3342/202107/t20210720_545783.html.

[3] 教育部.关于发布《高等学校数字校园建设规范(试行)》的通知[EB/OL].[2021-3-22]. http://www.moe.gov.cn/srcsite/A16/s3342/202103/t20210322_521675.html.

[4] 教育部.关于发布《中小学数字校园建设规范(试行)》的通知[EB/OL].[2018-5-2]. http://www.moe.gov.cn/srcsite/A16/s3342/201805/t20180502_334759.html.

[5] 教育部.关于发布《职业院校数字校园规范》的通知[EB/OL].[2020-7-2]. http://www.moe.gov.cn/srcsite/A07/zcs_zhgg/202007/t20200702_469886.html.

[6] 袁振国.教育规律与教育规律研究[J].华东师范大学学报(教育科学版),2020,38(09):1-15.

[7] Rowley J. The wisdom hierarchy: representations of the DIKW hierarchy[J]. Journal of Information Science, 2007, 33(2): 163-180.

[8] 王宜鸿,叶鹰.DIKW概念链上数据科学的理论与技术基础简论[J].图书馆杂志,2020,39(12):20-28.

[9] Vinay Rao. From data to knowledge[EB/OL].[2018-3-5]. https://developer.ibm.com/articles/ba-data-becomes-knowledge-1/.

[10] Steve Easterbrook. What is Climate Informatics?[EB/OL].[2012-9-21]. http://www.easterbrook.ca/steve/2012/09/what-is-climate-informatics/.

[11] Christopher D. B., Mccormack M. Driving digital transformation in higher education[EB/OL].(2020-06-15)[2022-02-21]. https://library.educause.edu/-/media/files/library/2020/6/dx2020.pdf?la=en&hash=28FB8C377B59AFB1855C225BBA8E3CFBB0A271DA.

[12] 袁振国,黄忠敬.走实证研究道路,使教育学成为科学——专访华东师范大学袁振国教授[J].教师教育学报,2022,9(02):1-9.

[13] 袁振国.中国教育政策评论2020[M].上海:上海教育出版社,2021:1-2.

［14］刘志,安连义.培养学生的社会与情感能力：后疫情时代教育发展的重要指向[M]//袁振国.中国教育政策评论2020.上海：上海教育出版社,2021：235-251.
［15］吴永和,雷云鹤,杨飞,马晓玲.构筑数字化教育生态新环境——电子课本与电子书包研究与发展述评[J].中国电化教育,2013,323(12)：3-13.
［16］吴砥,王杨春晓,彭娴.教育信息化标准研究综述[J].电化教育研究,2019,09(01)：45-51+76.
［17］上海市教育委员会.上海市教育数字化转型实施方案(2021-2023)[EB/OL].[2021-9-17].https://www.shanghai.gov.cn/gwk/search/content/93d584264df445dc9dc5bde9b758ca96.
［18］祝智庭,许秋璇,吴永和.教育信息化新基建标准需求与行动建议[J].中国远程教育,2021,561(10)：1-11+76.
［19］王飞,李绚兮,顾小清.教育信息化产品和服务的生态发展研究[J].电化教育研究,2020,330(10)：99-105.
［20］Xiaoqing Gu, Charles Crook, Mike Spector. Facilitating innovation with technology: Key actors in educational ecosystems[J]. British Journal of Educational Technology, 2019(3): 1118-1124.
［21］刘名卓,祝智庭,童琳.教育信息化服务标准体系框架研究[J].现代远距离教育,2018,178(04)：28-35.
［22］余平,钱冬明,祝智庭.数字化终身教育资源结构、分类及标准研究[J].现代远程教育研究,2014,130(04)：47-55.
［23］钱冬明,罗安妮,赵怡阳.数字化学习工具标准研究与框架设计[J].电化教育研究,2019,310(02)：62-67.
［24］顾小清,吴战杰.学习技术系统体系结构进入2.0时代[J].计算机教育,2018,287(11)：5-7.
［25］雷浩,崔允漷.核心素养评价的质量标准：背景、内容与应用[J].中国教育学刊,2020,323(03)：87-92.

作者简介

洪道诚　华东师范大学副高级教师,博士,研究方向为数字化转型、智能教育、教育大数据

史洪玮(通讯作者)　宿迁学院信息工程学院副高级教师,硕士,研究方向为计算机教育、人工智能

郑隆威(通讯作者)　华东师范大学副高级教师,博士,研究方向为教育数字化、智能教育、学习分析

电子邮箱

19744090@qq.com

lwzheng@cs.ecnu.edu.cn

Chapter 6

教育数字化转型的运行机制及实现路径[*]

罗 枭 韩 舰

摘 要: 教育数字化转型是一个集观念、技术、方法、过程、结果、代际于一体的概念,需要教育数据新基建层、教育数据源层、教育数据基座层、教育数据场景应用层等四个层面的功能、定位及关系形成协同配合、高效运转的工作机制。教育数字化转型的实现路径包括:加快教育数据新基建进程,营造教育数字化转型大环境;制定多主体协同配合机制,丰富教育系统内外教育数据来源;完善教育数据治理体系,夯实教育数据基座;实践导向,丰富教育数据应用场景。

关键词: 教育;数字化转型;运行机制;实现路径

一、引言

数字经济已经成为推动全球经济增长的重要引擎,世界正从工业经济向数字经济转型。在此背景下,一些国际组织、国家聚焦教育数字化转型战略,把其作为提升公民数字素养、增强综合国力、赢得未来国际竞争的抓手。例如,联合国教科文组织(United Nations Educational, Scientific and Cultural Organization, UNESCO)在《教育数字化转型:学校联通,学生赋能》(The Digital Transformation of Education: Connecting Schools, Empowering Learners)报告中倡导关注教育的数字化联通;[1]欧盟在《数字教育行动计划(2021—2027)》(Digital Education

---

[*] 本文系中央高校基本科研业务费专项资金资助项目"人工智能时代教育科技发展对教育治理的挑战与应对机制研究"(项目编号:JKR01212201)研究成果。

Action Plan 2021-2027)中将培育数字教育生态和推进教育数字化转型作为两大战略目标;[2]美国在《人工智能倡议:实施年度报告(2020)》(American Artificial Intelligence Initiative:Year One Annual Report 2020)中强调要构建数字化转型愿景和联邦数据战略。[3]放眼国内,习近平总书记不仅提出了网络强国、数字中国、智慧社会的重要论述,更指出要利用信息技术更新教育理念、变革教育模式,优化同新发展格局相适应的教育结构,要立足服务国家区域发展战略。[4]《中华人民共和国国民经济和社会发展第十四个五年规划和2035年远景目标纲要》(以下简称"十四五"规划)指出要以数字化转型驱动生产、生活、治理方式的转变。2021年8月,教育部将上海作为全国唯一的教育数字化转型试验区,旨在为在全国范围内推行教育数字化转型积累有益经验。同年11月,上海市教育委员会发布了《上海市教育数字化转型实施方案(2021—2023)》,开启了教育数字化转型、数字赋能教育发展、构建互联互通共享的数字教育生态的大幕。近期,教育部在《2022年工作要点》中明确提出要实施教育数字化战略行动,加快推进教育转型数字化和智能升级。[5]由此可见,教育数字化转型已经成为国内外教育改革的重要命题,是深化我国教育改革、建设高质量教育体系、推进教育治理体系与治理能力现代化的重要举措,是贯彻落实"十四五"规划关于加快数字化发展、建设数字中国的重要组成部分。当前,教育数字化转型作为一个极具现实意义的新命题,学界对教育数字化转型的运行机制和实践路径的研究成果仍然较少。为此,本研究聚焦教育数字化转型的运行机制实践路径,并展开深入阐述。

二、教育数字化转型的核心内涵

数字化是集观念、技术、方法、过程、结果、代际于一体的概念。有研究者从观念出发,认为数字化是信息技术的高级阶段。[6]有研究者从技术角度着手,认为数字化是指把模拟数据转化为以0和1表示的二进制代码。[7]有研究者认为数字化是一种技术手段、方法、过程及结果,指的是某个领域的各个方面或某种产品的各个环节都采用数字信息处理技术,实现该领域、组织、产品数据化的过程及结果。本研究认为,教育数字化转型是为了适应信息化时代的变革要求,在教育领域、教育组织内、外部以信息、计算、通信和连接性技术等数字技术为支撑,通过构建数字教育环境、数字教育体系、数字教育平台、数字教育模式、数字教育评价,实现教育环境的重塑、教育体系的重构、教育资源供给方式的优化、教育服务方式的升级、教育治理方式的调整、学习者的学习方式的变革和数字能力提升的过程及结果。具体包括:在技术上,实现从信息技术向数字技术的转变;在需求特征上,从确定性需求到不确定性需求转变;在核心诉求上,实现从提升效率向支撑创新的转变;在技术体系上,实现从封闭向开放转变。[8]

三、教育数字化转型的运行机制

运行机制即系统、组织内部各元素的定位、功能、关系及运行方式。教育数字化转型的运行机制(如图1所示)需要在宏观上理清教育数据新基建层、教育数据源层、教育数据基座层、教育数据场景应用层四个层面的定位、功能、关系及运行方式。教育数字化转型需要四个层面形成顺畅的运行机制,协同配合和层层推进。其一,教育数据新基建层。新基建被称为构筑数字时代的新结构性力量。[9]教育数据新基建层的目的是实现教育的信息化、智能化、数据化。只有推进教育新基建进程,夯实教育数据基础设施,才能为教育数字化转型提供有力支撑。具体来讲,教育数据新基建就是要加强各类智能感知设施、智能网络设施、智能计算设施、智能存储设施、智能采集设施的整体布局和协同建设,推动数字校园、孪生校园、智慧学区的建设,并在不违背基本伦理的前提下,主动采集、存储各类教育数据,为后期教育数据清洗、教育数据的深度挖掘奠定坚实基础,为教育数字化治理提供软、硬件基础。其二,教育数据源层。数据是驱动教育数字化转型的核心要素,是形成数据要素的前置资源。没有丰富的

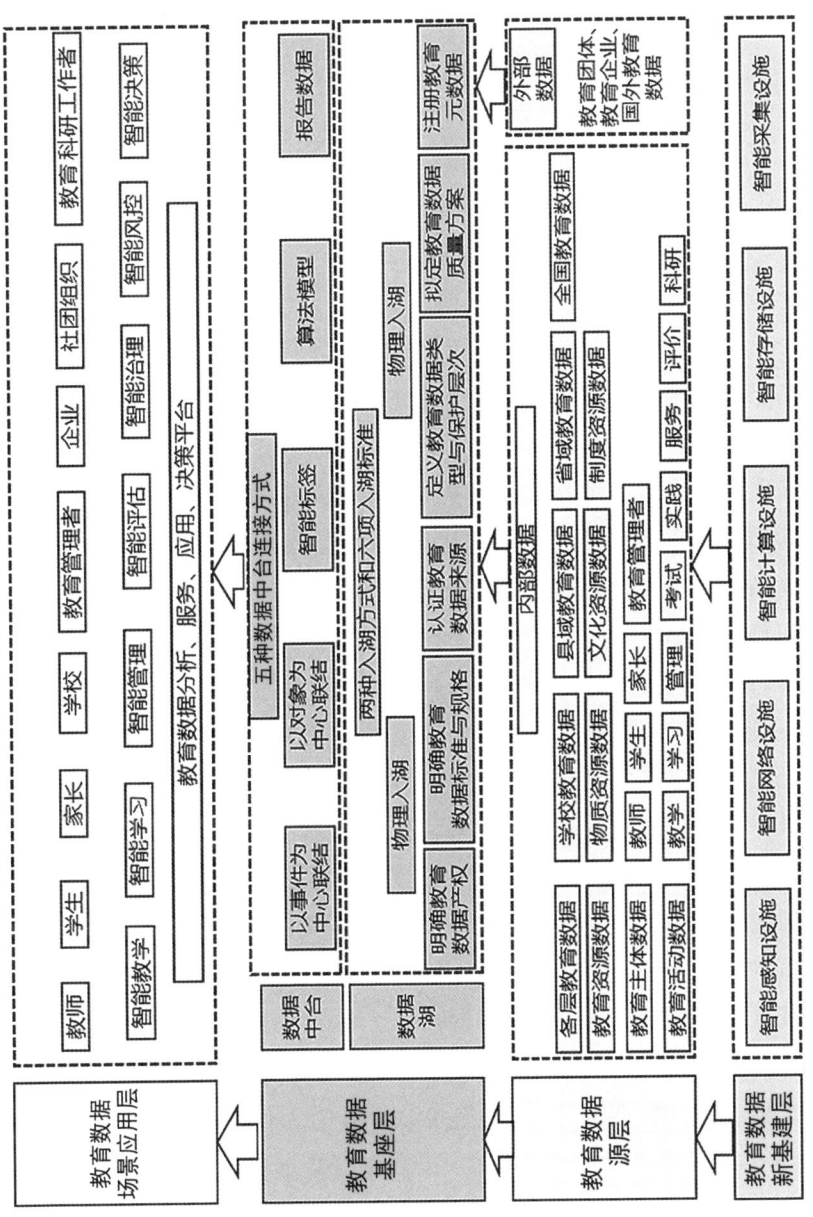

图 1 教育数字化转型运行机制

教育数据,实现教育数字化转型就如无源之水、无本之木。教育数据源层面犹如一座有待开发的原始矿山,蕴含着形形色色、种类丰富的数据。具体来讲:教育数据源从教育系统内、外部来看可分为内部数据和外部数据两个块面。内部数据主要包括教育活动数据、教育主体数据、教育资源数据、教育管理数据。教育活动数据包括教学、学习、管理、考试、评价、服务、科研、实践等方面的数据;教育主体数据包括教师、学生、家长、教育管理者等数据;教育资源数据包括物质资源数据(学校办学硬件数据)、文化资源数据(办学文化、价值观等方面的数据)、制度资源数据(推进学校管理的制度文本数据);教育管理数据包括学校教育数据、县域教育数据、省域教育数据、全国教育数据等。外部数据则包括企业数据、社团组织数据、国外教育数据等。教育数据还可以划分为人格性教育数据和非人格性教育数据。人格性教育数据主要是能够识别主体身份的数据,非人格性教育数据则不能识别主体身份。此外,教育数据又可以从功能上划分为教育政务数据和教育非政务数据,从开放性上划分为公开教育数据和非公开教育数据。其三,教育数据基座层。教育数据基座层是实现教育数字化转型的关键环节。教育数据基座总体上分为数据中台(主题联结)和数据湖两大类。数据中台是提供数据采集、数据存储、数据处理与数据服务的全链路一体化面向业务应用的数据智能平台[10],其通过各类数据处理技术,按照一定的教育数据标准和口径,对海量教育数据进行采集、计算、存储、加工,形成标准数据,再进行存储,形成教育大数据资产层,进而为各类应用主体提供丰富的教育数据产品和教育数据服务。数据中台包括五种联结方式,分别为以事件为中心联结、以对象为中心联结、智能标签联结、报告数据联结、算法模型联结。数据湖包括两种入湖方式和六项入湖标准:入湖方式包括物理入湖和虚拟入湖两种方式;六项入湖标准分别为明确教育数据产权、明确教育数据标准与规格、认证教育数据来源、定义教育数据类型与保护层次、拟定教育数据质量方案、注册教育元数据。在教育数据基座层,各类数据按照一定的类型、规格、主体、标准进行数据初步封装、数据汇聚、形成分门别类、类型丰富、存储有序的数据仓库。其四，教育数据场景应用层。形成优质、泛在的教育数据场景应用是教育数字化转型的最终目的。通过教育数据分析平台、教育数据服务平台、教育数据应用平台、教育数据决策平台实现智能教学、智能学习、智能教育管理、智能教育评估、智能教育治理、智能教育风控、智能教育决策等实践场景运用，其涉及的应用主体包括教师、学生、家长、学校、教育管理者、企业、社团组织、教育科研工作者等。

四、教育数字化转型的实现路径

1. 加快教育新基建进程，营造教育数字化转型大环境

教育新基建将为信息时代教育生产方式的变革奠定物质技术基础。[11]换句话说，提升教育基础设施的信息化水平，营造教育数字化转型大环境是实现数字化转型的基础性工程和前置性工程。为此，要从如下几个方面展开行动。第一，将教育新基建纳入各级政府的规划文件中。教育行政部门要统筹布局，将教育新基建作为国家教育规划和教育经费的重头工作，按计划加快布局教育领域的5G/6G、互联网、云计算、云存储、大数据、区块链、虚拟现实（Virtual Reality，VR）和增强现实（Augmented Reality，AR）、边缘计算等技术使用，推广布局以太网及因特网通信协议（TCP/IP）、时间敏感网络设施（TSN）等装备，并推动基础设施的系统、接口、网络联结协议的标准化升级。第二，推进数字化校园基础建设。教育行政部门要加大资金投入力度，推进5G技术和技术终端进校园、进教室、进课堂、进教材，夯实校园的数字化转型基础，营造学校数字化转型的文化氛围，鼓励学校进行数字化场景应用的各类探索。第三，实现校园内物联网提质升级。要以政府宏观规划为引领，以学校实践为主体，在"物联、数联、智联"的原则指导下，推动数字化校园的物联网建设进度和水平，进而实现伴随式、无感知、守伦理、保安全的校园数据采集。[12]第四，规范数字化教育终端标准。政府、学校要深入研究数字化教育终端的引入、使用标准，在以人为本、技术育人的总基调下，推动数字化

终端与数字教材、各类数字教育资源的融合。第五,普及数字化教育终端,提升师生信息素养,进而确保教育公平,缩小数字鸿沟。师生的教育数字终端是师生获得各类数字教育资源,体验各类数字教育应用场景,提升数字教育体验的接口。师生信息素养是顺应、引领教育数字化转型的关键能力。为此,在教育数字化转型的大背景下,在公平原则的引领下,应确保所有师生能够获得高质量的教育数字终端,加强师生信息素养培养,避免在数字化转型的过程中出现扩大数字鸿沟的现象。

2. 制定多主体协同配合机制,丰富教育系统内外教育数据来源

教育数据是实现教育数字化转型的核心资源。没有海量的教育数据支撑,教育数字化转型将只能是无米之炊。为此,要制定多主体协同配合机制,确保能够获得丰富的教育系统内、外的教育数据。具体包括:第一,在教育系统内部,各级教育行政部门要做好教育公共数据的数字化采集、云存储工作,要将各类教育活动数据、学校办学条件数据、教育主体数据的采集、存储作为各级政府、各类学校的重要工作内容,并纳入考核范畴,强化教育行政部门、学校的任务意识和主动意识。另外,在保护与利用的原则指导下,引导师生、家长、教育管理者、教育行政部门如实、完整、标准化填报各类数据采集报表,确保教育数据的真实性、完善性,并出台相应的奖励政策,奖励在学区、学校数字化转型进程中有突出贡献的个体和组织。第二,在教育系统外部,要积极推动社区、企业、社团组织、域外教育组织在合理、合法的前提下,遵循数据开发与保护的基本方针,加大对各类教育数据的采集、存储、加工、开发、利用力度,加快其融入数字化转型战略的步伐。社会教育数据、家庭教育数据、企业教育数据等是学校教育数据的有益补充,也是教育数据的重要组成部分。

3. 完善教育数据治理体系,夯实教育数据基座

第一,理清教育数据治理体系建构的价值和愿景。教育数据治理体系将为教育数字化转型提供有力支撑，构建完整的教育治理体系是实现教育内、外部协同有效性、教育应用场景数字化、教育应用规则自动化、教育场景分析精准化，并最终助力教育实现立德树人根本任务。第二，加强数据规格化，统一各类数据类型、规格。数据湖扮演着数据抽取、转换和加载技术（Extract-Transform-Load，ETL）集群的角色。在各类数据汇入数据湖时，政府应设立专门的教育数据组织，拟定教育数据的类型、规格，明确教育数据基座的整体架构、技术标准、质量标准、服务标准、建设规范、建设流程、运营管理机制、数据共享与安全管理规定、数据授权申请操作指导书，从宏观上把握数据采集、存储的方向，减少数据存储、融合的成本，提升数据存储的效率。第三，细分教育数据中台的主题连接。教育数据中台是衔接教育数据积累和教育场景应用的关键环节，是为教育数字化转型提供持续动力、挖掘教育数据内在价值的完整工作机制，其本质是一种教育数据的组织形式，服务于教育数字化转型战略。在具体实践中，教育数据中台将以教育运行规律、教育活动类型、教育工作类型、教育机构组织方式等为创新依据，构建一套持续不断地把教育数据变成教育数据资产、教育产品、教育服务的机制。教育数据中台在各类主题连接的协同配合下，构建教育大数据平台、教育数据体系，实现教育数据的汇聚整合、提纯加工、服务可视化、价值变现，最终让各类主体能够更便捷地运用教育数据，开展各类教育活动。由此可见，主题联结的细分程度和精准度能对提升用户体验，提升场景应用便捷度产生积极影响。因此，要进一步细分教育数据中台的主题连接，制定教育数据自助入湖方案、教育数据服务设计规范、非结构化数据入湖方案、物联网数据入湖操作指南，确保将主题全覆盖，数据全连接作为提升教育数据中台的关键举措。

4. 实践导向，丰富教育数据应用场景

丰富教育数据的应用场景是教育数字化转型的题中应有之义，也是建设高质量教育体系的必然要求。教育数字化转型就是要通过新一代信息技术在教育新基建中的创新应用，把教育从劳动密集型行业转变成技

术密集型行业。为此,我们应做到如下几点。

第一,教育行政部门要在实践导向的引领下,通过制度激励、荣誉激励、货币激励等方式,引导、鼓励学校开展标准化+个性化的场景应用研究和尝试,并建立完善的创新容错制度,鼓励学校摆脱束缚、大胆尝试、勇于创新。同时,政府应通过财政、金融、税收、人才引进等工具,为企业加强教育数据产品和服务创新提供有力支撑。

第二,教育行政部门自身要以数字化为契机,深化"互联网+政务服务",加强教育数字政务服务、教育数字治理的改革和布局力度,系统推进教育数字资源供给,积极搭建各级政务网络平台和移动客户端,建设平台用户专属空间、优化平台搜索服务和智能服务功能,推进集成套餐式和扫码服务。[13]

第三,各类企业应加大数字创新力度,创造丰富的教育数据产品和服务。企业应结合具体用户需求,研判学校具体校情,研究开发如教育教学类应用(如教学行为分析、教育资源检索精准推荐)、教育管理类应用(如学生健康管理、教育环境监测)、家校互动类应用(如学情分析)、教育科研类应用(如学生画像和教师画像、家长画像、教育管理者画像)、决策支持系统(如教务系统、教育政策分析系统、领导决策支持系统)等教育产品和服务。[14]

第四,学校要加强经费投入,培育专业数据人才。在伦理审查的背景下,大力引进各类数字产品和服务,提升数字化校园建设水平,加快数字孪生校园建设,整合校内外数字化教育资源,提升教、学、管、考、评等环节的数字化与智能化水平。

五、结语

以信息化驱动现代化,建设数字中国,是贯彻习近平总书记关于网络强国重要论述的重要举措。[15]数字经济以数据作为关键生产要素,以有效运用网络信息技术作为提升全要素生产率和优化经济结构的核心驱动力。理清了教育数字化转型的运行机制和实现路径,才能确保数字化转型的方向性和科学性。而教育数字化转型之后,数字教育必将为数字经济的发展、数字中国的建设、网络强国的实现提供源源不断的人才支撑和智力支撑。

参考文献

[1] 祝智庭,胡姣.教育数字化转型的实践逻辑与发展机遇[J].电化教育研究,2022,43(01):5-15.

[2] European Commission. Digital education action plan 2021-2027:resetting education and training for the digital age[EB/OL].(2020-09-30)[2022-02-08]. https://ec.europa.eu/education/education-in-the-eu/digital-education-action-plan_en.

[3] The white house office of science and technology policy. American Artificial Intelligence Initiative:Year One Annual Report[EB/OL].(2020-02-01)[2022-02-23]. https://www.whitehouse.gov/wp-content/uploads/2020/02/American-AI-Initiative-One-Year-Annual-Report.pdf.

[4] 习近平主持召开教育文化卫生体育领域专家代表座谈会并发表重要讲话[EB/OL].(2020-09-22)[2022-02-16]. http://www.gov.cn/xinwen/2020-09/22/content_5546100.htm.

[5] 教育部.2022年教育部工作要点[EB/OL].(2022-02-08)[2022-02-16]. http://www.moe.gov.cn/jyb_xwfb/gzdt_gzdt/202202/t20220208_597666.html.

[6] 谭志东,赵洵,潘俊,谭建华.数字化转型的价值:基于企业现金持有的视角[J/OL].财经研究,2022(3):1-16.

[7] 中国社会科学院语言研究所词典编辑室.现代汉语词典(第5版)[M].北京:商务印书馆,2005:1272.

[8] 陈雪频.一本书读懂数字化转型[M].北京:机械工业出版社,2020:95,93.

[9] 徐宪平.新基建,构筑数字时代的新结构性力量[J].宏观经济管理,2021(02):2.

[10] 李爱霞,舒杭,顾小清.打造教育人工智能大脑:教育数据中台技术实现路径[J].开放教育研究,2021,(03):96-103.

[11] 郑旭东,周子荷.教育新基建三问:何为基?新在哪?如何建?[J].电化教育研究,2021,42(11):42-47.

[12] 上海市教育委员会.上海市教育数字化转型实施方案(2021—2023)[EB/OL].(2021-11-10)[2022-02-17]. http://edu.sh.gov.cn/xwzx_bsxw/20211110/9a48015bacfe4af1a4eb131abef5585b.html.

[13] 国务院办公厅关于印发全国一体化政务服务平台移动端建设指南的通知国办〔2021〕105号[EB/OL].(2021-11-12)[2022-02-17]. http://www.gov.cn/zhengce/content/2021-11/12/content_5650485.html.

[14] 马晓玲,朱丽娟,吴永和,卢海燕.教育数据中台系统模型及其应用研究[J].现代教育技术,2021,31(11):63-71.

[15] 陈煜波,马晔风.数字化转型:数字人才与中国数字经济[M].北京:中国社会科学出版社,2020:11,9.

作者简介

  罗　枭　华东师范大学教育学部博士研究生,研究方向为教育政策研究

  韩　舰(通讯作者)　北京师范大学党委学生工作部副研究员,研究方向为教育管理

电子邮箱

  526314219@qq.com

Chapter 7

与技术共生：智能时代的学校文化变迁*

邹嘉欣

> **摘　要**：智能时代，教育数字化转型需要新的学校文化变迁来引领。为此，本文探讨了教育数字化转型中，学校文化变迁的背景动因、现实趋势与发展路向。具体而言，智能技术改变了学校教育的形态结构、参与主体、价值维度，使学校文化发生整体性、结构性和价值性的变迁。当前，基于智能技术的学校文化变迁存在实践场域虚拟化、实践主体智能化和内容选择算法化的建构趋势。这三个变迁趋势中存在虚拟与现实、技术与人类、算法逻辑与专业判断等三组关系的张力，隐含着智能技术的作用与限度。基于此，本文认为智能时代的学校文化变迁路向应当实现文化场域的虚实结合、文化主体的人机共生、文化内容的个性多元。
>
> **关键词**：学校文化；智能技术；文化变迁；学校变革；教育数字化转型

随着通信技术、人工智能、大数据分析、物联网、云计算等技术的集群突破，人类将进入一个高度灵活、人性化、数字化的社会生产服务模式与体系[1]。在此背景下，教育领域积极探索数字化转型（digital transformation），强调利用智能技术推动教育创新与变革[2]。当前已有许多文献对智能技术改变教育模式有所探讨，包括教学过程重塑[3]、学习环境变革[4]、教育伦理建构[5]、教育评价改革[6]、教师角色的重新定位[7]，等等，然而这其中对学校文化的变迁关注较少。学校文化是"学校全体成员或部分成员习得且共同具有的思想观念和行为方式"[8]，是学校内一切活动的精神内核。由智能技术掀起的三次发展浪潮，不仅实现技术的颠覆性变革，而且促使社

---

* 本文系国家社会科学基金教育学重大项目"中国特色社会主义制度优势转化为治理效能的实现路径研究"（项目编号：VGA200001）研究成果。

会文化发生变异,新的社会文化体系开始建构[9]。在教育领域,技术推动学校教育变革本质上是通过改造学校教育场域的固有文化特质而实现的[10]。因此,在探讨智能技术如何变革学校教育的同时,应当对其进行文化视角下的审视,探讨智能技术对学校文化的影响。基于此,本文尝试在已有研究的基础上,进一步探讨三个问题:其一,智能技术缘何会使学校文化发生变迁?其二,当前,智能技术下学校文化变迁有何张力与限度?其三,未来智能时代的学校文化变迁的方向与路径是什么?

一、机遇与挑战:智能时代呼唤学校文化变迁

新文化因素产生及其传播是文化变迁的两个维度[11]。智能时代,学校文化变迁的动因不仅来自智能技术所具有的数字智能特征,还来自智能技术广泛应用引发的社会整体性变革对教育系统提出新的要求[12]。具体而言,智能技术引发的社会整体性变革促使学校发生数字化转型,学校的形态结构、参与主体、价值维度发生改变,这些要素的改变进一步推动了学校文化变迁。

1. 智能技术变革学校教育的形态结构

随着社会的发展,劳动生产模式发生改变,更强调人才的多元创新、合作融通能力,学校教育亟须回应个性化、多样化和终身化的学习需求。基于此,人们寻求学校教育系统的整体性变革,而智能技术因其强大的功能在变革教育形态结构上被寄予厚望。人们期望利用智能技术能突破时空限制的优势,来变革教育信息供给方式,进行教育流程再造[13],最后构建一种新的教育生态[14]。当前人们对于智能时代的学校教育形态结构变革有多种设想,总体上是基于泛在智慧(Ubiquitous Intelligence),在学校形态结构上表现为:形态从固定封闭走向动态开放,结构从纵向线性走向横向复合网络。

其一,智能技术推动学校教育的形态从固定封闭走向动态开放。这种

变化体现在两个方面。一方面,在学校内部的形态将更加多样化。这不仅表现为物理空间更加灵活,更体现在智能技术为学校教育构建了数字代码构成的虚拟学校,表现为智慧教室[15]、教育元宇宙(Edu-Metaverse)[16]等形态的智慧学习空间;另一方面,学校的形态将更加开放化。杜威认为"学校即社会",然而工业时代的学校教育从社会教育和自然界中分离出来,并对其他教育系统产生排他性[17]。这种区隔、独立、排他的学校教育无法回应智能时代对教育个性化、终身化的需求。智能时代,依托互联网+教育、云计算、大数据、人工智能等智能技术,学校教育与社会资源和自然之间的时空区隔被打破。例如,在课堂教学中利用全息技术投影某个领域专家的影像,为学习者提供来自社会专家的学习指导[18]。动态开放的学校教育形态将使学校文化的生产和实践不再局限于学校的物理空间内部,而是与社会融通、与世界联通。

其二,智能技术变革信息供给方式,促使学校教育的结构从纵向线性结构走向复合网状结构。工业时代由于信息资源稀缺,为了追求效率、标准和规模,普遍采用线性思维模式[19]。智能时代,智能技术的超强计算能力和联结能力,使知识更新呈指数型快速迭代[20],在教育领域表现为教育资源供给源连接成为复合网络,丰富多样的社会机构以及学校教育为学习者提供多样化、个性化的教育服务。例如,经济合作与发展组织(Organization for Economic Co-operation and Development, OECD)推出了教育GPS网站(Education GPS),允许用户从其广泛的国际学生评估项目数据集中汇编经合组织持有的数据,以"创建您自己的、定制的国家报告,突出您选择的事实、发展和结果"。当前,除联合国、经济合作与发展组织等国际组织所提供的信息资源外,诸如教育益智类App、国家数字课程以及社会机构提供的各类网课和线上讲座就是新型知识的供给节点,旨在满足非学科知识需求。在此过程中,知识的传播方式由"专家—教师—学生"的统一、单向传递转向"信息源—学生"的个性化精准推送,不仅传播路径短、传播效率高,而且具有平等性、交互性和多向性等特征[21]。

2. 智能技术成为教育活动的新型主体

在哲学上，主体需要具备对客体有认识和实践能力。几千年前，普罗泰戈拉（Protagoras）发出"人是万物的尺度"的呼唤，将人作为衡量一切的价值尺度，人的中心性和主体性一直延续至今。因此，人们一直认为学校中的主体是"人"，学校文化是以"人"为核心的思想、行为、精神等共同凝结所形成的。然而，当阿尔法围棋（Alpha Go）凭借出奇的技法和创新的战略击败李世石，当越来越多的智能技术呈现"类人"乃至"超人"能力，人类引以为傲的精神、智慧和审美体验都受到挑战，冲击了人类中心主义（anthropocentric）[22]，人们开始将智能技术视为教育活动的新型主体。

学者们援引拉图尔（Bruno Latour）的"行动者—网络"理论（Actor-Network Theory，ANT），认为"行动者"（actor）既可以指人类，也可以指技术、观念等非人类的一切存在和力量[23]，只要"通过制造差别而改变了事物状态的东西都可以被称为行动者（Actor）"[24]。在此意义上而言，智能技术具备能动性（agency），是教育活动的新型主体。首先，智能技术能够对学校环境进行判断并做出应答反应，切实改变师生的行为和观念。例如，基于自然语言处理、图像识别、机器学习等技术，智能导师能够对学习者的学习诉求进行识别和判断，从而进行学习指导[25]，改变学生的学习过程。在此过程中，算法处于动态变化的过程中，会随着数据的不断丰富而不断学习，还会通过技术输出来改变学习者的行动。这种能够动态学习的智能系统已有实践案例，在美国佐治亚理工学院，一名计算机教授为了减轻答疑的工作量，开发了名为吉尔·沃森（Jill Watson）的聊天机器人（Chatbot）作为助教在线上论坛中回答学生问题，并且无人发现[26]。因此，智能技术可以作为教师帮助学生更好地学习，也可以作为拥有学习能力的学习者，成为与人类互相建构、共生共存的新型教育主体。

3. 算法逻辑拓宽学校教育的价值维度

智能技术应用于教育是以资源数字化、信息流转网络化为基础，以电子校务应用、应用集成化为依托,基于大数据仓库、数据挖掘技术、实现学生学习、教师教学、管理者决策的智能化、科学化[27]。而算法(algorithm)是其中的技术核心,是智能技术进行信息筛选、识别分析和自主判断决策的基础。算法的概念最早是由阿拉伯数学家花剌子米(Muhammad ibn Mūsā al-Khwārizmī)提出用来解决数学问题[28],随后被应用于计算机领域。本文所说的算法是计算机领域里的概念,指"在一个特定的程序、软件或信息系统中一个或多个算法的实现和交互"[29]。

随着智能技术对学校教育的变革,算法逻辑将会深深嵌入教育教学过程之中,拓宽学校教育的价值维度。主要体现在三个方面。首先,算法逻辑强调偏好而非平等。因此,算法逻辑应用于学校教育的基础和优越性在于通过对师生行为的精细化处理,从而分析行为背后所隐含的偏好、性格、态度等内隐性特征,打开人类认知和行为动机的"黑箱"。其次,算法逻辑强调学习者偏好而非专家判断。使学校教育中的知识网络结构发生改变,海量的信息数据与教育参与者直接连接。再次,算法逻辑强调基于数据分析而非经验判断。算法逻辑的本质是在数据之间灵活建立关系和连接,具有数据量巨大、速度极快、多样性、范围详尽、分辨率精细等特征[30]。

总体而言,算法逻辑强调使用者偏好而不是平等,依据技术理性而不是价值追寻,依托数据分析而不是专业判断[31],这种全新的逻辑将会深深地内嵌于学校变革之中,影响学校文化内容的选择与生产。

二、发生与建构:智能技术下学校文化变迁的现实趋向

学校文化一直处于变化之中,但并非所有文化变化都会发生文化变迁,文化变迁具有整体性、结构性、价值性的特征[8]。在此基础上分析当前智能技术对学校文化的改变,可以发现学校文化在整体上表现为实践场域虚拟化,在结构上呈现实践主体智能化,在价值上追求内容选择算法化。

1. 智能时代学校文化的实践场域虚拟化

智能时代，基于数字代码的虚拟学校成为学校文化的实践场域变迁的主要原因。皮埃尔·布迪厄（Pierre Bourdieu）认为，实践活动的场域是"经过客观限定的位置间客观关系的一个网络或一个形构"[32]。在场域中，对时间的感知、空间的定位、各因素及其之间关系的确认，都对实践活动产生非常重要的影响[33]。虚拟学校改变师生在教育实践活动中的时空定位，从而使师生实践感知方式"数字化"（digital）。

感知是以特定的方式选择、组织和转译感觉数据（Sensory Data）的过程，这种方式能使我们理解世界，进行文化实践[34]。传统学校中师生感知的方式是基于物理空间的面对面交流，表现为特定时空的具身性。智能时代，基于数字代码的虚拟学校不受限于时空，具有虚拟性、非具身性等特征，感知方式是基于虚拟空间的"云交流"，表现为突破时空限制的"数字化"。具体而言，在虚拟学校中，师生以信息与物质形式分离的形式存在，学校文化不仅不发生在身体与身体相遇的物理空间，还发生在非物质性的、数字化的虚拟空间中[35]。在虚拟学校中，师生可以顺着网络自由地游走在不同的社会形式之间，以数字化的方式存在，以数字化的方式感知，虚拟学校的感知和交往文化呈现数字化的虚拟特征。例如，美国斯坦福大学开设的"虚拟人类"（Virtual People）课程中所有学生佩戴虚拟现实（Virtual Reality，VR）眼镜，学生们得以在虚拟空间中以第一视角经历太空探索、珊瑚礁保护和有色人种被种族歧视[36]。在此过程中，师生虽然不处于同一个物理空间，并且无法亲身飞向太空或是潜入海底，但是凭借虚拟现实眼镜所创建的虚拟空间中，学生们能够以数字形态感受太空、深海和有色人种的生活。更进一步，教育元宇宙把教育的现实要素（教育内容、教育目的、角色关系、管理模式等）融入数字代码的逻辑体系，建构了基于虚拟空间和教育系统关联特质而衍生出的教育体系[37]，所有的媒介联通融合，构建数字化转型的教育系统。目前已有进行初步探索的案例，例如美国建立了全球第一所虚拟现实高中——美国高中（American High School），探索完全基于虚拟现实的教学（online high school），在这所学校中,师生在完全数字化的虚拟学校中进行学习、交往、生活,产生着充满超验性的虚拟学校文化。

在虚拟学校中,智能技术使得师生的感觉器官和神经系统凭借各种媒介得以延伸[38],由特定时空的具身性感知延展为突破时空的数字化感知。虚拟学校提供的虚拟化实践场域并不是虚假的,更不是无关紧要的,而是学校文化新型的、重要的实践方式。

2. 智能时代学校文化的实践主体智能化

在传统学校中,学校文化的生成过程被认为是在教职员工的交互、学生的交互、共同体的交互中动态发展而成的[39],即学校文化的生成是围绕人与人之间的交互生成的。但是,智能技术在智能算法的支持下,拥有深度学习能力和严谨的逻辑规则,能够由其技术逻辑形成制度延展和文化实践,能够从虚拟技术层面影响到物质性的社会生产关系、生活实践[40]。因此,随着智能技术成为教育活动的新型主体,学校文化的实践主体发生变迁,呈现智能化特征,具体体现为智能技术成为新型学校文化主体,以及人类主体呈现出新型存在方式。

首先,智能技术成为新型的学校文化主体,切实参与学校教育过程,与师生等人类主体共同进行文化实践。强智能技术将具备自我生成、自我规划和自我学习的能力,具有类人的成长性,能够进行文化实践。一方面,智能主体能够依据自身算法程序设定进行动态学习甚至是文化内容创作。例如,加州大学圣克鲁兹分校的音乐学教授戴维·柯普(David Cope)写出了音乐智能实验(Experiments in Musical Intelligence,EMI)的程序,在一天内就模仿巴赫写出了5 000首赞美诗,并受到不知情观众的热烈赞扬。另一方面,智能主体的技术逻辑会影响人类主体的文化实践行为。例如,教育管理者依循算法逻辑进行学校教育治理,通过对数据的采集和挖掘,为学校定制辍学风险因素模型,帮助352所学校有效降低辍学率。

其次,智能技术的发展改变了人的存在方式,使其成为现实与数字的两栖物种。智能时代,学校文化实践环境呈现虚实结合的特征,人类的现实教育生活开始大规模向虚拟学校迁移,虚拟化生存成为教育生活的新常态。在此背景下,人们通过"数字孪生"(Digital Twin,DT)技术,对现实的复杂人类进行数字拷贝,创建物理实体相对应的"数字孪生体"[41],人类具备两种不同的存在状态:数字孪生体状态的"电子我"和物理现实世界中的"生物我"[42]。虚拟学校中的"电子我"因算法逻辑的数字性和偏好取向呈现虚拟化和标签化的特征,产生着不同于物理学校的文化。例如,"数字一代"(digital generation)热衷于利用表情符号、短视频、直播等智能媒介中打造"人设",并以此作为社会交往的符号与他者建立充满隐喻、虚实结合的交往关系[43];在网课中,点赞、同框、共享屏幕等方式成为新型的师生课堂互动方式;虚拟学校的社区中以共同偏好为规则进行关系连接和群体互动,在收获个体与集体共在感的同时,建立起一套可运行、可维系、可重构的社会关系网络。[44] 在这些文化实践过程中,师生以"电子我"的数字化方式参与到教育交往中,既表达着"生物我"的文化诉求,又依循"电子我"的技术逻辑,二者共同构成智能时代师生教育生活中的"社会我"。

随着智能技术的不断发展,智能技术和人可以等视为学校文化的实践主体,相互之间通路连接,共同参与文化实践生活。学校文化实践主体的智能化,使得学校文化不再仅仅由人类的思想、精神和行为所构成,还包括人—机交互、机—机交互所呈现的行为、表征的思想以及凝聚的精神。

3. 智能时代学校文化的内容选择算法化

学校将文化以各种方式加以集中、积累和系统化,使学校发挥着一种类似"文化容器"的功能;通过专业化的教师将这些文化加以整合传授给学生;将已认同接纳文化的学生输送给社会,通过他们返还出可供再生的文化[8]。因此,学校以何种方式、何种取向选择教育内容(系统化的社会文化),将直接影响学校文化内容的生产和传播。在智能技术嵌入学校教育过程的同时，算法逻辑拓宽学校教育的价值维度，使得学校文化的内容选择呈现"算法化"的趋向。

首先，算法逻辑强调偏好而非平等，在学校文化上体现为强调学习者个人偏好，使学校文化的内容种类呈现多元特征。具体而言，算法基于对学习者偏好的分析，为学习者匹配相关的信息和交流伙伴。这种依托算法进行人际关系重组、建立、维系的过程被称为"编程的社交性"(programmed sociality)[45]，是在技术逻辑主宰下对更大范围内异质关系的连接。通过大范围的连接关系的扩大，学习者能够寻找更多相似偏好的同伴，开始形成一些具有共同兴趣爱好、共享文化经验的"虚拟社群"[46]。学习者个人的偏好成为内容选择和建立社交的依据，体现学习者对个人文化选择的重视和表达，促使学校文化实现多元化。

其次，更强调服务学习者偏好而非专家判断，在学校文化上体现为文化生产的门槛降低，增强学习者的文化话语力量。在此过程中，信息内容（知识）和受众（学习者）可以完成直接匹配，文化话语权发生转变[47]，教材编写者、教师等传统意义上的信息通道"把关人"不再主导文化内容的选择权，学习者自身和智能算法在内容选择上拥有更大的选择权。例如，当前学习者可以脱离专家、教师，依据个人喜好，自主在中国大学 MOOC（慕课）平台、TED 大会①、知乎等平台中获取相关主题的信息和资源。更进一步，在名为"纽顿"(Knewton)的学习系统中，学生与公司、机构和教师一样，具有课程创建功能的权限。法国的 École 42 是一所专门培训计算机人才的学校，这所学校没有教师，所有的项目课程由学生自己申请并由同伴批改作业。在这些学校中，教师所代表的专家权威文化被削弱乃至消失，学生和智能技术在文化内容的价值取向上具有强大的话语力量。

再次，算法逻辑强调"数据分析"而非"经验判断"，在学校文化上体现为文化内容选择依据由"经验导向"转变为"数据为证"。例如，英国的教

---

① TED（英语 Technology，Entertainment，Design 的缩写，即技术、娱乐、设计）是美国的一家私有非营利机构，该机构以它组织的 TED 大会著称，这个会议的宗旨是"传播一切值得传播的创意"。

育标准办公室(the Office for Standards in Education, Ofsted)制作"学校数据仪表板"(School Data Dashbord),通过计算并以图表方式呈现考试成绩、进度、出勤率等学校各项数据,作为学校管理依据[48]。在此过程中,学校管理和评估的技术由软件开发人员精心制作,因此,在某种程度上而言,基于"数据分析"的文化内容生产,用客观数据取代了教师和专家的专业判断[49]。

三、限度与应对：智能时代学校文化的变迁路向

如上所述,当前智能技术变迁学校文化呈现实践场域虚拟化、实践主体智能化、价值取向算法化的趋势。然而,这三方面的改变分别存在虚拟与现实、技术与人类、算法逻辑与专业判断之间的张力,隐含着智能技术变迁学校文化的作用与局限。在智能时代,为了充分发挥智能技术的作用,规避其局限和风险,使学校教育成功进行数字化转型,学校文化的变迁路向应当基于虚实结合的文化实践场域,建构人机共生的参与主体类型,坚持个性多元的文化内容生产。

1. 虚实结合：学校文化场域中虚拟学校与物理学校交织

随着智能技术的发展和应用,人类社会将会进入虚拟化的常态中,在学校中表现为虚拟学校成为学校文化实践的新场域,拓宽师生感知、实践的维度,生产虚拟性的学校文化。但是,虚拟学校无法取代物理学校的文化实践意义。首先,虚拟学校依托于物理世界。虽然虚拟学校可以突破时空限制,生产着超验性、非具身性、数字性的学校文化,但虚拟学校仍然需要由物理世界中的人类制定运行规则来维持自身的正常运行[50]。因此,在一段时间内,虚拟学校文化仍然是现实学校文化的附属,承载着现实学校文化的美好愿景。其次,人类的文化实践具有复杂性和具身性的特征。在虚拟学校中,人们以数字孪生体的"电子人"形态进行文化实践。然而,表征技术的局限在于不能表征其局限[51],虽然摄像机可以记录我们

的声音与呼吸,甚至我们挑起眼帘、皱起眉头的瞬间,却无法记录超出被观看(摄像机捕捉)之外的注视、无法记录被听到(音频录制)之外的声音[52]。可见,由于人类的复杂性,技术无法完全复刻人的整体,作为数字孪生体的"电子人"是标签化后的片面自我的呈现。如果将虚拟学校作为全部的学校文化实践方式,会造成学生认识世界的方式单一,消减学生与现实中"完整的""不完美"的人建立社交关系、进行文化实践的能力。

因此,在虚拟与现实的张力之中,文化实践场域的变迁应当走向虚拟学校与物理学校交织。体现为智能技术不仅仅将物理学校转变为虚拟学校,还将以数字信息为纽带实现两个空间的联通、映射、交互和增值[53],由虚拟学校拓宽文化实践的广度,由物理学校提供文化实践的深度。在具体的路径上,可以利用数字孪生技术与沉浸式技术深入融合,结合可穿戴设备甚至人机接口等智能技术,为人类提供全方位的、虚实结合的感知体验。当前人们已经开始探索利用虚拟现实、增强现实(Augmented Reality,AR)、混合现实(Mix Reality,MR)、扩展现实(Extended Reality,XR)等智能技术将数字化时空与物理时空相互融合,人类的视觉、听觉乃至整个神经中枢的感知都被技术延伸、放大,时空的差异被消弭。例如,游戏《维京猎鬼记》(Viking Ghost Hunt)利用虚拟技术创建虚拟的"维京世界",并将其与现实中的历史地点融合,通过设计巧妙的剧情,在学习过程中需要关联触觉、视觉和听觉等全部感官,让学生既有重回历史的临场感,又有虚拟世界的精神激励[54]。更进一步,在此过程中,智能技术不仅提供了沉浸性的虚拟体验,还强化了使用者对现实世界的理解。

总而言之,"人类首先是具身化的生物,并且,这种具身生物的复杂性意味着人类意识的呈现方式,与智能在控制论机器中的具身化方式是不同的"[55]。因此,在借由智能技术建造广阔的虚拟学校的同时,仍要坚持现实世界中的物理学校教育的文化功能,保留人类复杂的具身性社会交往和文化实践。

2. 人机共生：学校文化主体中智能主体与人类主体交互

智能技术的能动性使其成为学校文化的实践主体，并依据其技术逻辑使师生等人类教育主体的存在形态呈现数字与现实两栖特性。然而，这并不意味着人类作为学校文化主体能够被取代或者消解。仔细审视智能技术介入教育过程的方式，就会发现是基于现实主义认识论（realist epistemology）展开的，认为世界可以被表现为"可视化的事实"，强调数据可视化和行为预测分析[56]。智能算法以数据的方式将学习者的主观偏好、学习进度等转化"可见"的形式（a visible form）进行标识[57]。例如，自适应学习系统（Adaptive Learning System）的理论基础是通过收集学生的脑电波水平、行动轨迹分析、答题路径等数分析学生的个人特性和学习水平，从而定位学习状态并制定学习路径[58]。虽然智能技术能够赋能教育，实现大规模的精准化、个性化学习，改善教育治理模式，构建新型学校文化生态，但是当"任何技术都能够代替我们思考……一切形式的文化生活都臣服于技艺和技术的统治"之时，人就会变成机器[59]。"教育不是机器人之间的互动，而是人与人之间的相遇"[60]。当然，强调学校文化中人的精神和情感，并不是强调人类中心主义，而是承认并尊重人类主体的复杂性与动态性。

因此，在智能主体与人类主体交互的张力之中，学校文化主体的变迁应当形成智能主体与人类主体双向建构、互利共生、复杂有序的共生体。基于人机共生体，智能时代的学校文化实践主体互动可分为人—人、人—机、机—机三种不同的类型（如表1）。其一，人—人互动是物理学校文化实践主体互动方式的保留。其二，人—机互动分为人类主体与其数字孪生体、人类主体与智能主体两种不同的形态。其三，随着智能技术对人类生活和教育过程的深度嵌入，虚拟学校的完善和智能算法的自我学习能力提升，机—机互动将成为学校文化实践类型的第三种形态，包括人类的数字孪生体之间的互动、智能主体之间的互动、人类数字孪生体与智能主体之间等完全虚拟化的文化实践类型。

表1 人机共生体的互动类型及应用场景

互动类型	参与主体	应用场景举例
人—人	生物形态的人类	在物理学校,师生面对面交流互动;社会教育参与者通过动态开放的学校空间进入学校与师生进行互动
人—机	人类—数字孪生体	在物理学校的课堂中,教师通过全息投影、直播平台、视频连接等方式,让某领域专家以数字孪生体的形态与学生进行互动
	人类—智能主体	学习者与学习分析系统进行交互;教师与教学辅助系统交互;教育管理者利用数据分析系统进行教育治理等
机—机	数字孪生体之间	青少年在网络社交媒体通过虚拟"标签""人设"等方式寻找虚拟社群;在教育元宇宙或虚拟学校之中,人们以电子人的数字形式进行交往、生活、学习等
	智能主体之间	不同教育系统或平台之间进行数据流转与共享,不断完善系统模型,共同建构教育数字基座
	数字孪生体—智能主体	电子人依据教育元宇宙的特征和规则进行生活、学习,产生的动态数据改变教育元宇宙中个人画像描绘及场景呈现等

3. 个性多元:学校文化内容中算法逻辑与专业判断交融

在强调标准与统一的工业社会中,信息的供给是线性纵向的,但基于算法逻辑的智能技术使学校文化生态在内容生产基地层面开放了供给侧,形成复合网状的信息供给关系,这不仅大大提升了学习者在学校文化体系中的话语地位,还推进学校文化的内容类型由专家规定的统一化和标准化向围绕学习者偏好的个性化和多元化转变。

然而,算法逻辑无法代替教育立场的专业判断,以算法逻辑为依据的学校文化内容生产存在伦理风险和技术限度。首先,算法逻辑存在偏好固化的风险。算法逻辑基于"数据的循环反馈"(recursive feedback of data)[61]运作,智能平台抓取师生的活动痕迹的数据越多,越能准确定位师生的偏好,为其推送特定类型的信息和虚拟社群。但随着推送的信息内容和虚拟社群趋向同质化,存在使用者因为接受相同类型的信息造成偏好固化的风险,从而造成学校文化社群分散、割裂的圈层化。其次,过度依赖算法逻辑的筛选会影响师生对文化内容和类型选择的自主判断。在编辑算法逻辑之初,人类的教育价值倾向和教育逻辑是算法运转的原动力。然而,在运转过程中,由于算法的复杂、精密以及网络化,使得人们常常无法看清其背后的逻辑,所以人们"对有关自己的决策日益感到困惑不解;他们常常沦为被人操弄的数字课题"[60]。如果过度依赖智能技术开展教育过程,人们将不再运用大脑(以及认知、感知和注意)进行思考[62],教育管理者的经验、教师的判断和学生的思考似乎都不重要了。

因此,在学校文化变迁的路向中,学校文化内容的变迁应当实现算法逻辑与专业判断的交融,包括学校文化的内容选择与内容生产两个方面。其一,在学校文化的内容选择上,由算法为学习者提供更广泛的文化内容、更高的话语地位,但仍然保留教师等专业人员在内容选择中的话语地位。融合算法逻辑的"精准度"和专业判断的"价值性",由算法逻辑满足学习者的学习需求(want),由教师等教育专业人员为其提供教育学视角的发展需要(need)。在此过程中,教师等专家是数据分析者、价值信仰的引领者、个性化学习的引导者、社会学习的陪伴者以及心理与情感发展的呵护者。其二,在学校文化的内容生产上,基于复合网状的信息供给关系,知识的生产方式呈现群智协同创新的特征[63]。在智能技术的参与下,学校教育从"电影院形态"走向"超市形态"[14],校外社会机构在提供知识服务的同时,也参与了校内学校文化内容的生产[64]。例如,德国实施了"数学,信息,自然科学和技术"(Mathematics, Informatics, Nature sciences, Technology, MINT)教育项目[65],利用智能技术为学习者提供大量参观和实践的机会。在此过程中,学生收获知识和实践经验的同时,也接受丰富多样的企业和工厂文化输出,从而形成个性化的文化体验和认知。

四、结语：与技术共生的学校文化新图景

回望人类生活和技术漫长的发展进程，我们意识到——无论喜欢与否，技术都不会走回头路[66]。人们对智能技术的想象与期待承载着人类生活的美好愿景。虽然当前仍然处于智能技术变革教育的起步阶段，学校的具体文化样态尚不明确，但与技术共生也将成为学校文化的新图景。所谓"共生"与"共存"不同，"共存"仅指二者共同存在，并没有说明二者关系，"共生"意味着在学校文化层面上，人与技术交织、交融、交互的动态关系。具体而言，在发生场域上，虚拟学校拓宽学校文化的时空界限，提供全新文化体验，物理学校满足人类文化实践的复杂性与具身性；在生产主体上，智能技术作为新型学校文化主体实践全新文化生产路径，人类教育参与者坚守人的精神与情感；在价值取向上，算法逻辑提供宏观、精准的可视化数据，教育专家坚持育人为本的专业判断。总体而言，在虚拟与现实、智能技术与人类教育参与者、算法逻辑与教育专业判断的张力之中，智能时代的学校文化将走向虚实结合、人机共生、个性多元的新图景。

参考文献

[1] 陈卫东,褚乐阳,杨丽,叶新东.4D打印技术及其教育应用展望——兼论与"人工智能+教育"的融合[J].远程教育杂志,2018,36(01)：27-38.

[2] 祝智庭,胡姣.教育数字化转型的实践逻辑与发展机遇[J].电化教育研究,2022,43(01)：5-15.

[3] 谢幼如,邱艺,刘亚纯.人工智能赋能课堂变革的探究[J].中国电化教育,2021,(09)：72-78.

[4] 黄荣怀,杨俊锋,胡永斌.从数字学习环境到智慧学习环境——学习环境的变革与趋势[J].开放教育研究,2012,18(01)：75-84.

[5] 杜静,黄荣怀,李政璇,周伟,田阳.智能教育时代下人工智能伦理的内涵与建构原则[J].电化教育研究,2019,40(07)：21-29.

[6] 刘邦奇,袁婷婷,纪玉超,刘碧莹,李岭.智能技术赋能教育评价：内涵、总体框架与实践路径[J].中国电化教育,2021(08)：16-24.

[7] 范国睿.智能时代的教师角色[J].教育发展研究,2018,38(10)：69-74.

[8] 郑金洲.教育文化学[M].北京：人民教育出版社,2000：165,244.

[9] 孙杰远.智能化时代的文化变异与教育应对[J].现代远程教育研究,2019,31(04)：

3-10.

[10] 桑国元,王新宇.人工智能教师何以重塑学校文化[J].电化教育研究,2020,41(09):21-26+47.

[11] 卡·恩伯,梅·恩伯.文化的变异——现代文化人类学通论[M].杜杉杉,译.沈阳:辽宁人民出版社,1988:532-535.

[12] 顾小清,蔡慧英.预见人工智能的未来及其教育影响——以社会性科幻为载体的思想实验[J].教育研究,2021,42(05):137-147.

[13] 杨宗凯.借助信息化再造教育流程[N].人民日报,2016-03-31(18).

[14] 曹培杰.未来学校的兴起、挑战及发展趋势——基于"互联网+"教育的学校结构性变革[J].中国电化教育,2017,366(07):9-13.

[15] 何克抗.智慧教室+课堂教学结构变革——实现教育信息化宏伟目标的根本途径[J].教育研究,2015,36(11):76-81+90.

[16] 华子荀,黄慕雄.教育元宇宙的教学场域架构、关键技术与实验研究[J].现代远程教育研究,2021,33(06):23-31.

[17] 陈桂生.学校教育原理[M].上海:华东师范大学出版社,2012:46.

[18] 李佩佩,陈琳,冯熳.全息技术在智慧教育中的应用研究[J].现代教育技术,2017,27(06):12-17.

[19] 曹培杰.未来学校的变革路径——"互联网+教育"的定位与持续发展[J].教育研究,2016,37(10):46-51.

[20] 祝智庭,等.以指数思维引领智慧教育创新发展[J].电化教育研究,2019,40(01):7-18.

[21] 肖建彬.未来学校模式:复合网络中心[J].电化教育研究,2001,(07):13-16.

[22] 吴冠军.后人类状况与中国教育实践:教育终结抑或终身教育?——人工智能时代的教育哲学思考[J].华东师范大学学报(教育科学版),2019,37(01):1-15+164.

[23] Couldry N. Actor-network Theory and Media: Do They Connect and On What Terms?[M]. New York: Hampton Press Inc, 2008.

[24] 吴莹,卢雨霞,陈家建,王一鸽.跟随行动者重组社会——读拉图尔的《重组社会:行动者网络理论》[J].社会学研究,2008(02):218-234.

[25] 张利远,王春丽.面向智能导师系统的Siri个人助理应用研究[J].中国电化教育,2012(10):131-135.

[26] 中国数字科学馆.聊天机器人当助教,大多数学生没认出来[EB/OL].[2018-09-12]. https://baijiahao.baidu.com/s?id=1611367514682195106&wfr=spider&for=pc.

[27] 吴永和,刘博文,马晓玲.构筑"人工智能+教育"的生态系统[J].远程教育杂志,2017,35(05):27-39.

[28] 瑟格·阿比特博,吉尔·多维克.算法小时代:从数学到生活的历变[M].任轶,译.北京:人民邮电出版社,2017:6.

[29] Mittelstadt B., et al. The Ethics of Algorithms: Mapping the Debate[J]. Big Data & Society, 2016, 3(02):2.

[30] Kitchin R. Big Data and Human Geography: Opportunities, Challenges and Risks[J]. Dialogues in Human Geography, 2013(03):262-267.

[31] 张爱军,李圆.人工智能时代的算法权力:逻辑、风险与规制[J].河海大学学报(哲学社会科学版),2019,21(06):18-24+109.

[32] 皮埃尔·布迪厄,华康德.实践与反思:反思社会学导引[M].李猛,等译.北京:中央编译出版社,2004.

[33] 李春迪.布迪厄的"实践逻辑"之于教育领导智慧的生成[J].当代教育科学,2019,(02):84-87.

[34] 拉里·A.萨默瓦,理查德·E.波特.跨文化传播[M].闵惠泉,等译.北京:中国人民大学出版,2004:60.

[35] 汪民安.电脑:机器的进化[J].文艺研究,2013(06):15-24.

[36] 斯坦福大学使用VR技术为数百名学生授课,课时长达60 000多分钟[EB/OL].[2021-12-13]. https://www.arinchina.com/11049.html.

[37] 刘革平,高楠,胡翰林,秦渝超.教育元宇宙:特征、机理及应用场景[J].开放教育研究,2022,28(01):24-33.

[38] 马歇尔·麦克卢汉.理解媒介——论人的延伸[M].周宪,许钧,主编.北京:商务印书馆,2000:20-21.

[39] Hinde E. R. School Culture and Change: An Examination of the Effects of School Culture on the Process of Change[J]. Essays in Education, 2004, (11).

[40] 王敏芝.算法之下:"透明社会"的技术与观念[J].探索与争鸣,2021(03):29-31.

[41] 褚乐阳,陈卫东,谭悦,郑思思,徐铷忆,徐浩然.虚实共生:数字孪生(DT)技术及其教育应用前瞻——兼论泛在智慧学习空间的重构[J].远程教育杂志,2019,37(05):3-12.

[42] 陈静,王杰.我们都是赛博格——信息时代的文化新景观[J].湘潭大学学报(哲学社会科学版),2009,33(05):106-109.

[43] 段俊吉.打造"人设":媒介化时代的青年交往方式变革[J].中国青年研究,2022(04):31-39.

[44] 赵高辉.圈子、想象与语境消解:微博人际传播探析[J].新闻记者,2013(05):66-71.

[45] Gillespie T. The relevance of algorithms[C]//Gillespie, T., Bopczkowski, P. J., Foot, K. A. (Eds.). Media technologies: Essays on communication, materiality, and society. Cambridge: MIT Press, 2014:167-193.

[46] 蔡骐.网络虚拟社区中的趣缘文化传播[J].新闻与传播研究,2014(9):5-23.

[47] 王冬冬.相遇不相知:算法时代的文化景观重构[J].探索与争鸣,2021(03):5-8.

[48] Williamson B. Digital education governance: data visualization, predictive analytics, and 'real-time' policy instruments[J]. Journal of Education Policy, 2015, 31(02):1-19.

[49] Ozga J. Governing by Inspection: Coded Knowledge[C]//Code Acts in Education Seminar. Edinburgh: University of Edinburgh, 2014.

[50] Chaturvedi A. R., Daniel R. D., Drnevich P. L. Design Principles for Virtual Worlds[J]. Mis Quarterly, 2011:673-684.

[51] Waldenfels B. Ortsverscheibungen, Zeitverscheibungen: Modi leibhafter Erfahrung[M]. Frankfurt: Suhrkamp, 2009:110-111.

[52] 闻凌晨,尼古拉斯·布尔布勒斯,范国睿,童欣.屏幕上的课堂:在线教与学体验研究[J].开放教育研究,2020,26(05):88-98.

[53] 祝智庭,胡姣.教育数字化转型的本质探析与研究展望[J].中国电化教育,2022(04):1-8+25.

[54] Paterson N., Kearney G., et al. Viking Ghost Hunt: Creating Engaging Sound Design for Location-aware Applications[J]. International Journal of Arts & Technology, 2013, 6(01):

61-82.

[55] 凯瑟琳·海勒.我们何以成为后人类[M].刘宇清,译.北京:北京大学出版社,2018:384.

[56] Kitchin R., Lauriault T., McArdle G. Knowing and Governing Cities through Urban Indicators, City Benchmarking and Real-time Dashboards[J]. Regional Studies, Regional Science, 2015, 2(01): 6-28.

[57] Karakayali N., et al. Recommendation Systems as Technologies of the Self: Algorithmic Control and the Formation of Music Taste[J]. Theory Culture & Society, 2018, (02).

[58] 李建伟,葛子刚,张爱阳.自适应学习系统在成人本科学士学位英语学习中的应用研究[J].现代教育技术,2020,30(03):59-65.

[59] 尼尔·波斯曼.技术垄断:文化向技术投降[M].何道宽,译.北京:中信出版社,2019:序言43,10-11,52.

[60] 格特·比斯塔.教育的美丽风险[M].赵康,译.北京:北京师范大学出版社,2018:7.

[61] Beer D., Burrous R. Popular Culture, Digital Archives and the New Social Life of Data[J]. Theory Culture & Society, 2013(04).

[62] 吴刚.从工具性思维到人工智能思维——教育技术的危机与教育技术学的转型[J].开放教育研究,2018,24(02):51-59.

[63] 顾小清,蔡慧英.预见人工智能的未来及其教育影响——以社会性科幻为载体的思想实验[J].教育研究,2021,42(05):137-147.

[64] 顾小清.数字技术带来教育生态变革[N].光明日报,2019-08-06(13).

[65] 中国教育科学研究院国际与比较教育研究所.世界教育发展报告[R].北京:中国教育科学研究院,2014.

[66] 孙萍.算法化生存:技术、人与主体性[J].探索与争鸣,2021(03):16-18.

作者简介

邹嘉欣　华东师范大学教育学部博士研究生,研究方向为教育基本理论,教育技术理论。

电子邮箱

549662911@qq.com

Part2
政策分析

Chapter 8

我国"互联网+教育"政策的总体特征、设计实施与发展趋势
——基于 2015—2020 年 10 个城市的政策分析*

高淮微　李　润

> **摘　要**：本研究以 2015—2020 年我国 10 个城市的"互联网＋教育"政策为对象，运用定性研究和定量研究方法加以分析。研究结果发现：（1）"互联网＋教育"政策分为综合和专项两个阶段，以变革转型与优质公平为核心，体现服务、创新、安全的政策要点。（2）"互联网＋教育"的政策目标与所在城市的教育发展相适应；各大城市均使用政府自主管理、直接和间接提供公共服务的政策工具，且以直接提供为主，政策实施体现城市特色。（3）在新的发展阶段，"互联网＋教育"形成政策群集，通过多元主体参与建构政策工作网络，提升"互联网＋教育"治理能力。
>
> **关键词**：互联网＋教育；教育政策；政策分析

一、引言

《中华人民共和国国民经济和社会发展第十四个五年规划和 2035 年远景目标纲要》（以下简称"十四五"规划）明确指出"以数字化转型整体驱动生产方式、生活方式和治理方式变革"，推进学校等公共服务机构资源数字化，推进线上线下公共服务深度融合；鼓励社会力量参与"互联网＋公共服务"，着力建设"智慧教育"等数字化应用场景[1]。这表明，教育数

---

* 本文系基金项目"浙江省城市治理研究中心'互联网＋'背景下城市学校变革研究"（课题编号：2016zlk10）研究成果。

字化转型与其他领域共同构筑数字化生活图景,既是当前教育改革与实践的热点,也是未来教育创新变革的发展趋势[2]。由此,反思《中华人民共和国国民经济和社会发展第十三个五年规划纲要》(以下简称"十三五"规划)中教育数字化转型的相关政策,梳理和总结实践案例,可从中获得有益经验和启示。

教育数字化转型与"互联网＋教育"政策紧密相关。早在2015年7月4日,国务院公布《关于积极推进"互联网＋"行动的指导意见》(以下简称"我国'互联网＋'意见"),明确"开放共享、融合创新、变革转型、引领跨越、安全有序"五项行动基本原则。其中,变革转型除了指向经济领域,也要求"创新网络化公共服务模式,大幅提升公共服务能力";教育归属于"互联网＋益民服务",探索基于互联网的新型教育服务供给方式。其后,国务院于2016年3月17日公布"十三五"规划,明确指出"实施'互联网＋'行动计划,带动生产模式和组织方式变革,形成网络化、智能化、服务化、协同化的产业发展新形态;推动互联网教育、线上线下结合等新兴业态快速发展";教育信息化作为教育现代化重大工程之一,建设"三通两平台""通过购买服务建设国家级优质资源平台"[3]。由此可见,教育数字化转型在"十三五"时期的"互联网＋"政策中已初露端倪;"互联网＋教育"是以互联网技术作为新动能,推动教育高质量发展的重要战略举措[4]。

上述重要政策和文件引发教育研究者关注。2016年4月28日,《教育研究》杂志举办专题学术研讨会,探讨"互联网＋教育"理论与实践的改革创新。之后,教育部相继出台政策。例如,2018年4月13日中华人民共和国教育部公布《教育信息化2.0行动计划》,作为"推进'互联网＋教育'的具体实施计划"。就目前研究进展来看,"互联网＋教育"政策研究尚存在较大的探索空间,主要有以下两点。

第一,研究者较多关注教育信息化政策,对"互联网＋教育"政策关注不足。例如,有研究者分析了1993—2013年教育信息化政策的环境、价值、主体、客体、内容及其演进过程[5],或探讨1989—2016年教育信息化政策发展的历史变化轨迹[6],或分析改革开放40年以来教育信息化政策发展的特点、政策目标取向、政策设计内容[7],但对于"互联网＋教育"政策鲜有研究者加以深入分析。第二,大多数研究者关注教育部或省级层面的教育信息化政策,以我国主要城市为空间单位的"互联网＋教育"政策研究尚不多见。例如,有研究者对教育部、北京市、上海市和浙江、湖南等12个省份的教育信息化2.0政策文件进行议题和政策工具分析[8]。实际上,截至2021年年末,我国常住人口城镇化率为64.72%[9],表明教育活动开展的城镇空间不可忽视。当城市面临重大紧急事件时,往往能够借助互联网迅速响应和处理教育领域的各类问题和需求。总结这方面富有成效的实践经验,需要对其相应政策加以研究,借此发现实践运行的深层逻辑。

综上所述,本研究聚焦"互联网＋教育"政策,使用政策分析方法和工具,梳理我国各大城市的"互联网＋教育"政策设计与实施,尝试回答以下问题:

第一,近五年来我国"互联网＋教育"政策总体有何特征?

第二,近五年来我国"互联网＋教育"政策设计了哪些目标?使用哪些政策工具?各大城市在政策实施层面体现哪些特色?

第三,"互联网＋教育"政策下一阶段有何发展趋势?

二、研究方法和设计

1. 研究者的角色定位为"外部分析"

厘清研究者在政策分析中的角色,有助于明确研究者能做什么,无法做什么,尽量让研究报告具有较高的可读性。在本研究中,研究者主要开展"互联网＋教育"政策的外部分析,目的是为现有政策提供建议和启示,以此解决相关难题和走出困境。

2. 研究方法与过程

我国教育研究者涂端午提出教育政策文本分析的三种类型,即定量分析、定性分析、量质结合分析[10]。本研究采用第三种类型,即量质结合分析。

(1)"互联网＋教育"政策文本收集与预处理

本研究的政策文本对象主要指向各大城市出台的"互联网＋"行动计划及其相关政策文本,以各城市人民政府或教育行政管理部门官方网站、"北大法宝"·法律法规数据库作为信息获取来源。经过初步收集和筛选,共获得北京、上海、深圳、广州、杭州等 10 个城市的"互联网＋教育"政策样本。取样过程主要遵循以下流程:

第一,在各城市政府或教育局的官方网站上输入"互联网＋教育",查找相关政策文件信息。若有则纳入政策文件样本,若无则以"教育信息化""智慧教育""数字教育"等相关概念查找。如查询结果文本中提及"互联网＋教育",则纳入政策样本范围;假如未提及,则排除。

第二,时间范围为 2015—2020 年。为方便观察分析,发布日期在 2015 年之前和 2020 年之后的政策文本不纳入研究范围,只作为研究辅助资料。最终收集到的政策文本(见表1),共计 27 万余字。

表 1　我国 10 个城市"互联网＋教育"政策文本(2015—2020 年)

城市	文件名称/文号、发文单位/负责部门、发布日期、实施期限
北京	《北京市人民政府关于积极推进"互联网＋"行动的实施意见》/京政发〔2016〕4 号 北京市人民政府、北京市教委/北京市发展改革委员会、北京市经济信息化委员会 2016 年 1 月 27 日,2016—2018 年
	《北京教育信息化三年行动计划(2018—2020)》/(文号缺失) 北京市教委 2018 年 7 月 16 日,2018—2020 年
上海	《上海市推进"互联网＋"行动实施意见》/沪府发〔2016〕9 号 上海市人民政府/市教委、市经济信息化委、市人力资源社会保障局 2016 年 2 月 1 日,2016—2018 年

续 表

城市	文件名称/文号、发文单位/负责部门、发布日期、实施期限
上海	《关于促进本市互联网教育发展的指导意见》/沪教委终〔2016〕10号 上海市教育委员会、市人力资源和社会保障局、市工商行政管理局、经济和信息化委员会 2016年10月5日
上海	《上海市教育信息化2.0行动计划(2018—2022)》/沪教委信息〔2018〕28号 上海市教育委员会 2018年9月21日,2018—2022年
广州	《广州市教育信息化2016年的工作要点》/穗教发〔2016〕35号 广州市教育局 2016年4月1日,2016—2017年
广州	《广州市教育信息化2017年的工作要点》/穗教发〔2017〕41号 广州市教育局 2017年4月1日,2017—2018年
深圳	《深圳市教育信息化发展规划(2015—2020年)》/深教〔2015〕173号 深圳市教育局 2015年5月5日,2015—2020年
深圳	《深圳市"互联网+"行动计划》/深府〔2015〕69号 深圳市人民政府/市教育局牵头,市发展改革委、经贸信息委、科技创新委配合 2015年8月12日,2015—2020年
杭州	《杭州市人民政府关于推进"互联网+"行动的实施意见》/杭政函〔2015〕151号 杭州市政府/市教育局牵头,会同市人力社保局、市经信委负责 2015年11月17日,2015—2020年
杭州	《杭州市教育信息化第二轮三年行动计划(2018—2020)》/杭教计〔2018〕17号 杭州市教育局 2018年9月30日,2018—2020年

续 表

城市	文件名称/文号、发文单位/负责部门、发布日期、实施期限
杭州	《杭州市落实省政府2019年民生实事"互联网+义务教育"中小学校结对帮扶工作方案》/杭教办基〔2019〕86号 杭州市教育局 2019年4月4日,2019年
	《关于做好"互联网+义务教育"实验区建设和城乡学校结对帮扶扩面提质工作的通知》/杭教办基〔2020〕59号 杭州市教育局 2020年7月17日,2020年
成都	《成都市"互联网+教育"工作方案》/成教办〔2015〕14号 成都市教育局 2015年12月2日,2015—2017年
	《成都市"互联网+"2015—2017年三年行动计划》/成办发〔2015〕45号 成都市人民政府/市教育局、市人社局 2015年12月31日,2015—2017年
	《成都市教育局2017年工作要点》/成教工发〔2017〕1号 成都市教育局 2017年2月10日,2017年
青岛	《青岛市"互联网+"发展规划(2015—2020)》/青政字〔2015〕105号 青岛市发展和改革委员会 2015年12月11日,2015—2020年
	《青岛市信息化"十三五"发展规划》/青政办发〔2016〕21号 青岛市人民政府 2016年7月26日,2016—2020年
	《青岛市"互联网+教育"行动计划(2016—2018年)》/青政办发〔2015〕22号 2015年10月27日,2016—2018年
	《青岛市教育信息化2.0行动计划》/青教通字〔2018〕84号 青岛市教育局 2018年12月12日,2019—2022年

续 表

城市	文件名称/文号、发文单位/负责部门、发布日期、实施期限
厦门	《厦门市教育信息化 2016—2018 三年行动计划》/厦教办〔2016〕15 号 2016 年 4 月 26 日,2016—2018 年
厦门	《厦门教育信息化 2.0 行动计划》/厦教办〔2018〕82 号 厦门市教育局 2018 年 12 月 30 日,2018—2020 年
武汉	《关于推进"互联网+"产业创新工程的实施意见》/武办发〔2015〕20 号 武汉市人民政府办公厅 2015 年 8 月 17 日,2015—2018 年
武汉	《武汉市创建国家"智慧教育示范区"实施方案》/武政办〔2020〕7 号 武汉市人民政府 2020 年 1 月 31 日,2020—2022 年
南京	《南京市"互联网+"实施方案(2015—2017 年)》/宁政发〔2015〕160 号 南京市人民政府 2015 年 7 月 19 日,2015—2017 年
南京	《南京市〈关于推进智慧教育的实施意见〉行动方案》/宁教电〔2016〕14 号 南京市教育局 2016 年 11 月 3 日,2016—2020 年

（2）"互联网+教育"政策文本分析流程

第一,采用定性方法分析和解释"互联网+教育"的政策文本。

第二,采用定量方法,使用 Nvivo12 Plus 软件对收集的政策文本内容进行计量分析,提取"互联网+教育"政策文本语词和统计概念频率。

第三,采用定量和定性方法对政策文本进行分类编码,结合文本间互文解释、文本语句含义解释和理论解释,比较和分析"互联网+教育"政策设计与实施。

三、我国"互联网+教育"政策总体特征

1. "互联网+教育"政策分为综合政策与专项政策两个阶段

纵观政策样本,大多数城市先出台"互联网+教育"综合政策(2015—2016年),后出台"互联网+教育"专项政策(2016—2020年),个别城市例外。

在综合政策阶段,"互联网+教育"与医疗、社会保障等政策措施一并阐述,共同构成"互联网+公共服务"。样本城市中出台综合政策最早的是南京市(2015年7月19日),其他大部分城市也于同年公布类似政策。在政策实施期限上,我国"互联网+"意见设计了2018年和2025年两个时间节点,体现了短期与中长期结合的特点。北京市与此相同;其余大多数城市设计短期实施政策,少数为中期。例如,深圳、杭州、青岛三个城市的政策设计为2015—2020年长期规划,其他各大城市制定短期计划,时间期限大致为3年。政策研究者约翰·W.金登(John W. Kingdon)认为,"政策之窗"是政策倡导者把他们的注意力集中在政策问题上,并为实现他们所倾向的方案而开着的机会[11]。我国"互联网+"意见的出台,可视为城市出台"互联网+"综合政策的重要时机。政策倡导者和参与者对此的敏感认识及其对未来可能性的预测,影响着政策方案的提出和制定。假如政策倡导者们没有充分利用已经打开的"政策之窗",就要等待"窗口"再次打开。由此可见,各城市都在积极响应国家"互联网+"政策。

在专项政策阶段,各城市结合综合政策与教育部教育信息化政策框架,公布与城市情况相适应的"互联网+教育"政策。例如,我国"互联网+"意见"鼓励学校通过与互联网企业合作等方式,对接线上线下教育资源,探索基础教育、职业教育等教育公共服务提供新方式",各城市的政策在此框架下呈现不同走向。典型案例如上海市提出《关于促进本市互联网教育发展的指导意见》,引导互联网教育培训机构健康发展。再比如,教育部《教育信息化2.0行动计划》提出智慧教育创新发展行动,设立"智慧教育示范区"。武汉市于2019年度申请获批,"互联网+教育"专项

政策则聚焦智慧教育,以期探索高标准、高质量、高效率、高企业为特征的智慧教育实践模式。

2. "互联网 + 教育"政策以变革转型与优质公平为核心

如前所述,变革转型是我国"互联网 + "意见的行动基本原则。从政策文本来看,变革转型表明原有关系结构被重构或生成新的关系结构,意指借助互联网新兴技术这一重要驱动力量,促使现有理念、要素、机制、形态、体系、生态等发生变化,使之与社会时代发展同步。青岛市和上海市对两者均有所涉及。前者在《青岛市"互联网 + "发展规划(2015—2020)》中提出以"创新驱动,变革转型"为基本原则,"实现全市产业结构、城市布局、公共服务等再优化与再提升"。后者在《关于促进本市互联网教育发展的指导意见》中明确指出,促进教育模式的变革转型,充分发挥互联网的创新驱动作用,推动教育培训理念转变和教学方式变革。相比而言,上海市更精准地确定推进"互联网 + 教育"工作的着力点。其余城市提出教育、组织变革,教育模式、课堂教学、教学方式、学习方式等方面的变革,但并不突出强调转型。

优质公平是"互联网 + 教育"政策的价值追求。在我国"互联网 + "意见中,"互联网 + 教育"通过"扩大优质教育资源覆盖面,促进教育公平"。各大城市"互联网 + 教育"政策中均有参照和相关表述。例如,上海市提出"提升教育服务能力,促进教育公平",深圳市提出"促进教育创新与变革,促进教育公平和优质教育资源的开放共享,提高教育质量"。此外,还有城市深化对优质公平的理解,突出以人为本和增加育人意识。例如,北京市坚持育人为本原则,上海市、深圳市、厦门市提倡以学习者为中心,青岛市以教师和学习者的现实需要为导向。

3. "互联网 + 教育"政策体现服务、创新、安全的要点

本研究使用 Nvivo12 plus 软件统计政策文本的高频语词。为使结果

更为可靠,研究首先对包括"互联网+教育"在内的综合政策的总体文本进行分析,其后去除综合政策中非"互联网+教育"部分的剩余总体文本再次进行分析。研究发现,我国"互联网+教育"政策体现了服务、创新、安全的要点。

第一,"互联网+教育"政策要点在于服务和管理,且内在蕴含"管理"向"服务"转变。如表2所示,左、右两栏中"服务""建设""管理""应用"等处于高频词的第一段,频数高于"资源""网络""技术""数据""平台"等第二段高频词。

第二,政策凸显"创新"重要性。表2中,"创新"分别位列第15位和第18位。这与教育部《教育信息化2.0行动计划》中"从融合应用向创新发展转变"的要求相呼应。

表2 我国10个城市"互联网+教育"政策高频词的统计结果

	含综合政策总体文本			去除综合政策非"互联网+教育"部分文本		
序号	语词	频数	百分比(%)	语词	频数	百分比(%)
1	教育	2 811	2.47	教育	2 889	5.62
2	服务	1 932	1.70	信息化	1 010	1.96
3	建设	1 658	1.46	建设	782	1.52
4	信息	1 562	1.37	资源	690	1.34
5	互联网	1 417	1.25	信息	642	1.25
6	发展	1 270	1.12	管理	620	1.21
7	信息化	1 194	1.05	应用	609	1.18
8	管理	1 152	1.01	服务	595	1.16
9	应用	1 044	0.92	学校	540	1.05
10	资源	1 029	0.90	网络	494	0.96

续 表

	含综合政策总体文本			去除综合政策非"互联网＋教育"部分文本		
序号	语词	频数	百分比(%)	语词	频数	百分比(%)
11	技术	930	0.82	技术	467	0.91
12	平台	927	0.82	教学	461	0.90
13	网络	872	0.77	学习	424	0.82
14	数据	858	0.75	数据	358	0.70
15	创新	764	0.67	智慧	311	0.60
16	企业	695	0.61	教师	308	0.60
17	智慧	652	0.57	能力	265	0.52
18	系统	596	0.52	创新	261	0.51
19	安全	576	0.51	优质	254	0.49
20	体系	537	0.47	平台	248	0.48
21	学校	531	0.47	安全	246	0.48
22	教学	467	0.41	系统	246	0.48
23	学习	464	0.41	基础	224	0.44
24	能力	447	0.39	学生	223	0.43
25	单位	444	0.39	机制	223	0.43

第三,"安全"也是"互联网＋教育"政策要点。如前所述,安全有序是我国"互联网＋"意见行动基本原则之一,《教育信息化2.0行动计划》在保障措施中也要求"担当责任,保障安全"。在此框架下,一些城市把"网络信息安全"作为"互联网＋教育"的基本原则或发展过程中的一项工作任务或项目工程,如北京市和上海市。《上海市教育信息化2.0行动计划(2018—2022)》中规划"网络与信息安全保障推进工程"与"网络思政与网

络诚信推进工程",构筑网络与用户上网安全。实际上,"安全"是我国"十四五"规划提及的新发展理念中重要一项。这意味着,"安全"也是"互联网+教育"研究与实践需要关注的重要问题。

四、我国"互联网+教育"政策设计与实施

1. "互联网+教育"政策目标与城市、教育发展相适应

本研究结合综合政策中的城市发展目标展开讨论,梳理"互联网+教育"目标与城市发展的关系,比较不同城市"互联网+教育"目标异同。

首先,"互联网+教育"与城市发展目标相匹配。例如,《深圳市"互联网+"行动计划》提出,"到2020年,建成具有国际先进水平的网络基础设施,使深圳成为重要的国际信息港","互联网+教育"目标为"发挥我市信息技术优势,加快信息技术与教育的深度融合,促进教育创新与变革,促进教育公平和优质教育资源的开放共享,提高教育质量,建设学习型社会";上海市预计到2018年确立上海互联网发展的优势地位,"互联网+教育"目标为"发挥互联网技术支撑作用,创新教育服务模式,提升教育服务能力,促进教育公平";武汉市尝试创建中国软件名城,打造具有国内领先水平、能够发挥全国标杆作用和示范效应的国家级智慧教育示范区。

其次,"互联网+教育"参照教育发展目标。这主要表现在两个方面,第一,政策明确表述"互联网+教育"与"城市经济社会、教育发展水平相适应",如上海市、杭州市。第二,参照国家教育政策,设计政策方向。《教育信息化2.0行动计划》要求积极推进"互联网+教育""构建网络化、数字化、智能化、个性化、终身化的教育体系,建设人人皆学、处处能学、时时可学的学习型社会"[12]。各城市的"互联网+教育"政策目标大多以此为参考,把"互联网+教育"作为"智慧城市""学习型城市"建设的有机组成部分或有力支撑。

2. "互联网+教育"政策工具以直接提供公共服务为主

为深入探讨我国各城市"互联网+教育"政策内容,研究进一步分析了政策工具的使用情况。有研究者认为,政策工具可以分为四类,即政府自我管理、政府直接提供公共服务(简称"政府直接提供")、政府间接提供公共服务(简称"政府间接提供")、社会自给服务的政策工具[13]。结合国内"互联网+教育"政策文本,本研究对每一种政策工具做了进一步分类。"政府自我管理"工具划分为战略定位、发展目标、工作原则三个子类型;"政府直接提供"工具划分为组织保障、制度建设、宣传劝告、设施环境、人员培养、人力支持、经费投入、结构调整、机制模式九个子类型;"政府间接提供"划分为企业参与、购买服务、产业扶持三个子类型;"社会自给服务"划分为专业协会、社区组织、非政府组织提供服务三个子类型。参照这一分类框架,对政策文本进行筛选和编码,共获得69个一级分析单元和620个二级分析单元,编码示例如表3所示。

表3 我国10个城市"互联网+教育"政策工具分析编码示例

政策文本	分析单元	工具类型	工具子类型	内容编码
杭州市教育信息化第二轮三年行动计划(2018—2020)	指导思想	政府自我管理	战略定位	SM-SP-1
	重点项目	政府直接提供	设施环境	DP-EF-1
		政府间接提供	服务购买	IP-PS-1

如表4所示,各城市的"互联网+教育"均使用前三类工具,其中使用最多的是"政府直接提供",最少的是"社会自给服务",只有两个城市明确提出。一是成都市在"互联网+教育"工作方案中明确提出"支持成都市民办教育协会建设'优学'网络教育平台",二是上海市倡导建立互联网教育培训机构联盟和开展互联网教育培训公益服务。"政府自我管理"政策工具使用总体较为均衡,各大城市均提出战略定位、工作原则、发展目标,无显著差异。

表 4　我国 10 个城市"互联网+教育"政策工具使用分布

城市	政府自我管理	政府直接提供	政府间接提供	社会自给服务	合计
北京	2	2	1	0	5
成都	1	2	1	1	5
广州	2	4	1	0	7
杭州	3	5	2	0	10
南京	2	2	2	0	6
青岛	2	5	3	0	10
厦门	3	4	2	0	9
上海	1	2	2	1	6
深圳	3	2	1	0	6
武汉	2	2	1	0	5
合计	21	30	16	2	69

"政府直接提供公共服务"中使用频率最高的工具是设施环境（如图 1 所示），说明"互联网+教育"政策中网络技术平台、资源、数据等内容受到较多关注。使用次多的是机制模式，说明政策着重考虑理顺教育的场域中各主体关系及其相关操作方式、实践步骤、工作流程等内容，并在这方面有所创新。这一结果可理解为，政策表述的管理和服务，进一步通过设施环境和机制模式的政策工具而实现。

人员培养指向教育信息化相关的教育行政管理者、中小学校长、教师、学生的信息技术能力提升；组织保障、制度建设、人力支持、经费投入分别指向政策实施过程中的领导、制度、队伍、资金等方面的保障措施。上述内容各城市皆提及，无显著差异。

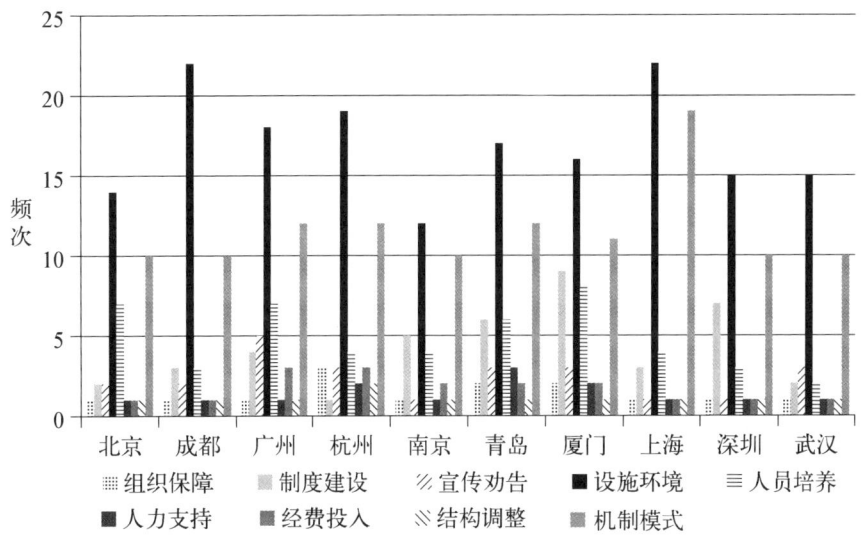

图 1　我国 10 个城市"互联网+教育"政策中"政府直接提供公共服务"工具使用分布

结构调整是指新设或重新调整机构间的权威与资源分配。从现有政策文本来看,结构纵向调整主要体现在行政管理领域内部,形成由校长、教育行政管理人员、城市行政管理人员或其中单一群体重新组建形成政策工作领导小组;横向调整主要体现在高校、社会机构、企业等单位的人员参与。根据程度不同,专家参与可分为两种方式。一种是间接参与,即由专家组建智库或咨询指导委员会,通过"政产学研"联合机制共同服务于政策过程;另一种是直接参与,即专家直接作为工作领导小组成员参与政策过程。大多数城市的政策均涉及纵向调整和横向调整,专家群体以间接参与为主。

在宣传劝告方面,不同城市略有差异。宣传劝告包括两类,第一类是指为取得政策成效营造良好的政策环境和舆论氛围,第二类是指通过设立示范学校或项目的方式,为改革与创新扩散提供参照。文本分析发现,大多数城市使用第二类工具,只有个别城市综合使用两类政策工具,如上海市。

在政府间接提供公共服务工具方面,大多数城市鼓励企业参与和服务购买,与教育管理部门、学校协同开展"互联网+教育"。这表明,城市"互联网+教育"回应国家政策要求,拓展学校教育资源供给主体来源和改变服务方式。然而,各个城市对"互联网+教育"的产业扶持政策工具使用频率不同。如图 2 所示,使用频率较高的是上海市和青岛市。

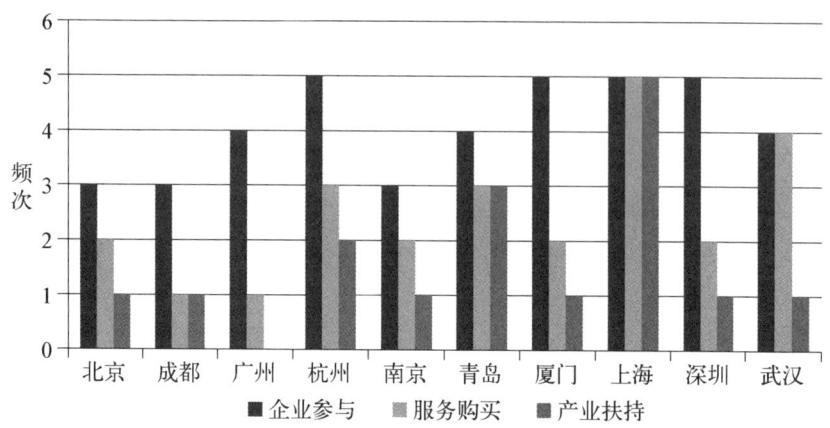

图 2 我国 10 个城市"互联网+教育"政策中
"政府间接提供公共服务"工具使用分布

3. "互联网+教育"政策施行因地制宜,彰显城市特色

总体而言,各大城市"互联网+教育"在垂直结构上涉及各级各类学校,如中小学、职业学校、开放大学;从水平结构来看,除基础设施和资源平台建设外,还包括数据标准规范、业务应用和流程、管理体制和制度、网络安全保障等内容。根据前期政策实施成果和疫情期间实践,各大城市形成了具有代表性、点面结合的"互联网+教育"创新路径。研究选取北京、上海、杭州三个城市作为样本加以说明(如表 5 所示)。

表5 "互联网+教育"政策实施城市案例

城市	政策实施重点	代表性平台/资源库	模　式
上海	智慧教育； 人工智能+教育	上海微校（上海大规模智慧学习平台）/海上名师坊	线上 线上+线下混合
北京	互联网+基础教育	北京市教育大数据平台/京学通	线上 线上+线下混合
杭州	互联网+义务教育	杭州美好教育云（之江汇教育广场）/共享课堂	线上 线上+线下混合

第一，上海的政策实施重点有"人工智能+教育"和"互联网+教育扶贫"。近年来，上海主要开展基于互联网的教育治理、以学生为中心的新型教学模式和学生学习方式，以及大数据支持下的学生综合素质评价等[14]，已建成上海教育信息化服务平台、上海市高中名校慕课平台、上海微校等，开通在线学习资源库"海上名师坊"[15]，以资源创生、范式重构的大规模在线教学模式贡献教育信息化"上海方案"和"上海智慧"[16]。上海的互联网企业积极参与"互联网+教育"，涌现一批互联网公益企业。例如，2015年沪江企业发起"互联网+教育"公益项目"互+计划"，通过产品CCtalk为江西省赣州市宁都县中小学提供乡村网络公益课程，已向全国5 000多所学校、15万名教师提供系统性支持，形成了大规模、低成本、可复制、可持续的"互联网+教育扶贫"新模式[17]。

第二，北京市近年来着重推进"互联网+基础教育"[18]，建成北京市教育大数据平台及"京学通"。在互联网企业参与方面，比较典型的有北京四中网校、北京翼鸥教育科技有限公司等，为我国各级各类教育提供免费产品和服务；2017年北京荷风艺术基金会与腾讯共同发起"艺术行动"公益项目，共同探索"互联网+艺术教育"[19]。此外，2019年中国移动与北京八一学校合作创建"云视讯"双师课堂平台，让革命老区、偏远山区、西北边陲的学生可以同步上课，老师共同备课、上课，实现优质教育资源共享[20]。

第三,"互联网+义务教育"是杭州市"互联网+教育"政策实施重点。城区优质学校与相对薄弱的乡村小学、初中学校,建立跨市域和县域、紧密型的城乡结对学校。依托浙江省"之江汇教育广场"平台,杭州城乡各学校在平台上的网络空间开通率和同步课堂技术环境建设达标率均达到100%。通过同步课堂、专递课堂、教师网络研修、名师网络课堂等方式,围绕"管理共进、教学共研、资源共享,信息互通、师生互动、差异互补"的结对帮扶总体思路,开展丰富多样的教育教学活动,推动城乡义务教育优质均衡发展。在互联网企业参与方面,比较典型的有2019年阿里与杭州市建兰中学合作创建"学校大脑",通过数据驱动学生学习、评价、课程、课堂、教研等多方面的变革[21],为学校赋能。

上述政策实施与"教育信息化2.0'更加注重教育公平''更加注重创新引领''更加注重育人为本'的特点,消除'数字鸿沟''新数字鸿沟'和'智能鸿沟'的施策路径"[22]遥相呼应。实际上,城市区域教育行政管理者既是政策倡导者、决策者,也是政策执行者。假如把政策执行看作相互作用的过程,而不是作为自上而下的控制,那么政策执行过程中对政策目标的认同、自主性和积极性调动、政策再解释等方面就非常重要[23]。另外,从政策执行的进化论观点来看,政策执行过程涉及多方参与者,也受到外部资源和条件约束。因此,政策执行在不确定的情况下通过学习和发明的借鉴手段,以解决方案来理解问题,政策理解不仅是求得答案的过程,也是界定问题的过程。据此可认为,上述城市创新性实施国家政策,进一步明晰原有的政策意图,彰显城市特色。

五、我国"互联网+教育"政策发展趋势

1. 家族概念:"互联网+教育"政策群集形成

当前学界和社会对"互联网+教育"的定义尚未有共识[24]。有研究者认为,"互联网+"是以互联网为主的新一代信息技术(包括移动互联网、云计算、物联网、大数据等)在经济、社会生活各部门的扩散、应用与深度

融合的过程,本质是传统产业的在线化、数据化[25]。这意味着,"互联网+"拓展原有物理层面的认识,"互联网+教育"不仅指一种不同于以往的教育理念、观念、战略(策略)、方法、路径、模式、形态、体系、生态,也指已有的教育结构向新结构转变的过程。随着教育创新与实践推进,"互联网+教育"与其他概念共同形成概念丛,如"教育数字化转型""教育信息化""教育数字化治理""数字教育""在线教育""智慧教育""信息技术教育""信息科技教育""人工智能教育""未来教育""未来学校"等。如此,我们看到一个重叠交叉的相似性组成的复杂网络[26];在这一概念丛中,每一概念都与其他概念存在某种程度的家族相似性,"有时总体相似,有时细节相似"。这些概念体现教育要求技术"符合伦理且具有同理心"和技术赋能教育者、学习者、使用者①。

与"互联网+教育"概念丛相联系的是政策群集。第一,从历时态来看,随着前一阶段的"互联网+教育"政策实施期限临近,意味着政策运行周期即将结束,其他相关政策或新的政策继而启动,实现政策之间的替换交接。例如,上海2021年成为教育数字化转型试点区,发布《上海市教育数字化转型实施方案(2021—2023)》,表明教育信息化步入数字化转型时代,以数据驱动教育的"整体性转变、全方位赋能、革命性重塑"[27]。这一方案既是对前期政策的延续,也是"互联网+教育"政策的持续创新。第二,从共时态来看,"互联网+教育"政策与其他政策、标准规范有机衔接。例如,2019年杭州市公布《教育公共服务领域深化"最多跑一次"改革行动方案》,要求教师资格认定数据采集工作对接教育部《关于取消一批证明事项的通知》等文件,优化教师资格认定工作流程。

2. 多元参与:"互联网+教育"政策网络建构

城市区域"互联网+教育"政策设计和实施工作涉及多种不同类型的

---

① 学者萨提亚·纳德拉认为,同理心是微软文化转型的原则之一,人工智能设计要回应智能、情感、伦理和同理心的挑战。具体参考2018年版《刷新重新发现商业与未来》。

行动者,政策网络理念为开展相关实践提供思路。政策网络是20世纪90年代以来,政策执行研究领域的学者提出超越官僚和市场机制的第三种治理机制。政策执行并不是由上至下的单向控制,而是政策行动者在网络结构中互动,形成一定的政策结果,政策结果反过来又影响行动者下一步行动的辩证过程[28]。这表明,通过多种渠道和方式把不同类型的行动者聚集起来,建立具有多元、分割、调整、建立共识、合作与互动等多种特性的政策工作网络,有助于"互联网+教育"顺利推进。

对于城市而言,"互联网+教育"政策设计与实施涉及四类不同情境的参与者(如图3所示)。一是城市管理者主导的政策顶层设计系统。有研究者认为,需要"推动数据驱动的教育顶层设计和管理决策,坚持与智慧城市系统全方位融合发展"[29]。这已在"互联网+教育"政策设计中有所体现。政策文本显示,个别城市成立由副市长作为总负责人的政策工作领导小组,表明城市管理者是"互联网+教育"政策设计的首要参与主体。二是教育行政管理者(含校长)、教育技术专家(含学科专家)、企业工程师提供的政策设计和技术产品研发支持子系统。三是由教师(或教育者)和学生(或学习者)形成的政策实施系统。四是由家长和媒体组成的政策成效反馈公众系统。除了家长群体外,媒体还可能与其他情境的任何一方沟通,促使公众更了解"互联网+教育"政策。例如,青岛市结合曾经举办的国际教育信息化大会和《青岛宣言》,通过国际会议和联合国教科文组

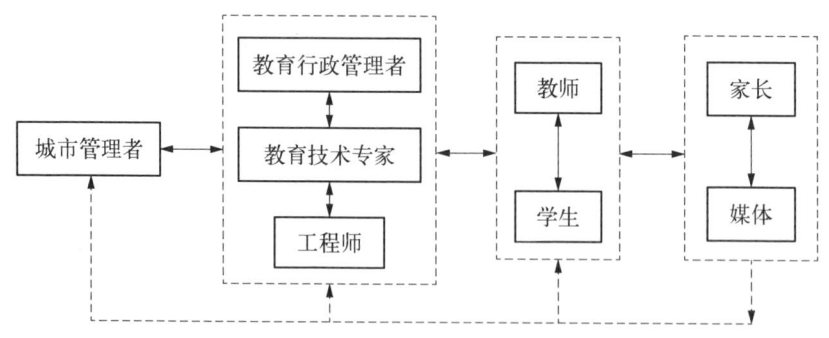

图3 城市"互联网+教育"政策生态系统

织（United Nations Educational，Scientific and Cultural Organization，UNESCO）等各类媒体机构向"一带一路"沿线国家和地区融合共享"青岛实践"。

3. 治理提升："互联网+教育"政策过程探索

"教育治理能力优化"是《教育信息化2.0行动计划》的主要内容之一。假如把"引导政策制定及其实施的过程"视为治理[30]，那么"互联网＋教育"政策生成蕴含治理本义。也就是说，"互联网＋教育"政策作为结果产品，其形成和实施过程也承载探索"互联网＋教育"治理新模式的重任。从纵向流程来看，"互联网＋教育"政策过程包括一系列环节，如教育问题出现、问题辨识、政策议程建立、政策规划、政策方案执行、政策效果评估、政策调整与改变、政策终结[31]。从横向结构来看，"互联网＋教育"政策过程可参考数字治理概念框架[32]，包括治理理念、治理原则、治理主体、治理工具、治理方式、治理成效等要素。

在治理理念方面，关注"互联网＋"的关联、互动、共享、互益理念与教育领域中"优质公平""学习者为中心""立德树人"的理念融合，改变"只见技术不见人""人受制于技术"的弊端。在治理原则方面，除了秉持质量、效率、公平、可持续、安全外，还需要考虑数据共享共治、法律允许、伦理可行的原则。有研究者提出教育数字化转型的实践原则，即"问题驱动＋理念引领""系统进化＋创新突破""价值评估＋迭代优化"[33]，为"互联网＋教育"治理提供启示。在治理主体方面，明确政府主导和监督责任，积极吸纳高校、企业与行业协会协同治理，提供多种渠道吸引群众个人广泛参与。通过多方的合作伙伴关系，推动不同单位和机构主体之间的对话。

在治理工具方面，积极运用包括社会自给服务在内的各项政策工具，"加强行业社会组织建设，提升各类主体参与共治的积极性"[34]。考虑到"互联网＋教育"资金需求，可以从多个角度理解社会自给服务。既可能是由社会组织独立承担资金成本而提供的公共服务，也可能是由社会组织提供、政府购买或多方合资的非营利公共服务。假如为后一种情况,政府、学校、社会组织形成三方共赢的成本与收益分担大致如表6所示。

表6 "互联网+教育"中政府、学校、社会组织参与成本与收益分析①

组 织	成本	收 益
政府	资金	技术产品、数据结果、间接育人、学校范例
学校	资金	技术产品、数据结果、直接育人、政府课题
社会组织(含社会公益企业)	技术	技术产品、数据结果、资金收入、学校客户

在治理方式方面,观察和分析"互联网+教育"政策工作网络形成过程,探讨"互联网+教育"治理中的议题、联盟在政策过程中的作用,为提炼"互联网+教育"治理新经验和新模式提供实践案例。在治理成效方面,政策工作网络共同体通过协同机制讨论、设计、审议"互联网+教育"政策,通过循环监测机制观察政策实施成效,及时调整和修订政策。总而言之,"互联网+教育"治理将会出现与社会治理共融,多元主体共同参与,技术应用不断深化以及教育治理制度化、标准化的趋势[35]。

由于信息来源和渠道受限,研究未能获得一些城市"互联网+教育"政策文本,影响研究结论的全面、客观、准确。研究还需尽可能收集相关的政策文本,为文本分析提供充足的内容材料,力求使研究结果更为完整。

参考文献

[1] 中华人民共和国国民经济和社会发展第十四个五年规划和2035年远景目标纲要[EB/

---

① 表格改编自:顾小清,杜华,彭红超,祝智庭.智慧教育的理论框架、实践路径、发展脉络及未来图景[J].华东师范大学学报(教育科学版),2021,39(8):20-32.原文提供的思路为"学校用市场换企业技术、用范例换政府课题;企业用技术换学校市场、用数据换政府项目;政府用课题换学校范例、用项目换企业数据"。实际上,三方共享成果不仅包括数据成果,也包括技术产品。政府和学校获得育人方面的收益,社会组织获得资金收入和可持续发展。当然,社会组织有可能提供自有资金支持。

OL].(2021-03-13)[2021-08-15].http://www.gov.cn/xinwen/2021-03/13/content_5592681.htm.

[2] 祝智庭,胡姣.教育数字化转型的实践逻辑与发展机遇[J].电化教育研究,2022,43(01):5-15.

[3] 中华人民共和国国民经济和社会发展第十三个五年规划纲要[EB/OL].(2016-03-17)[2020-05-15].http://www.gov.cn/xinwen/2016-03/17/content_5054992.htm.

[4] 郑勤华,陈丽,郭玉娟,谢雷.推动"互联网+教育"创新发展的着力点——"互联网+教育"创新发展的理论与政策研究(二)[J].电化教育研究,2022,43(03):12-17+59.

[5] 张虹.我国基础教育教育信息化政策二十年(1993—2013年)——以政策文本阐释为视角[J].电化教育研究,2013(08):28-33.

[6] 钟志贤,曾睿,张晓梅.我国教育信息化政策演进(1989—2016年)研究[J].电化教育研究,2017,38(09):14-23.

[7] 张国强,薛一馨.改革开放四十年我国教育信息化政策特征与展望[J].电化教育研究,2018,39(08):39-43.

[8] 张双志.教育信息化2.0:议题构建与路径选择[J].教育学术月刊,2020(09):57-63.

[9] 王萍萍.人口总量保持增长 城镇化水平稳步提升[EB/OL].(2022-01-18)[2022-02-15].http://www.stats.gov.cn/xxgk/jd/sjjd2020/202201/t20220118_1826609.html.

[10] 涂端午.教育政策文本分析及其应用[J].复旦教育论坛,2009,7(05):22-27.

[11][23] 吴锡泓,金荣枰.政策学的主要理论[M].上海:复旦大学出版社,2005:366,337.

[12] 教育部.教育信息化2.0行动计划[EB/OL].(2018-04-13)[2020-04-15].http://www.moe.gov.cn/srcsite/A16/s3342/201804/t20180425_334188.html.

[13] 王义保,曹明.公共政策分析[M].徐州:中国矿业大学出版社,2017:112.

[14] 上海市电化教育馆.深度学习与智能治理 2018上海基础教育信息化发展蓝皮书[M].上海:上海教育出版社,2018:2.

[15] 罗阳佳."互联网+公平":让所有学习者共享上海教育改革发展成果[J].上海教育,2016(12):14-15.

[16] 李永智.共享泛在智慧的教育新家园:2020上海基础教育信息化发展蓝皮书[M].上海:上海教育出版社,2020:3.

[17] 沪江"互+计划"迈入新一年 网络课程推动乡村教育变革[EB/OL].(2019-02-14)[2022-04-24].https://www.163.com/edu/article/E800EDAH00297VV9.html.

[18] 周航.建立"互联网+基础教育"新样态 促进首都教育高质量发展——对北京市《关于推进"互联网+基础教育"的工作方案》的几点思考[J].中小学信息技术教育,2021(06):5-7.

[19] 高欣峰,白蕴琦,陈丽,郑勤华.互联网推动教育服务模式创新的路径与方向——"互联网+教育"创新发展的理论与政策研究(三)[J].电化教育研究,2022,43(04):5-11.

[20] 刘佳.一块屏幕激活红色八一盟校牌[EB/OL].(2019-07-16)[2022-04-24].http://edu.china.com.cn/2019-07/16/content_74998812.htm.

[21] 人工智能进校园,如何实现"目中有人"?[EB/OL].(2020-12-14)[2022-04-24].https://www.eol.cn/zhejiang/zhejiang_news/202012/t20201214_2056990.shtml.

[22] 冯仰存,任友群.教育信息化2.0时代的教育扶智:消除三层鸿沟,阻断贫困传递——《教育信息化2.0行动计划》解读之三[J].远程教育杂志,2018,36(04):20-26.

[24] 陈丽.互联网驱动教育变革的基本原理和总体思路——"互联网+教育"创新发展的理论与政策研究(一)[J].电化教育研究,2022,(03):5-11.

［25］宁家骏."互联网+"行动计划的实施背景、内涵及主要内容［J］.电子政务,2015,(06):32-38.
［26］维特根斯坦.维特根斯坦说逻辑与语言［M］.武汉:华中科技大学出版社,2017:155.
［27］顾小清.教育信息化步入数字化转型时代［J］.中小学信息技术教育,2022(04):5-9.
［28］莫勇波.公共政策学［M］.上海:上海人民出版社,2013:189.
［29］郑旭东.智慧教育2.0:教育信息化2.0视域下的教育新生态——《教育信息化2.0行动计划》解读之二［J］.远程教育杂志,2018,36(04):11-19.
［30］Avijit Biswas. Governance:Meaning, Definition, 4 Dimensions, And Types［EB/OL］.(2022-03-23)［2022-04-24］. https://schoolofpoliticalscience.com/definitions-and-types-of-governance/.
［31］谢明.公共政策导论［M］.北京:中国人民大学出版社,2002:95-97.
［32］李韬,冯贺霞.数字治理的多维视角、科学内涵与基本要素［J］.南京大学学报(哲学·人文科学·社会科学),2022,59(01):70-79+157-158.
［33］祝智庭,胡姣.教育数字化转型的理论框架［J］.中国教育学刊,2022(04):41-49.
［34］谢浩,郑勤华,殷丙山.基于回归论知识观的"互联网+教育"多元共治模式研究［J］.电化教育研究,2020,41(11):56-62.
［35］郑勤华,熊潞颖,胡丹妮."互联网+教育"治理转型:实践路径与未来发展［J］.电化教育研究,2020,41(05):45-51.

作者简介

高淮微　杭州师范大学经亨颐教育学院讲师,教育学博士,主要研究方向为城市教育、课程教学理论实践研究

李　润　广西国际商务职业技术学院高级实验师,教育学博士研究生,主要研究方向为教育信息化、教育大数据分析

电子邮箱

gaohuaiwei@hznu.edu.cn

lirun111@qq.com

Chapter 9

数字化转型下职业与成人技能教育联通体建设的策略与路径[*]

刘　骥

> **摘　要**：当今世界面临百年未有之大变局，特别是近十年，全球进入关键的新技术换挡期，由人工智能等技术应用推动的社会新生产样态已趋于触发总体性质变的临界点。在这样的宏观时代背景下，发展的不确定性将凸显在知识型经济需求与劳动者技能供给的适配问题上。面对新型"技术—生产—工作—技能"技能需求的传导动力机制，新时代教育的现代化势必要搭上数字化技术赋能的快车，加速构建新型职业与成人技能教育联通体，完成人才观、教学理念、办学样态的全面现代化。在策略与路径层面，应选择与新技术变革适配且有利于释放职成数字化潜能的发展方向，通过重塑职业技能观念、培育终身学习素养，发掘校企协作潜力、解锁课程教学新样态，加快教育供给侧改革，实现职成教育的全面现代化。
>
> **关键词**：技术变革；新技能观；教育现代化；技能需求；数字化转型

一、引言

习近平总书记2021年对职业教育工作作出重要指示，强调职业教育前途广阔、大有可为，要坚持党的领导，坚持正确办学方向，坚持立德树人，优化职业教育类型定位。与此同时，推动数字化转型是当前国际社会最重要的趋势之一，数字技术和社会发展正以前所未有的广度与深度交

---

[*] 本文系全国教育科学规划2020年度国家青年基金课题"就业不确定性下的精准技能培训对策研究"（项目编号：CJA200256）的阶段性成果。

汇融合,面临驱动社会生产生活与治理方式的总体性变革。一方面,生产要素的数字化渗透已成为新的生产现实,正加快数字智能化发展作为关键增长点的换挡节奏;另一方面,数字技术正迅速重塑原有产业格局,迫使传统社会生产面临紧迫的数字化转型要求。全球范围内,数字技术的泛社会应用已成为各国抢抓发展新机遇、塑造国际竞争新优势的焦点。

如何实施前瞻布局,以数字手段驱动教育的现代化发展,把握和应对数字化转型和新经济发展带来的机遇和挑战,赋能每个人的数字化未来,是新时代教育发展的重要命题。[1]我国自改革开放以来所取得的举世瞩目的发展经验表明我国是科技进步与人力资本聚集的受益者。然而,近些年制造业生产率增速放缓等现实问题不断警示我们,必须直面深度智能机器代工、信息互联去地域化生产等新经营模式所蕴含的挑战。纵观历史,前三次技术革命的成功带来了经济腾飞与新的就业岗位,但这并不意味着未来数字化转型的发展趋势仍将一帆风顺。相应地,现有的社会发展矛盾将比原先更剧烈,而且将最直接地反映在劳动力市场中,对人民就业与生活保障提出严峻挑战。无论是农业、制造业还是服务业,现有的工作岗位都将与数字技术应用所触发的总体生产变革一同发生质变。面对这样的新发展阶段,职业教育与成人教育的现代化不应独立于教育总体现代化。职业教育与成人教育作为与劳动力市场紧密结合的教育形式,势必面临发挥更重要劳动力技能供给协调器的作用要求。在教学方法和人才培养模式改革上,职业教育与成人教育应积极响应国家教育数字化转型的号召,加强自身联通适配性,构建符合我国国情发展需要的新型现代化职业与成人技能教育联通体,通过新技术引领,推动构建新时代教育格局的重要进展。

二、数字新技术浪潮下技能需求的传导动力机制

在以大数据、5G物联网、人工智能为主要推动力的第四次技术革命

背景下,现有的社会发展矛盾共振后的影响将比原先更加剧烈,而且将最直接地反映在劳动力市场中,对普通人就业与生活保障提出严峻挑战。生产方式的迅速转变一方面将带来新的历史机遇,另一方面也将放大经济社会发展的不确定性。例如,人工智能技术的生产力转化正在全球掀起一场基于机器学习、信息算法、人机交互技术的企业变革。在数字化智能时代,以"技术—生产—工作—技能"为主要技能需求的传导动力机制的总体性社会生产样态变化将极为深刻地影响每一位劳动者(详见图1),尤其反映在劳动人口技能提升与综合化水平要求上。因此,在数字化转型中如何保障优质教育供给、优化劳动人口技能结构、促进技能包容性发展变得十分迫切。鉴于此,职业教育与成人教育作为重要的劳动力技能供给通道,必须有行之有效的适配性应对与发展方案。

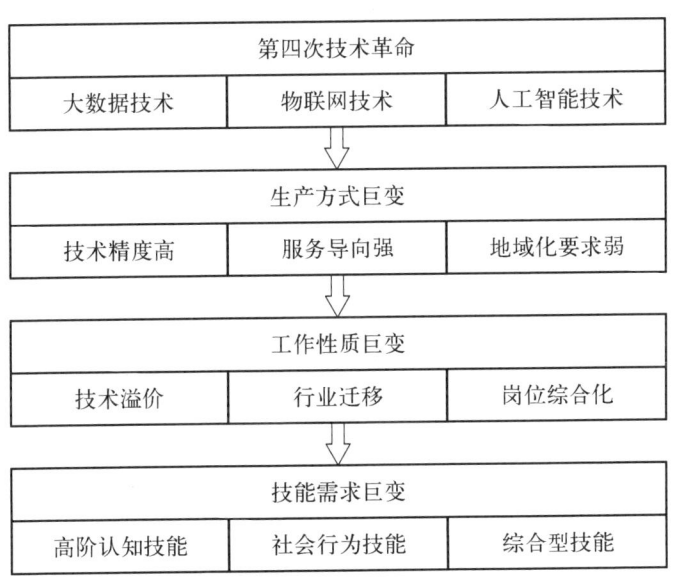

图1 技能需求的传导动力机制

数字新技术浪潮下,大数据、5G物联网、人工智能等技术的协同创新运用彻底改变了企业原有的生产模式。第一,新技术的融合应用将以指数式生产效率提升的形式改变传统产业的线性发展规律。例如全球知名家具零售巨头瑞典宜家集团花费近70年时间才达到420亿美元营业额，而我国阿里巴巴集团在充分利用大数据与人工智能等数字分析技术优势下，仅花费15年时间便实现了千亿美元收入规模。[2]第二，大数据与人工智能技术的结合将通过用户需求的精准关联高效释放增长潜能。例如在线金融公司蚂蚁金服结合大数据实现低成本、高效的贷款协议评估，被评为全球最具增长潜力的金融科技公司，而知名在线英语教育品牌VIPKID通过视讯互联技术对近20万学生与3万名英语教师进行精准匹配，建立了庞大在线课堂业务。[3]第三，虚拟互联技术的快速发展降低了物流与远程办公的成本，推动了生产地域浊化、价值链分工细化等重要新兴生产样态发展。如今已有不少本地服务在虚拟代理等技术手段的影响下被逐步远程化、智能化。例如阿里巴巴、华为、英伟达联手利用Metropolis平台与实时智能视频分析技术实现对杭州市交通、道路维修等市政服务的在线远程监测与实时管理，[4]而阿里云、亚马逊云等云计算平台则在快速推动传统企业生产与服务模式的在线化与瞬时化转型，进一步加快了传统经济的数字去地域进程。[5]综合来看，那些生产地域性弱、机器替代性高的工种将面临最直接的挑战，而这也将进一步压缩那些处于生产链薄弱位置的低技术企业和低技能劳动者的生存与发展空间，进而造成行业效益与岗位收入的两极分化。

在可以预见的未来，数字技术应用与知识技能密集型经济增长将迫使传统工作岗位性质发生巨变。一百多年前马克思就提出有关"机器排挤工人"的警示，认为机器不仅是工人强有力的竞争对手，还将加剧劳动力市场中恶性逐底竞争。[6]由数字技术推动的生产力提升将继续扩大对高技能劳动力的依赖，使收入高且稳定的工作机会持续向高技能劳动者倾斜，迅速推升人力资本溢价、加深劳动力市场技能两极化。[7]例如在丹麦、法国、德国等七国开展的就业薪酬调查表明，随着工人技能每提升1个标准差，工资就相应提高10%～20%；而在亚美尼亚与格鲁吉亚等发展中国家，高技能工种溢价甚至超过20%。[8]随着时间推移，一场悄无声息的劳动力市场技能重塑运动正在人工智能等数字技术应用的推动下悄然发生,其主要表现形式是第二产业岗位向第三产业迅速迁移。世界银行的研究发现源于数字技术与信息化生产样态变化,传统制造业在全球范围内普遍遭到冲击,例如葡萄牙、新加坡、西班牙等国第二产业就业率已下降至10%警戒线以下,表明制造业外流严重;而阿根廷、沙特阿拉伯、乌拉圭等国新兴经济体的第三产业就业占比则已快速超过70%,呈现逆工业化趋势。[9]

相应地,在生产方式与工作性质双重数字化转型下,劳动力市场中的技能需求也正逢格局性巨变。数字化转型趋势下,现有的劳动密集型生产模式将转向以人力资本为核心要素的知识技能密集型生产样态。一方面,这意味着劳动力市场对解决复杂问题、批判性思维、熟练岗位技能等高阶认知技能的需求水平迅速提高。例如,京东金融所创造的3 000余个新增技术岗位皆与风险管理或数据分析相关,要求应聘者具备较强的岗位数字业务能力。[10]另一方面,现有低技能水平就业机会将持续面临全球超过260万台工业机器人不断升级的自动化代工生产"竞争"。以富士康集团为例,在引入数字智能化生产线后,一线生产岗位数减少30%;而在人均工业机器人保有量最高的德国、韩国、新加坡等国,新型技术岗位则通常要求员工具备能熟练操作数字智能技术设备、胜任数字化工作环境的基本能力。[11]

与此同时,人工智能时代下全自动智能生产、虚拟数字云计算将成为办公新常态,这也要求劳动者具备机器学习所无法熟练掌握的社会行为技能(social behavioral skills),能熟练地处理复杂问题与有效协调人际关系。在理论概念划分中,社会行为技能属于非认知技能大类,指的是那些能够帮助个体应对复杂人际沟通和社交情境的态度与能力,涵盖责任感、开放心态、亲和力、决策力等多个维度。有大量实证研究发现社会行为技能需求的职场回报日益提升。[12]以上海希尔顿酒店为例,酒店在1986年招聘管理岗实习生时要求应聘者具备"本科学历、精通英语"等基础认知技能要求,而在2018年则更加注重"积极的工作态度、良好的沟通能力、独立工作与团队协作能力"等复杂问题处理与协调的能力,由此可见社会行为技能在当今职场的重要性。更重要的是,劳动者若具备以高阶认知与社会行为技能作为基础的综合型技能,不仅能灵活应对复杂工作情境,还能加强其在数字化转型大背景下面对就业不确定性的职业耐挫力。[13] 在核心要义上,综合型技能的一种重要体现是应对非均衡状态的能力以及更好地应对环境中不断涌现新变化的能力。这意味着每名劳动者具备持续学习的基础认知能力,并能熟练运用分析与沟通能力解决工作中的实际问题。有证据表明,那些需要综合运用不同类别技能、依据不同情境做出针对性判断的工种岗位的回报率正在不断攀升,例如在医疗卫生行业,虽然新研发的医学影像辅助诊断系统大量应用于癌症等重疾的影像筛查,但临床专家在综合诊断与临床治疗研判中的核心作用却更加凸显。[14]

三、职业与成人技能教育联通体的挑战与后发潜能

数字智能技术发展对于教育现代化既是新挑战,也蕴含新潜能。要实现数字化转型,实施教育数字化战略是先决因素,也是推动建设教育强国与教育现代化的关键举措。国务院于 2017 年 7 月发布《新一代人工智能发展规划》,勾勒出我国人工智能的发展蓝图,指出"到 2030 年人工智能理论、技术与应用总体达到世界领先水平,成为世界主要人工智能创新中心"。国务院总理李克强 2018 年在《政府工作报告》中强调"加强新一代人工智能研发应用在医疗、养老、教育、文化、体育等多领域的推进"。这一系列国家战略的推出标志着我国已迅速迈进数字智能时代的重要发展时期。在新发展形势下,以战略眼光看待数字技术的泛社会应用显得至关重要。一方面,我国已开展多项有关人工智能的多部门、多手段治理措施,提倡充分厘清人工智能与各领域、各产业的新互动机制,探究其对我国社会治理能力提出的新问题,寻找出符合我国社会发展需要的治理模式;另一方面,在展望人工智能、5G 信息网络等一系列新技术生产应用潜力的同时,也应积极审视劳动力技能特征与知识技能密集型经济活

动的适配异步现状,在做好充分预判分析的同时开展前瞻布局规划。

据国家统计局《2015 年全国 1%人口抽样调查主要数据公报》显示,我国目前低技能劳动人口存量仍较大,初中及以下学历人数约为高中及以上学历的 2.16 倍。[15]以世界银行对各国教育系统效率平均状况的估算为基准,这意味着我国约 2/3 的工龄人口不具备应对数字技术应用所导致的生产方式更迭加速的基本岗位能力。即使在工作岗位上,许多劳动者也几乎不使用任何技能。以世界银行在我国云南省昆明市所开展的劳动力技能使用情况调研为例,55.8%的受访者不使用管理技能,46.7%的受访劳动者完全不使用数字技能,28.7%完全不使用读写技能;而在各学历分组中,初中以下学历者在岗时完全不使用任何技能的情况尤为严重(详见图 2)。[16]经合组织与国际劳工组织的联合研究发现,若劳动者长期

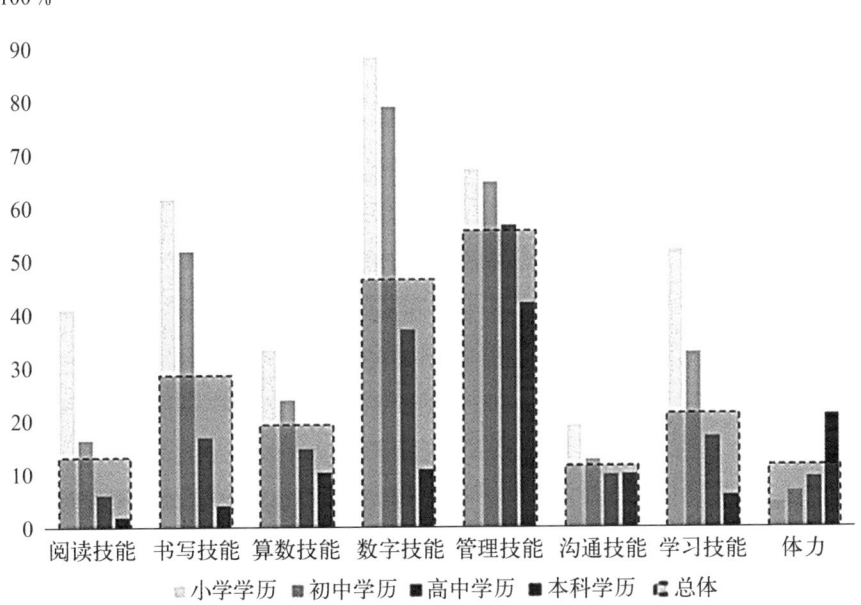

图 2　云南省昆明市劳动者在岗时完全不使用技能者百分比

[资料来源:世界银行"面向就业和生产率的技能"(Skills Toward Employment and Productivity,STEP)调查数据中国卷(N = 6 119)。]

处于完全不使用技能的低生产率工作状态,那么不仅面临低收入的必然结果,还将影响自身在岗时向同伴学习的效果,甚至严重影响自身职业发展前景,当此类劳动者大量聚集时甚至连带影响企业收益、制约区域经济发展。[17]

在技术更替、产业升级、宏观政策的三重因素叠加推动下,我国企业技能需求动态调整已经展现,不仅呈现低技能劳动需求减少现象,还面临高技能劳动力供给不足的现象。据《中国企业—劳动力匹配调查(CEES)报告》数据,企业用工不断提高知识技能密集程度,特别是新增用工更加依赖数字技术人员,同时大幅缩减低技能岗位需求。[18]随着物流成本的降低、机器代工生产、价值链分工的不断细化,越来越多的简单重复性、低技术工种将面临外迁或淘汰。据麦肯锡全球研究院测算,我国目前约3.94亿个工作岗位面临机器代工的竞争风险,未来新增优质岗位的用工技能门槛必定因此水涨船高。[19]若不及时提供优质的技能习得机会,帮助劳动者快速、高效地实现由低至高的综合技能转型,那么大量劳动者将迅速陷入"三低一少"(即技能水平低、技能使用率低、劳动生产率低、技能习得机会少)的低技能循环陷阱的窘境。特别值得指出的是,那些正处于职业生涯初期的低技能青年劳动者,必将是数字化转型加速革新中最易受冲击的人群,若不及时升学或参与技能再培训,或将成为新时代社会稳定发展的重要不确定因素。

在企业向知识技能密集型生产样态转型的过程中,以技能习得为导向的职业教育与成人教育的衔接常被认为能有效优化人力资本结构,进一步释放经济增长潜能。[20]在宏观政策层面,国务院已提出"大幅提升新时代职业教育现代化水平,为促进经济社会发展和提高国家竞争力提供优质人才资源支撑"的重要战略方案。[21]国家也逐年提升对职业教育的财政资源投入。例如2018年,全国中等职业教育经费总投入2 463亿元,已达高中阶段教育经费总投入的34.28%,而高职教育经费总投入达2 150亿元,已占全国高等教育经费总投入的17.9%。[22]党的十九大报告提出,建设知识型、技能型、创新型劳动者大军。但就现阶段来看,我国人力资本提升还有较大未释放的增长潜能。据世界银行人力资本指数（Human Capital Index）数据库,我国人力资本水平得分为 0.673,在参评的 157 个国家中排名第 45。综合地看,这样的结果意味着我国仅实现了 67.3% 的人力资本发展潜能,为理想状态下的 2/3;特别是到 2035 年时,我国新增劳动力中预计存在较大技能供给缺口,难以满足高质量发展需要。倘若我国教育供给质量提升至世界前沿水平,那么相应提升的人均劳动生产率将直接贡献每年约 0.6% 的国内生产总值增量。[23]

更重要的是,利于数字技术手段衔接好各方面的资源与诉求,将为实现可持续的新型职业与成人技能教育联通体创造关键且有利的教育生态保障,为校企联合办学带来全新增长动力。首先,我国有着丰富的技术与产业链资源可进行有效连接,促进人才培养模式的与时俱进。《国家职业教育改革实施方案》明确鼓励"深化产教融合、校企合作,育训结合,健全多元化办学格局,推动企业深度参与协同育人,扶持鼓励企业和社会力量参与举办各类职业教育"等充分发掘社会资源兴办以技能培育为主线的新型教育模式尝试。这意味着充分结合产业与企业发展需求,以新技术与新技能为核心纽带,实现培养目标共规划、教学课程共开发、人才成果共分享的企业、院校、学生多赢合作机制。以知名科技公司联想集团为例,该集团通过旗下联想教育云平台与中职、高职院校在课程架构、授课实训、资格认证等方面开展产教融合与现代学徒等试点,实现了与行业真实环境的衔接,为学生模拟真实的企业应用环境,达到利于快速上岗的"学、练、用"一体化效果,实现在校学习与在岗工作的技能供给无缝对接。[24]

其次,传统高职教育的高生均成本一直被认为是其规模质量发展的重要制约因素,而新兴技术与传统教学手段的混合式应用将有利于缓解这样的问题,进一步释放发展潜能。[25]在建设面向 2035 的现代化教育体系过程中,智慧教学辅助工具的应用不仅将为办学质量提升赋能,还将推动办学理念的创新。一方面,若能积极在教育部"中国特色高水平高职学校和专业建设计划"（简称"双高计划"）下推动职业院校的互联硬件基础、智能教学环境、智慧教学方法的普及,将能充分运用人工智能技术手段改进教学方式、推进虚拟现实（Virtual Reality，VR）、增强现实（Augmented Reality，AR）等基于虚拟现实技术的工作坊学习空间的建设与应用；另一方面，建立服务于产业、行业、企业发展的新型平台化及开放式智慧办学模式将成为人工智能时代的重要趋势，高职教育未来发展的潜能也将很大程度上取决于如何更有效地帮助职教院校更好地协调产与教的关系，积极通过技术链与教学链的融合对接激发企业与学校共同经营产教联动的热情，促进技能包容型经济发展。

四、建设新型职业与成人技能教育联通体的策略与路径

人工智能时代数字技术的泛社会应用给教育现代化提出了全新命题，而新型职业与成人技能教育联通体建设是一项任重道远的系统性工程，是教育供给侧与劳动力需求侧结合最紧密的教育形式之一。在技术迭代、产业升级、经济格局迅速动态调整的形势下，职业与成人技能教育联通体在人力资本要素供给、满足劳动力市场技能需求变化的重要性愈发突显。从宏观理念认识上，在顶层设计中厘清新需求与新策略的互动关系极为重要，这不仅决定着教育现代化的根本方向，更影响着政策实施效果。从具体路径选择上，新型职成技能教育联通体应满足人才培养目标、课程教学方式、制度生态保障三个方向的新需求，形成高质量内生可持续的发展路径。

1. 树立新人才观，更新人才培养模式

随着产业"数智时代"的临近，为教育现代化提出的关键要求之一是树立新人才观、更新人才培养模式。诺贝尔经济学奖得主西奥多·舒尔茨（Theodore Schultz）认为教育最大的价值在于帮助个体应对社会经济发展中的不确定性。[26]随着机器学习等技术的广泛应用，各行各业都面临不同程度"被编码"的数字自动化风险。在可以预见的未来，技术持续进步将继续推动劳动力市场技能新陈代谢加速，导致技能贬值周期缩短等

现象。简而言之，未来要想在校园内一次性掌握终身所需的所有知识，习得岗位所需的所有技能将成为一项不可能的任务。随着新型"技术—生产—工作—技能"的技能需求传导动力机制，高阶认知、社会行为、综合型技能将成为企业用工技能需求的主要构成部分。数字化转型下，新岗位的需求大大增加了教育供给规划与顶层布局的难度，同时也对人才培养观念和模式提出了新要求。

在核心人才观上，新型职业与成人技能教育联通体应有别于传统的职业教育、成人教育既有育人模式，不应再将习得单一技能视为育人目标的终点，而是从培养优秀的职业劳动者转向培育优秀的终身学习者。在具体的育人实践中，应重视加强培育学生习得终身学习要素，提前培养学生具备进入职场后有效结合企业用工需求并针对性规划与重塑自身技能结构的能力。这意味着育人目标应着眼每位学生都具备良好的读、写、计算、协作解决问题能力，促进其在工作岗位中持续学习、善于应变、参与技能升级机会。在育人模式上，应更关注涵盖非认知与综合型技能的通识技能训练。例如由世界经济论坛（World Economic Forum，WEF）预测2025年"最紧俏十项技能榜单（Top 10 In-focus Skills of 2025）"的前三名分别是解决复杂问题能力、批判性思维能力、创造创新能力。[27]传统的职业教育与成人教育育人观狭隘地定义职业技能习得与岗位技能培训的物理边界，而在人工智能时代，技能需求愈发具有开放性、社会性、综合性特征。以印度为例，越来越多雇主表示对应届生面试中所展现的非认知与综合能力的评价比重超过学历与技术资格证。[28]而在荷兰，许多职教院校通过开设创业课程拓展学生的团队精神与自信心等非认知性能力，为学生运用综合型技能创造实境学习机会。[29]由此可见，在加强对学生高阶认知技能培养的同时，如何树立新人才观、更新人才培养模式，充分满足信息化时代个体全面发展的现实需要，兼顾非认知与综合型技能习得，从而实现认知、非认知、综合技能的互联共通是新型职业与成人技能教育联通体建设中必须率先回应的根本性问题。

2. 创建智慧课程，倡导校企联教

当下数字技术的迅速迭代正在重塑教育的组织形式，多样的远程学习平台、慕课课程网络为学生们提供了日趋多样的知识获取渠道，传统教育模式正面临教学数字化与智慧化的双重要求。传统的"一名教师、一间课堂"教学模式将无法满足信息互联下学习者多元知识获取与针对性技能习得的新诉求。[30]《国家职业教育改革实施方案》中明确提出了"互联网＋职业教育"积极结合信息教学技术赋能的新发展方向。随着数字化教育发展新格局的确立，课程设计亟须关注如何帮助学生完成由宽泛知识的接收者向有针对性的自主学习者的身份转变与角色认同构建，还应激发学生好奇心、提升学习期望，鼓励学生开展由兴趣驱动的自主学习探究，从真正意义上实现以学生为主导、以学生为中心的课程理念。为了实现这样的学习目标，新型智慧课程提供了新的方向指引，一方面通过数字教学技术的应用拓展学习可能性，另一方面通过数字技术助力教与学关系的重构，进一步释放每一名学生的学习潜能。

在智慧课程结合数字教学技术赋能课堂学习可能性方面，院校应积极探索如何结合前沿教育技术开阔学生视野、培养学生独立思考、鼓励团队协作完成学习任务，推动向交互式学习与个性化学习的模式转变。例如荷兰推出智能导师系统（Snappet），借助 ELO 智能算法（ELO Algorithm）技术跟踪、记录和分析学生学习过程数据，为教师教学设计与决策、个性化干预、学生学习补救及改进等提供精准的数据依据。[31]在英国，Wranx 在线技能平台则整合空间重复技术及人工智能算法为学生提供每天 3 分钟的微模块技能训练（online bite-sized training modules），提升课程内容的针对性与完成率。[32]与此同时，新技术赋能教学将有利于保障学生参与课堂互动、完成学习任务、掌握技能目标。面对高职教育中常见的高成本、高消耗、高危或极端环境实训课，基于虚拟现实/增强现实（VR/AR）等技术的虚拟仿真实训方式开辟了运用多媒体技术、人机交互技术、网络通信技术的全新教学资源边界。例如荷兰 Electude 在线学习平台借助虚拟现实技术模拟汽车修理培训真实场景，将机械维修课程单

元模块融入虚拟仿真实训中,生动地展示车辆冷却、传输与燃烧系统的工作机理,通过虚拟沉浸教学帮助学生完成车辆部件监控、故障诊断与实时检修等单元任务。[33]在这些数字教学应用的实例基础上,以桌面式、沉浸式、分布式、增强式虚拟仿真技术为重要教学推动力的实训方案不仅具有可复制、易修改、针对性强的设计特点,还能够通过人机交互与平台化"人—众"互动帮助学生在虚拟环境中反复熟悉真实的技术指标、工作流程、实操环境。

进一步看,新型职成技能教育联通体还必须重新审视传统的"教与学"关系,积极回答"教什么、谁来教、在哪学、怎么学"的重要问题。作为教育供给与技能需求间最紧密的衔接点,新型职成技能教育联通体必须将技能需求导向思维方式引入办学并贯穿教学,详细思考如何促进职业学校教育和岗位培训学习的积极互动,撬动技术资源,扭转校企合作"单相思"现状。企业作为生产一线、技能应用终端,处于对技能需求敏感度最强、技能信息准确性最好的相对优势位置。在许多国家,职业与成人技能教育的成功发展正是得益于院校与行业在密切的办学合作中整合行业资源、共担育人责任、共享人才硕果,积极开发基于真实用工需求的技能标准、推动规模化实岗实训的学徒培养模式。[34]在实践中,优质的校企合办学徒制培养方案通常善于利用信息技术手段挖掘企业端资源优势、倡导校企联教,由具有行业经验和最新专业技能的实训教师提供模块化、结构化的在岗实训与监督指导,并运用实时测评考核技术进行评估,确认学生状态与习得技能的情况。[35]在数字教学技术发展的诸多便利下,新型职业与成人技能教育联通体应积极探索如何激发企业参与热情,解决教育供给与技能需求错配,全面且彻底地释放学习潜能。

3. 保障终身学习,推动知识互通

长远来看,职业教育与成人教育的现代化不能独立于总体教育的现代化,因此,从制度生态保障层面提供全学段人力资本开发培育至关重要。现有的实证研究表明,职业教育质量的优劣与收益率差异的程度由

职业教育的生源因素决定。[36]因此,从政策设计上保障家庭、学校、政府等资源高效融合,实现全学段教育品质提升,确保学生优质学习得以延续,具有高度的现实意义。大量认知脑科学研究显示,家庭教育不仅影响着儿童早期大脑发育状况,更决定着他们进入学校后的课程学习效果;贫困家庭由于家庭教育的缺失容易造成儿童从4岁开始的认知发育明显滞后于富裕家庭儿童。[37]由此可见,在我国教育现代化过程中,必须重视家庭教育作为教育质量提升的基础性核心要素,必须加强政策手段对弱势家庭的教育资源扶持,及时协调家庭教育资源投入不均衡,遏制教育不公平加剧,为每一名学生成为终身学习者做好铺垫。与此同时,如果基础教育质量无法保障,学生连基础技能都不具备,那么将很难在职业教育与成人教育阶段实现真正有价值的技能实训,达到工学结合提升劳动生产率的目的。因此,这便要求职业教育与成人教育的现代化的基础性重心放在提升全学段教育质量,保障在校时人力资本高效积累,培养学生快速学习能力,为应对瞬息万变的技能需求做好终身学习的准备。

在教育现代化中,普通教育和职业教育发展不应成为顾此失彼的单选题,两者具备共同成为经济与社会发展双引擎的潜力。[38]近些年,由数字技术进步所推动的技能贬值加速已成为单一技能型教育的重大威胁,加快推动知识互通已成为重要的国际共识。发达国家的事实证据表明,职业教育在个体进入劳动力市场初期具有明显的技能优势,但随着时间推移,这种优势逐渐消失,而接受普通教育的个体知识结构更全面,具有更强的后发职业生涯耐力。[39]这主要源于狭隘单一技能型教育仅满足短期市场技能需求适配,而缺乏助推技能可持续再升级的灵活性特点。相应地,国际研究表明过早实行普职分流对学生有着深远的影响。一方面,终身学习素养与综合型技能的形成需要全面且扎实的通识教育作为基础。学生一旦长期存在知识结构营养不良,将极大限制其未来适应技能需求变化的技能可持续再升级能力。青年人只有熟练掌握读、写、计算、批判性思维、问题解决能力等基础技能,才能使专业技能学习变得高效。另一方面,面对人生重大决定时,学生需要足够成熟的心智状态去充分发掘自我兴趣与特长。过早的普职分流往往制约学生做出深思熟虑的知情选择。例如在波兰，1999年延迟普职分流的教育改革不仅降低了学生辍学率，还大幅提升了毕业生进入职场后的劳动生产率和工资收入。[40]由此可见，如何加强职业教育的通识性，促进普通教育的专业性是新技能偏向经济体系下的双重命题。职业教育与成人教育的现代化需要普通教育和职业教育更紧密的协同发展，特别是尽快形成人员、师资、课程等多维度、多方向流动的互通互扶机制。

五、我国职业与成人技能教育联通体建设的启示与展望

我国已迈入全面深化教育改革的关键时期，人工智能等新数字技术的泛社会应用势必为教育现代化提出新挑战，我国亟须重视协调好科技革新与技术迭代加速并进的新现实。面对新型"技术—生产—工作—技能"的技能需求传导动力机制，经济增长与技能结构适配问题将继续凸显。从宏观视角看，我国必须重视职业教育与成人教育的现代化，前瞻开展职成技能教育联通体建设，把建设一支能够迅速适应数字经济格局与知识技能密集型生产的劳动者队伍摆在教育数字化发展战略的优先位置。具体而言，职业教育与成人教育面临数字化转型的新路径：（一）重塑职业技能观念，培育终身学习素养；（二）发掘校企协作潜力，解锁课程教学新样态；（三）加快教育供给侧改革，实现全面教育现代化。

1. 重塑职业技能观念，培育终身学习素养

由人工智能推动的数字经济新格局具有极强的"技术—生产—工作—技能"传导效应，这意味着企业生产方式的变化与技术导向生产模式的普及将重塑职业技能需求，加快技能新陈代谢，缩短技能贬值周期。若不及时应对，由技能边缘化所致的低收入、低保障与非正式工作岗位将可能成为劳动力市场的新常态。若要实现技能包容型发展，那么个体必须掌握终身学习素养才能有效应对社会经济环境的迅速变化，满足劳动力

市场的技能新需求。2019年5月,联合国教科文组织(United Nations Educational, Scientific and Cultural Organization, UNESCO)在国际人工智能与教育大会上明确提出,各国应迅速推动人工智能与教育、教学和学习系统性融合,利用人工智能加快建设开放灵活的教育体系,促进全民享有公平、有质量的终身学习机会。[41]站在数字化转型的十字路口上,传统单一技能维度的人才观需要彻底重构,方能与时俱进。那些能胜任未来岗位的劳动者需具备比以往更强的技能适应性才能在社会巨变中立于不败之地,而他们未来的职业发展更需要综合型技能协调共生。这意味着在校园里,每位学生都具备读、写、计算、协作解决问题的基础技能;在工作中,劳动者必须能够迅速获取与分析信息,更加主动地争取技能升级机会,从而减少伴随技术更迭而来的就业不确定性。

2. 发掘校企协作潜力,解锁课程教学新样态

教育现代化既需要先进课程体系的引领,也需要优秀课程资源的铺垫。在打造职业与成人技能教育联通体的课程体系方面,我国应积极借鉴国际上体系成熟的校企联合办学常态化经验,灵活运用数字教学技术,持续深化产教融合,推动院校与企业发展共命运的联动激励机制。企业是职业与成人教育现代化的重要受益者与利益攸关方,但由于长期激励机制缺失、信息渠道不畅、实施经费短缺等客观原因,参与办学热情一直不高。因此,通过定向培养、成本共担、有条件返税等政策工具,鼓励企业抓住数字化转型下职业教育与成人教育现代化的历史机遇,显得极为重要。在课程资源挖掘上,通过融合信息技术、整合教育技术资源,推动技能培训通识化、多目标化发展,广泛地为学生技能综合化、多元化创造学习机会。院校应考虑普及数字智慧课堂环境,以虚拟现实与增强现实实训、人工智能辅助技术为依托开启智慧职成技能教育新形式,实现人人学、处处学、时时学的目标。随着人工智能学习诊断技术的成熟,教学内容的精准化投放、教学结果的动态监测也应拓展为教学活动的常态外延。在日常教学互动中,还可以结合远程知识共享平台课程资源,鼓励开发团队协作完成学习任务、兼顾交互与个性化学习的混合式实境学习机会。

3. 加快教育供给侧改革,实现全面教育现代化

职业教育与成人教育是现代化教育体系的重要组成部分,优质的职业教育与成人教育发展离不开全学段的优质教育供给。正因如此,职业与成人技能教育联通体的潜能能否实现,很大程度上取决于教育供给侧改革的决心与成效。从系统论视角看,教育供给侧改革是一项内容覆盖面广且社会影响深远的工程,其成败与个体和国家的命运息息相关。实现全面教育现代化的意义远超提升某一学段、某一类型教育的质量本身,它是影响着人民群众幸福生活乃至民族伟大复兴的重大任务。具体而言,我国全面教育现代化需要从以下四方面着手,在根源上形成协同教育供给机制。

第一,我国需要形成家庭、学校、政府三方目标一致、配合默契的协同教育供给模式,特别是加强对家庭教育投入、学校学习品质、政府政策效果的常态化监测、评估与干预。第二,我国应抓住学龄阶段人力资本积累的关键时期,构建促进学生认知、非认知、综合型技能的协同育人模式,综合激励教师在教学中进行教学创新探索,加强学生由兴趣驱动自主学习、团队协作、快速学习等重要职业生涯能力。[42] 第三,我国应从制度、财政、管理等多方面建立政策保障机制,构建职业与成人技能教育联通发展机制,推动职业教育与成人教育成为全面教育现代化的双引擎。第四,我国还需充分发掘数字教学技术在解决教育要素空间分布不均问题中的潜力,有针对性地将数字教育资源向教育欠发达地区倾斜,保障数字时代的教育现代化不被数字设备鸿沟阻隔,从而实现全面教育现代化。

参考文献

[1] 董文娟,黄尧.人工智能背景下职业教育变革及模式建构[J].中国电化教育,2019(07):1-7+45.

[2] World Bank Group. World Development Report 2019:The Changing Nature of Work [R]. World Bank,Washington,DC:2019.

［3］杨斌,朱恒源,曹珊珊,刘星.VIPKID：重构少儿英语教育[J].清华管理评论,2019(10)：115-120.

［4］阿里巴巴和华为采用 NVIDIA 的 Metropolis 人工智能(AI)智慧城市平台[EB/OL].(2017-09-25)[2021-01-30]. https://blogs.nvidia.cn/2017/09/25/metropolis-artificial-intelligence-ai-smart-city-platform/.

［5］郭朝先,胡雨朦.中外云计算产业发展形势与比较[J].经济与管理,2019,33(02)：86-92.

［6］马克思.资本论[M].中共中央马克思恩格斯列宁斯大林著作编译局,译.北京：人民出版社,2004：427-443.

［7］刘骥.科技变革与新型劳动力需求：教育如何有效应对[J].教育经济评论,2018,3(02)：36-51.

［8］Gregory T., Salomons A., Zierahn U. Racing with or against the Machine? Evidence from Europe[R]. ZEW Discussion Paper 16-053, 2016, Mannheim, Germany: Center for European Economic Research.

［9］Valerio A., Liu J., Butcher N. Leveraging Skills for Competitiveness in Europe[R]. World Bank, Washington, DC.: 2018.

［10］冯科,何理.互联网消费金融的创新[J].中国金融,2016(11)：32-34.

［11］Accenture. Artificial intelligence: a new driving force for economic development[EB/OL].(2020-12-01)[2021-05-19]. https://www.accenture.com/us-en/insight-artificial-intelligence-future-growth.

［12］Heckman J., Kautz T. Hard evidence on soft skills[J]. Labour Economics, 2012, 19(4): 451-464.

［13］Southwick S. Resilience: The Science of Mastering Life's Greatest Challenges[M]. London: Cambridge University Press, 2012.

［14］郑光远,刘峡壁,韩光辉.医学影像计算机辅助检测与诊断系统综述[J].软件学报,2018,29(05)：1471-1514.

［15］国家统计局人口和就业统计司.2015年全国1%人口抽样调查资料[M].北京：中国统计出版社,2016.

［16］World Bank Group. Education, Skills and Labor Market Outcomes: Results from Large-scale Adult Skills Surveys in Urban Areas in 12 Countries[R]. World Bank, Washington, DC.: 2016.

［17］OECD-ILO. Better Use of Skills in the Workplace: Why It Matters for Productivity and Local Jobs[R]. OECD, Paris: 2017.

［18］CEES研究团队.中国制造业企业如何应对劳动力成本上升？——中国企业—劳动力匹配调查(CEES)报告(2015—2016)[J].宏观质量研究,2017,5(02)：1-21.

［19］麦肯锡全球研究院.中国人工智能的未来之路[R].北京：麦肯锡咨询,2017.

［20］史秋衡,张妍.中国终身学习话语体系的嬗变与重构[J].教育研究,2021,42(09)：93-103.

［21］国务院.国家职业教育改革实施方案[EB/OL].(2019-02-01)[2021-03-10]. http://www.gov.cn/zhengce/content/2019-02/13/content_5365341.html.

［22］教育部.2018年全国教育经费统计快报[EB/OL].(2019-04-30)[2021-03-11]. http://www.moe.gov.cn/jyb_xwfb/gzdt_gzdt/s5987/201904/t20190430_380155.html.

[23] 刘骥,郑磊.人力资本与全球增长新动能:对我国教育发展的启示[J].教育经济评论,2019,4(05):17-32.

[24] 联想集团.云计算技术与应用人才培养方案[EB/OL].[2021-05-19]. http://edu.lenovo.com/index.php?s=/product/product_info/id/9.html.

[25] 崔炳辉.面向2035中国职业教育现代化的时代背景、特征与实现路径[J].中国高等教育,2020(Z1):58-60.

[26] Schultz T. The Value of the Ability to Deal with Disequilibria[J]. Journal of Economic Literature,1975,13(03):827-846.

[27] World Economic Forum. The Future of Jobs Report 2019[R]. World Economic Forum, Geneva:2019.

[28] SHL.National Employability Report Engineers[R]. SHL,Atlanta:2019.

[29] 高明.特文特大学创业型之路对我国高职院校的启示[J].职教论坛,2017(33):86-90.

[30] 刘骥,李白惠钰.教育2030框架下的教学未来联合国教师特别工作组第十二届高级别政策论坛述评[J].山西师大学报(社会科学版),2020,47(04):103-109.

[31] OECD. Digital Education Outlook 2021: Pushing the Frontiers with Artificial Intelligence, Blockchain and Robots[R]. Paris:OECD,2021.

[32] Wranx. Learning that will improve the performance of your organisation[EB/OL].(2021-01-01)[2021-02-01]. https://www.wranx.com.

[33] Electude.Welcome to the future of technical education[EB/OL].(2021-01-01)[2021-02-01]. https://www.electude.com.

[34] Smith E., Kemmis R. Towards a Model Apprenticeship Framework: A Comparative Analysis of National Apprenticeship Systems[R]. World Bank and International Labour Office, New Delhi:2013.

[35] Fazio M., Fernandez-Coto R., Ripani L. Apprenticeships for the XXI Century: A Model for Latin America and the Caribbean?[R]. Inter-American Development Bank, Washington, DC.:2016.

[36] 周正,李健.干预个体选择职业教育的文化因素探析[J].黑龙江高教研究,2010(06):5-6.

[37] 刘骥.如何应对全球学习危机?——世界银行《2018世界发展报告》述评[J].全球教育展望,2018,47(06):3-14.

[38] 王伟,孙芳城.职业教育规模和质量:哪个对经济增长影响更大?[J].教育与经济,2017(06):68-75.

[39] Hanushek E., Schwerdt G., Woessmann L., Zhang L. General Education, Vocational Education, and Labor-Market Outcomes over the Life-Cycle[J]. Journal of Human Resources, 2017,52(01):48-87.

[40] Jakubowski M., Patrinos H., Porta E., Wiśniewski J. The Effects of Delaying Tracking in Secondary School: Evidence from the 1999 Education Reform in Poland[J]. Education Economics,2016,24(06):557-572.

[41] 联合国教科文组织.北京共识——人工智能与教育[R].国际人工智能与教育大会,北京:2019.

[42] 刘骥,黄少澜.教师绩效工资的科学实效与管理实现——基于37国数据的经验分析[J].深圳社会科学,2022,5(01):149-158.

作者简介

刘 骥 陕西师范大学教育学部教授,成人教育学位点负责人,研究方向为终身学习科学

电子邮箱

jiliu@snnu.edu.cn

Chapter 10

从追赶到领先：欧盟数字化教育政策创新研究[*]

王帅杰　杨启光

摘　要：面对全球数字化转型变革的时代背景，许多国家与地区积极推进数字化教育政策创新。欧盟先后发布了《数字教育行动计划（2018—2020）》与《数字教育行动计划（2021—2027）》，积极把握全球数字化教育发展机遇，在数字教育基础设施、数字教育技能框架、数字教育内容与数字教育受益人群等方面形成了数字化教育政策创新内容，并在数字安全保障、政策实施方式、数字化教育资助体系等方面呈现鲜明的创新特点。通过解读相关文件，可为我国数字化教育带来从"教育数字化"走向"数字化教育"，关注全民数字化教育的推进，反思人文与科技之间的关系的思考。

关键词：数字化；数字化教育；政策创新；欧盟

一、欧盟数字化教育政策创新研究背景

政策创新是对政策中各要素的重新组合，是以具有积极意义的、具有价值的政策或行动取代原有政策或行动的过程，同时也对推动经济和社会发展发挥着重要作用与价值。[1]有观点认为政策创新就是政策主体根据社会发展的需要，面对新型公共问题，重新组合公共政策要素，调整各种资源配置以满足新的社会需求的过程，当政策方案效益明显优于原有方案时，政策创新随之产生[2]。造成政策创新的原因通常取决于在特定时代背景下对社会变革与社会需求的回应，欧盟数字化教育的政策创新

---

[*] 本文系国家社会科学基金教育学一般项目"百余年来国际教育发展进程中的意识形态问题研究"（项目编号：BDA220036）的阶段性成果。

也是基于一个特定的时代背景而形成的。

在当今时代背景下,随着大数据、人工智能、云计算等新一代科学技术的发展,进一步促进了全球数字化转型的变革。在数字技术革新的引领下,世界主要国家基于经济和科技发展,纷纷布局未来数字化转型战略。其中,通过数字技能和数字人才培养成为各国在全球数字化转型的强劲动力,数字化教育的发展已经成为当前世界引人注目的重要改革内容之一。

作为区域性的国际组织和全球经济发达的地区,欧盟同样不断加快数字化教育的步伐,并持续调整政策,积极开展数字化教育创新以应对全球数字化变革的挑战。早在2018年,欧盟就通过了《数字教育行动计划(2018—2020)》(Digital Education Action Plan 2018 - 2020)(以下简称《行动计划2018》)。该计划启动了欧盟地区第一个数字教育行动框架,为2018—2020年期间制定了11项行动计划,旨在帮助成员国应对在教育和培训中使用数字技术带来的挑战和机遇。[3]

尽管如此,欧盟在数字化教育方面依然面临着一些主要的挑战。在过去几年间,欧盟的数字化进程曾不及美国和中国等国家,尤其是美国大型的科技公司垄断欧盟市场,欧盟长期受制于美国"长臂管辖"。根据联合国贸易和发展会议(United Nations Conference on Trade and Development,UNCTAD)《2019年数字经济报告》(Digital Economy Report 2019)显示,中国和美国占全球70个最大的数字平台的90%,而欧洲仅占4%[4]。在此背景下,欧盟一直希望力图摆脱自身对美国的经济或技术依赖,推行"欧洲战略自主",以维护欧洲数字竞争力,维护欧洲的数字主权。除在技术、法律方面提高数字竞争力,欧盟当前也越来越注重把数字主权理念运用于数字化教育转型过程中,使欧盟各个方面具备完整的数字控制力进而提高全球数字竞争力。

随着新冠肺炎后疫情时代的到来,利用数字化教育助力新冠肺炎疫情后恢复与重建工作成为当前全球面临的重要挑战。欧盟此次把握到数字化教育发展的新机遇,2020年9月30日欧盟委员会发布《数字教育行动计划(2021—2027)》(Digital Education Action Plan 2021‐2027)(以下简称《行动计划2021》),该报告相比《行动计划2018》展现了许多创新之处,尤其关注在疫情期间的经验与教训,减少由疫情所造成的数字鸿沟,重新思考数字化教育转型的方向。欧盟针对这一系列挑战,在疫情后率先采取措施,通过公众咨询进行有效评估,并从数字教育基础设施、数字素养和数字化教学等各个方面进行系统化的政策调整,形成了具有创新性的政策内容、特点与方法。[5]正是欧盟迅速的反应、系统而全面的创新措施使得疫情后欧盟的数字化发展已超越许多国家,并从过去的追赶者逐渐走向引领者。

然而,这些挑战不仅限于欧洲。当下全球受疫情影响,为促进教与学的连续性,亟须优化数字化教育政策,弥补数字鸿沟,并在全球数字化教育转型中取得长足的进步,这对全球其他国家来说同样是一个巨大的挑战。因此,数字化教育转型具有全球政策话语的趋同性,同时又展现出欧盟地方化情境的政策创新性。从这种意义上来看,深入分析欧盟应对数字化教育转型挑战背后所表现的政策创新经验具有重要的现实研究意义。

可以看出,欧盟数字化教育政策创新是为达到政策目标所采取的新途径、新方法,它集中反映在政策的文本内容中。因此,通过研究欧盟数字化教育政策文本的发展内容、特点与经验的创新将对政策的借鉴与效仿提供重要的意义。本文主要通过对欧盟地区《行动计划2018》与《行动计划2021》的比较,同时辅以欧盟其他数字化教育政策文本,重点分析欧盟《行动计划》在疫情后所呈现的政策文本的创新内容,并从内容中寻找其创新的关键特征,最后通过分析欧盟为达到以上目标所采用的新方法与新手段,总结出欧盟数字化教育转型政策创新经验的启示,并为全球其他国家与中国在疫情后更好地把握数字教育发展机遇提供新的思考。

二、欧盟数字化教育政策创新发展的内容

政策创新存在于政策过程中的各个环节,如政策的制定、实施、评估

等。其中,政策文本内容的创新就是政策协商与制定结果的关键反映,也是政策实施与评估等环节的关键基础。欧盟通过的《行动计划2018》政策内容涉及2个优先事项与12个具体行动,但是持续时间较短,影响力不足,并且由于当时处于"内忧外患"形势下,欧盟亟须进一步更新《行动计划》以有效适应后疫情时代数字教育的变化。因此,欧盟颁布《行动计划2021》,旨在促进高性能数字教育生态系统形成和提高数字技能,包括13项具体行动。在对两次《行动计划》政策文本中涉及的具体优先事项进行对比分析后,整理出政策中涉及的新的具体行动,并总结出以下四个方面的政策创新发展的内容。

1. 不断完善数字教育基础设施建设

欧盟认为数字化教育转型的关键是在于强有力的数字化教育设备和资源的供给,这也体现在《行动计划2018》中,其中以基础设施为主导,改善学校数字设备连通性和接入性,为学校提供高速互联网,并设立"代金券计划"(voucher programme),使学校通过代金券购买供学习使用的数字设备或者服务。[6] 近些年,欧盟通过《塑造欧洲的数字未来》(Shaping Europe's Digital Future)和《2030数字指南:数字十年的欧洲方式》(2030 Digital Compass: the European way for the Digital Decade)报告,体现出欧盟在数字主权方面越来越关注基础设施和工具的建设与运用,欧盟希望通过基础设施的扩大从而建立欧洲数字主权以期望达到数字化领先地位。[7][8] 而新的《行动计划2021》与欧盟数字主权建设内容不谋而合。其中,欧盟更加关注不同地区之间的数字鸿沟问题,并继续加大对宽带设备接入性的支持,更加深化了设备设施的普及和设备可连接性在教育中的运用,主要反映在以下几个方面。首先,为了进一步缩小欧盟各成员国之间数字教育设备的差距,解决学校互联网接入不均的问题,欧盟准备利用社会企业的支持来帮助学校建设5G网络和千兆网络连接,并鼓励成员国在欧盟的支持下加强互联网接入以及购买相关的数字技术、数字学习应用程序和平台。[9] 其次,欧盟将继续加大对农村的数字化转型的投入,扩大农村互联网接入率，缩小农村地区数字化差距。此外，欧盟还将持续关注疫情下弱势群体家庭的数字化设备能否持续支持学生数字化学习的需求。

2. 持续更新数字教育技能框架

为落实终身学习的核心素养，培养21世纪的合格数字公民，欧盟在2013年发布了欧盟《公民数字能力框架1.0：发展和理解数字能力的欧洲框架》（DigComp 1.0: A Framework for Developing and Understanding Digital Competence in Europe）（以下简称《公民数字能力框架1.0》）。[10] 此后，由于数字社会的不断发展，欧盟又对该框架进行修订，2016年和2017年，欧盟又相继发布了《公民数字能力框架2.0》（DigComp 2.0: The Digital Competence Frame-work for Citizens）[11]和《公民数字能力框架2.1：具有八个熟练度水平的公民数字能力框架》（Digcomp 2.1: The digital competence framework for citizens with eight proficiency levels and examples of use）（以下简称《公民数字能力框架2.1》）[12]。

欧盟数字能力框架包括五个维度，维度一包括公民最基本的数字能力（共5个领域），维度二包括维度一中具体应掌握的能力和其中的描述（共21种能力），维度三是能力的熟练水平，维度四是每一项能力所具备的知识、技能和态度，维度五是学习与就业应用实例展示。从《公民数字能力框架1.0》到《公民数字能力框架2.0》的更新，主要是修订了维度1和维度2中各项指标的描述，精简冗余用语（见表1）。

表1 《公民数字能力框架》3个版本的变化

	维度一	维度二
信息域变革	"信息域"拓展为"信息和数据素养" "信息和数据素养域"突出了数据获取、应用和评估能力	无变动

续　表

	维度一	维度二
交流域	"交流域"拓展为"交流与协作域"	"共享信息内容"拓展为"利用数字平台共享信息" "获得网络公民身份"拓展为"采用数技术获得网络公民身份" "通过技术进行互动交流"拓展为"通过数字技术进行互动交流"
内容创作域	"内容创作域"拓展为"数字内容创作域"	"开发内容"拓展为"开发数字内容" "整合和重新阐述"拓展为"整合和重新阐述数字内容"
安全域	无变动	增加"保护个人隐私"
问题解决域	无变动	无变动

根据表1所示，框架中对公民数字素养提出了新的要求，在信息域变革中加入数字素养，突出对当前大数据应用下分析和处理数据能力的必要性；在交流域中突出利用数字技术与同伴和学习者之间的互动协作以促进个人专业发展，同时在维度二中也拓展了"数字技术"，强调跨时空和地域下公民数字身份的转变；在内容创作域方面同样突出了数字内容的重要性；在安全域中增加"保护个人隐私"以凸显公民数据保护能力的培养，总体更新内容也更符合未来数字社会的发展需求。从《公民数字能力框架2.0》到《公民数字能力框架2.1》，主要对维度三和维度五细化水平等级，并且更新维度五中数字素养在工作和学习中的应用实例，更加突出了数字素养框架的实用性，为公民更好地运用数字能力提供帮助。

而在新的《行动计划2021》中，欧盟基于人工智能等新兴技术的崛起，提出要更新数字能力框架，不仅在数字能力框架中创新性地更新与人工智能和数字有关的知识、技能和态度维度，还会提高对道德、数据保护、电子隐私、歧视与偏见等数字能力的关注,并且通过跨国收集学生数据,制定新的、更好的学生数字能力目标和适应新的社会数字技术的发展。此外,欧盟委员会也提出要尽可能使学生从小就接受数字技能的培训,并计划将计算思维、数字公民身份和人工智能课程引入初等教育。[13]

3. 不断注重数字教育内容完善

将数字技术运用于教育并非一个新的话题,欧盟在《行动计划2018》中就强调为学生和教师提供数字化的课程设计,并支持教师使用数字化教学模式和教材以提高学生数字能力。[14]但是也有一些不足之处,如所提供的数字教育内容无法适应所有成员国的语言要求,数字教育内容并不适合在职人员等。

伴随着疫情的常态化,数字教育内容的运用范围被迅速扩大了。因此,欧盟吸取了疫情时期的经验,认真考虑了教师和学生的需求,通过对《行动计划》的公众咨询,受访者表示数字教育的内容应符合劳动力市场的需要和具有职业相关性和高质量性,并且要适合所有成员国的语言。[15]因此,欧盟《行动计划2021》在数字教育内容方面带来了更多的转变空间,并提出数字教育内容的吸引力、质量和包容性至关重要。为此,欧盟提出数字教育内容可以结合数字化设备进行多样化的方式呈现,还应把虚拟现实和人工智能技术运用在教育中,帮助提供新型的教育内容。为了更有效地应对数字化转型带来的教育内容的变化,欧盟还计划于2023年后提出教育工作者数字能力框架(DigCompEdu),包括高质量教学设计、支持多种语言和内容开放性,这些内容将反映多方相关利益者的需求,并指导教育部门、教育培训者等相关利益人员为提供高质量多语言在线学习或混合学习内容提供条件。[16]

4. 持续扩大数字教育人群的受益范围

关注教育工作者和女性的数字发展是《行动计划2018》已经提到的两

大领域。在新的《行动计划》中，一些成员国认为《行动计划2018》关注对象的范围是一个主要限制，其主要在商业领域，包括致力于终身学习和成人教育的非政府组织也要求扩大政策涵盖对象。因此，新的《行动计划2021》扩大了针对成人教育与职业教育的覆盖范围，并把受益对象扩展到非正规部门和青年部门。具体措施包括利用数字教育开展终身学习，促进公民数字能力，提高劳动技能等[17]。

职业教育和培训是《行动计划2018》中涉及的一项重要内容。当前疫情下，青年工作者更迫切需要数字能力来进行社交、生活和工作。在新的《行动计划》中，欧盟对职业教育提供了更多的支持路径。如欧盟基于教育工作者数字能力框架，设计了一款数字能力自我反思工具（SELFIE）。欧盟及其他地区的学校可以使用它来反思自己的数字能力水平，而该工具也将被大力应用于职业教育培训中，各类机构和公司能够更好地将反思工具融入职业教育和青年工作者之中。[18]欧盟委员会还提出了现代化的欧盟职业教育和培训政策愿景，旨在通过数字化的混合教学方式改进职业教育，并把数字技术人才的培养纳入转型目标。[19]此外，欧盟也将进一步关注女性在数字化教育中的地位，鼓励女性选择科学、技术、工程和数学教育（Science，Technology，Engineering，Mathematics，以下简称STEM），旨在缩小性别差异。

三、欧盟数字化教育政策创新的主要特征

通过对欧盟两次《行动计划》内容的进一步分析，显示出欧盟在《行动计划2018》实施中取得了诸多进展和成果，但是也有许多不足之处。基于此，在新的《行动计划》中，欧盟充分考虑到全球数字化转型、疫情的挑战与数字主权建设等政策的制定背景，重点关注了数据安全与数字伦理等问题，并在颁布《行动计划2021》前广泛收集公众意见，进行公众咨询，重新整合新的《行动计划》的实施方案。最终，欧盟基于第一次《行动计划》实施后的经验总结与评估，形成了独特的方案体系，对以上内容的总结形

成了欧盟《行动计划2021》的主要特征。

1. 数字化教育的创新发展与安全保障并重

数字化主要包含人工智能、区块链、大数据等,这些新兴技术改变了人与人之间的关系和人与社会之间的关系。在数字世界中,所有数据都是公开透明的,这也颠覆了过往社会关系中人们信任的基础。随着疫情的影响,全球数字化教育应用增多,在数字化教育转型发展过程中伴随着越来越多的数据产出,这些数据可以被用来提高教育绩效,方便教育制定个性化学习方案以及提高教学效率等,但同时,数据被滥用的可能性也越来越高。为确保数据安全与数字伦理,加大欧盟数字市场公平性,欧盟构建了独特的基于个体主权的数字主权。因此,相比于《行动计划2018》,欧盟在《行动计划2021》中更加强调基于人本理念冀望化解数字全球化风险,并构建数字安全与数字伦理行动。

(1)强调数据运用的安全性

欧盟在数字化转型进程中,一方面为保障公民个人数据隐私与数据安全,提出要在数字化教育转型中建立关键质量标准与数据使用的关键原则以规范研究或教育中数据的安全使用;另一方面,为解除美国数字化道路的"束缚",欧盟通过加强公共部门和私营部门之间的合作,利用教育市场影响其他领域消解数字化所带来的负面影响,以制约美国互联网巨头公司,高举个体主权旗帜,通过严格的数据保护政策来争夺数字主权。

(2)关注人工智能运用的伦理性

欧盟为创造可信赖的人工智能领域以及加强数字转型的领导力,在《人工智能白皮书》中强调开发符合高道德标准和可信赖的人工智能技术。[20]在《行动计划2021》中,欧盟同样认为随着数字化时代的到来,人工智能和大数据的发展要求研究人员、教育工作者和学生对人工智能和数据的使用有基本的了解,以便能够批判性且合乎道德地使用人工智能这项技术,并充分发挥其潜力。[21]因此,欧盟制定了人工智能和教学数据使用的道德准则,加强公民对人工智能的风险认识。委员会还将通过"欧洲地平线工作计划"(Horizon Europe Work Programme)支持研究人员和学生制定人工智能和数据使用伦理方面的培训方案。[22]在《行动计划2018》中,该政策主要关注的重点还是人工智能中教与学的应用。

此外,欧洲议会和理事会于2021年4月正式提出有关人工智能法律框架的提案,并对人工智能信赖程度进行评级,如通过人工智能决定某人接受教育的机会,如考试和评分等,这将被评为高风险。[23]综合来说,欧盟更关注的是人工智能是否能够最大程度上保障人的安全和基本的权力,做到以人为本。

2. 构建一体化的数字化教育政策实施方式

数字化教育转型是传统教育系统性的变革,欧盟意识到数字化教育转型离不开政府的引导和协调。因此,《行动计划2021》重点关注政策实施过程中政府层面的指导、成员国之间的合作与交流和资金的重要性等方面,基于此,欧盟逐渐开始构建一体化的数字化教育政策实施方式,具体如下。

(1) 创新数字化教育政策实施机制

第一,整合政策实施资源。欧盟与成员国就数字教育成功转型进行战略对话,希望创造良好的数字化教育实施环境,并希望整合现有资源以实现数字化转型的突破。为此,欧盟提出出版商、技术提供商等私营部门以及学校应开放其资源和平台,并同联合国教科文组织和经济合作与发展组织(Organization for Economic Co-operation and Development,OECD)汇集专门的数字知识资源,通过不同成员国互相分享数字资源以及采用数字技术的方式收集数据作为数字资源等,这些资源的整合为欧盟实施数字化教育提供了强大的帮助。

第二,加强政策实施的系统性。欧盟尤其关注数字化教育转型实施中的整体进程,从不同层面解决数字化教育实施中所遇到的问题,建立了从数字基础设施建设到支持社会教育培训机构数字化,再到不同成员国之间制定数字化教育指南，其中不仅包括教育，还包括投资、研究和创新等各方面的具体步骤，以便为整个欧洲数字化教育战略的实施制定系统性方案。

（2）突出交流合作在数字化教育政策实施中的重要性

欧盟在制定《行动计划2021》期间，通过与广泛相关利益者的磋商，一致认为需要加强数字教育领域的合作与对话，避免政策实施的松散性。因此，欧盟首先致力于建立"欧洲数字教育中心"（European Digital Education Hub），支持欧洲成员国交流数字教育的经验，同时监测《行动计划2021》的实施情况和欧洲数字教育的发展状况。其次，加大政府、教育和培训机构、私立部门和社会公众的参与度，使全社会共同参与，构成彼此密切相关的政策实施链，形成政策实施一体化的有机体，充分发挥社会整体在数字化教育转型中的巨大价值。最后，欧盟为支持各个成员国之间相互交流与学习，支持跨部门合作交流数字化转型的学习经验，以协商数字互操作性、可访问性和质量保障的问题，同时强调深化研究和搜集数据，鼓励成员国聚焦邻国政策，积极进行政策借鉴，分享最佳实践经验。

3. 建立包容性、系统化和协同效应的数字化教育资助体系

据《行动计划2021》委员会工作文件显示，在《行动计划2018》中涉及的主要挑战是资金不足而影响到后续长期行动的可持续性[24]。因此，相比《行动计划2018》，欧盟更加认识到数字化教育转型过程中资金投入的重要性，并逐步形成了多维且立体的资助特色以赋能数字化教育转型。

（1）建立具有包容性的资助体系

欧盟通过探索新的数字化教育转型的各项需求，考虑到为了减轻疫情对经济及社会各方面的影响，帮助修复由疫情造成的经济和社会损失，建立了以尊重人权为主的具有包容性的数字化教育资助体系。具体表现为三点。首先是数字教育的可获得性。欧盟提出所有义务教育阶段儿童获得数字教育的机会必须是安全的和无障碍的，强调为儿童创造健康的

数字教育内容。此外,欧盟还将持续关注女性参与 STEM 培训机会,并使用"伊拉斯谟＋计划"(Erasmus＋)[①]帮助妇女更好地培养其数字技能。其次是数字教育的适应性。在《行动计划 2021》中,欧盟尤其关注针对弱势群体的资助,为残障群体以及有特殊需求的群体提供额外的学习机会和有针对性的支持,以适应他们独特的数字化教育需求,例如个性化的学习方式和辅导系统。最后是数字教育的可用性。欧盟成立欧洲区域发展基金(European Regional Development Fund,ERDF),旨在缩小欧盟不同成员国的数字教育基础设施差距,使所有地区都可以使用完备的数字教育设施。

(2) 形成系统化的资助体系

欧盟为提高数字化教育政策实施效率,在资助方案确定前期积极宣传《行动计划》的政策目标,鼓励公民参与以加大筹资机会,促进相关利益者参与投资项目,包括民间社会团体,数字公司等。在资助方案实施期间,采用问责制度并制定绩效指标,监测项目实施进展。在资助方案实施后期,欧盟委员会进行全面审查,评估《行动计划》的推广和影响范围,并适时提出调整或额外的资助措施。

(3) 制定具有协同效应的资助模式

欧盟通过成立多个基金项目针对不同目标进行资助,并在资助过程中对某一目标形成协同效应。2020 年 12 月,欧盟推出"数字欧洲计划"(The Digital Europe Programme),将拨款 75 亿欧元加强欧盟数字主权,其众多项目投资计划也反映在新的《行动计划 2021》中。[25]这些资金项目包括恢复与复原力基金(Recovery and Resilience Facility,RRF)、伊拉斯谟＋、地平线欧洲(Horizon Europe)等,每个资助项目根据社会各阶层的需要和项目融资范围负责不同的行动计划,不同的行动计划相互协调可促进项目整体性实施,具体见表 2。

---

① Erasmus＋,中文一般译为"伊拉斯谟＋计划",是一项以欧盟为主导,旨在支持欧洲教育与培训发展计划。

表 2 《数字教育行动计划(2021—2027)》资金来源

优先领域	行　　动	相关资金项目
促进数字教育生态系统的发展	成功进行数字教育的有利因素	欧盟和国家供资方案
	中小学教育在线和远程学习提出建议	伊拉斯谟+
	欧洲数字教育内容框架和欧洲交流平台	伊拉斯谟+
	支持互联网连接和数字教育设备	互联欧洲基金2(CEF2) 恢复和复原力基金 欧洲区域发展基金或 欧洲结构和投资基金(ESIF)
	数字转型计划、数字教学方法和专业知识的培训	伊拉斯谟+
	教育工作者人工智能道德准则	伊拉斯谟+、地平线欧洲
为数字化转型提供数字技能和能力	通过教育和培训处理虚假信息并促进数字扫盲	伊拉斯谟+
	数字能力框架	伊拉斯谟+
	欧洲数字技能证书	欧洲结构和投资基金
	数字能力标准	伊拉斯谟+
	数字机会培训	伊拉斯谟+
	女性参与STEM培训	伊拉斯谟+ 企业和中小企业竞争力计划(COMSE) 地平线欧洲

（资料来源：European Commission. Digital education action plan 2021 – 2027 resetting education and training for the digital age. Commission Staff Working Document[EB/OL].[2020 – 12 – 07]. https://ec.europa.eu/education/sites/default/files/document-library-docs/deap-swd-sept2020_en.pdf.）

从表2可以看出,伊拉斯谟+计划旨在支持欧洲教育、培训、青年更好发展的计划,因此更倾向于对数字教育转型中教与学的问题进行专项资助。[26]而恢复与复原力基金（RRF）和互联欧洲基金（the Connecting Europe Facility）是欧盟在欧洲层面进行有针对性的基础设施投资来促进生产、就业的重要融资工具。因此，该基金主要为数字化教育资助超高容量的 5G 网络建设，并支持互联网连接和数字教育设备。[27][28]此外，地平线欧洲（Horizon Europe）提出建立以人为本、符合伦理的数字和工业技术。[29]在《行动计划 2021》中，地平线欧洲计划不仅关注教育工作者人工智能伦理道德，还关注数字化转型的健康、环保和可持续性。因此，欧盟鼓励不同供资方案之间的协同作用，以促进成员国在正规和非正规教育环境中的发展。

四、欧盟数字化教育政策创新的经验与现实挑战

欧盟数字化教育政策创新为欧盟全球数字竞争力奠定了重要基础，其创新经验有着重要的借鉴意义。因此，在欧盟数字化教育创新发展内容与特点分析的基础上，分析欧盟为达到新目标所采取的新途径与新方法，以此总结出欧盟《行动计划 2021》的创新经验。同时，在政策变迁过程中也会遇到一些挑战，也会出现政策变革失灵的情况。因此，有必要指出这些问题以帮助各国采取预防措施。

1. 欧盟数字化教育政策创新的经验

欧盟在促进数字化教育转型过程中的创新经验是其在数字化教育领域领先全球大多国家的重要原因，这些经验不仅源于欧盟对当前全球数字化转型背景的预见，也是对上一次《行动计划》做出的反思和对新的《行动计划》颁布前做出准确评估的政策方案，其中既有欧盟科学决策的共识，也有欧盟在数字化教育转型中共同价值的体现。

（1）欧盟独特的数字化教育贫困治理战略

在全球数字化进程中，不同国家、区域或一个国家不同地区间，由于经济、科技以及信息与通信技术（Information and Communications

Technology,ICT)资本等存在不同程度的差距从而衍生出严重的数字化贫富差距。因此,欧盟采取独特的数字化教育贫困治理战略,针对不同数字贫困地区和贫困群体,积极采取一系列措施以缩小数字化贫富差距的经验可以有效帮助全球各个国家治理数字化贫困问题。

扬·范迪克(Jan van Dijk)提出了数字技术接入累积递归模型,该模型从心理接入(mental access)、物理接入(material access)、技能接入(skills access)和利用接入(usage access)四个阶段来解释数字鸿沟存在的原因。[30][31]该模型认为,四个阶段的数字化需求是累积的过程,前一阶段是后一阶段的基础。第一阶段即心理接入阶段,是对信息技术所产生的兴趣和动机。欧盟《行动计划2021》提出学校应在早期就通过信息技术教育培养学生对数字研究的兴趣。此外,通过数据安全和法律保障使欧盟公民在心理层面接受数字安全问题。第二阶段即物理接入阶段,指通过建立数字基础设施和加强互联网连接治理数字贫困。在此阶段,欧盟不断加强数字基础设施和互联网的建设,通过一系列资金项目弥补欧洲不同区域以及农村与城市间的数字鸿沟问题,并着重关注弱势群体数字化教育培养。第三阶段即技能接入阶段,主要指数字操作技能与知识技能。数字教育投入匮乏将会导致公民缺乏必要的数字技能,从而造成群体性的数字贫困状况。欧盟一直致力于培养教师、公民和学生的数字技能。针对公民,欧盟制定了《公民数字能力框架》,主要用于学生数字能力和就业能力评估,以及数字技能战略与政策制定的依据;针对教师,欧盟制定了教育工作者数字能力框架;此外,还制定了教育组织数字能力框架(DigCompOrg)。第四阶段即利用接入阶段,指利用数字化技术或技能,以及利用数字资源使数字贫困地区得到更好的数字化教育。从《行动计划2021》中可以看出学校主要承担了这一责任,主要表现为学校积极利用数字化资源进行更好的教与学的融合,在疫情后加大混合教育方式在学校教育的运用,并不断增加数字教育内容的治理。

(2)加强数字化教育转型的区域交流与国际合作

近年来,基于数字基础设施逐渐成为大国之间地缘政治竞争的重要地带，欧盟为建立"地缘政治欧洲"，主张通过引领数字主权，使欧洲在"地缘政治"方面持续扩大其竞争力。[32]这种外部压力使成员国利益逐渐呈现融合趋势，而数字化教育就是欧盟数字主权中的重要领域，符合欧盟成员国整体利益。同样，欧盟基于"地缘政治"的考量，也需要广交盟友，扩大其数字影响力。基于以上多种因素，欧盟为更好地建立数字化教育战略，不断加强欧盟成员国内部层面上的协调、沟通、合作与分享。如创建欧洲数字教育中心，该中心将与欧洲教育区形成协同作用，主要在于促进成员国合作和利益相关者的参与，共同带领欧盟走出危机。[33]

同时欧盟基于"地缘政治"战略，积极参与国际合作。尤其在疫情后，欧盟当局同经济合作与发展组织、联合国教科文组织合作，就数字化教育汇集专门的知识和资源，与各国分享和交流经验。此外，欧盟也将加强与其他国际组织和论坛的交流，包括七国集团（Group of Seven，G7）、二十国集团（Group of 20，G20）和亚欧会议（Asia-Europe Meeting，ASEM），以解决与数字化教育相关的突出问题。同时，欧盟也就卓越的数字化教育实践范例与西巴尔干、非洲、欧盟东部和南部邻国等国家进行合作，其目的是支持这些区域数字化发展与数字竞争力，并促进正规和非正规教育中公民数字能力的发展以及教师专业发展、青年就业能力和创业精神等举措。[34]

因此，可以看出欧盟基于政治、地理等多种因素的考量，采取广泛的交流与跨部门的合作以及国家、区域和地方层面战略的协调行动，并参与数字化教育转型全球合作是实现高质量、包容性数字教育的关键。

（3）通过公众咨询调整数字化教育政策方向

在疫情期间，欧盟成员国内大部分校园关闭以遏制疫情传播，欧洲众多学习者和教育工作者均受到不同程度的影响，为保持教育的连续性，数字技术将是唯一的方法。因此，欧盟为改进《行动计划2018》的不足之处，以及疫情危机和欧洲数字教育所面临的结构性的挑战，在《行动计划2021》成立前期，欧盟进行了大范围的公众咨询活动，旨在了解公众对《行动计划2018》的看法，以及疫情期间公众对数字教育的需求和欧洲数字教育的愿景等[35]。公众咨询的范围见表3。

表3 《行动计划2021》公众咨询范围

公众咨询范围	分　　类
利益攸关方咨询	欧盟公民,学术研究机构,非政府组织,公司或商业组织,工会,政府当局,商业协会,环保组织,消费者组织
公开公众咨询	教育工作者,父母,学习者,研究者,雇主,其他
咨询国家	欧盟所有成员国
咨询方式	在线问卷调查
咨询内容	个人信息、疫情时期暴发和恢复时期教育意见、欧洲数字教育愿景、其他关于数字教育问题

欧盟通过详细的公众咨询方案,准确评估相关利益者的不同需求,在此基础上,又从不同方面了解不同成员国疫情下数字教育现状,这也为欧盟制定《行动计划2021》提供的诸多数据支持,以此让欧盟数字化教育转型更具有针对性。

2. 欧盟数字化教育政策的现实挑战

尽管欧盟基于一系列外部因素不断促进数字化进程,然而,各成员国之间数字化转型差距依旧明显,这种差异所带来的数字鸿沟严重影响着教育的质量与公平。因此,欧盟还需要克服一系列挑战。

(1) 数字化教育的公平性有待提高

欧盟在《行动计划2018》中就针对如何解决数字教育中性别差距问题采取了相关措施,如为20 000名女学生(12~18岁)举办数字和创业技能学习班,但是当前数字技能方面依旧存在着巨大的性别差距。据欧盟2019年"数字领域的女性"(Women in Digital)项目统计,女性占欧洲一半以上人口,但是在通信技术领域中女性专家仅有17%,并且女性收入比男性低20%,具备基本数字技能的男性比例高于女性,这种差异随着年龄和数字技能水平的提高而增加。[36]此外,欧盟的数字经济和社会指数（Digital Economy and Society Index，DESI）提供了成员国数字技能的比较数据,表明44%的欧盟公民的数字技能水平仍然不足。[37]欧盟统计局在2019年调查数据中也显示欧盟各成员国之间公民数字技能掌握水平差距较大,在熟练的数字技能和基础数字技能掌握方面,保加利亚和罗马尼亚的分别为29%和31%,荷兰为80%,芬兰为76%,如图1所示。[38]

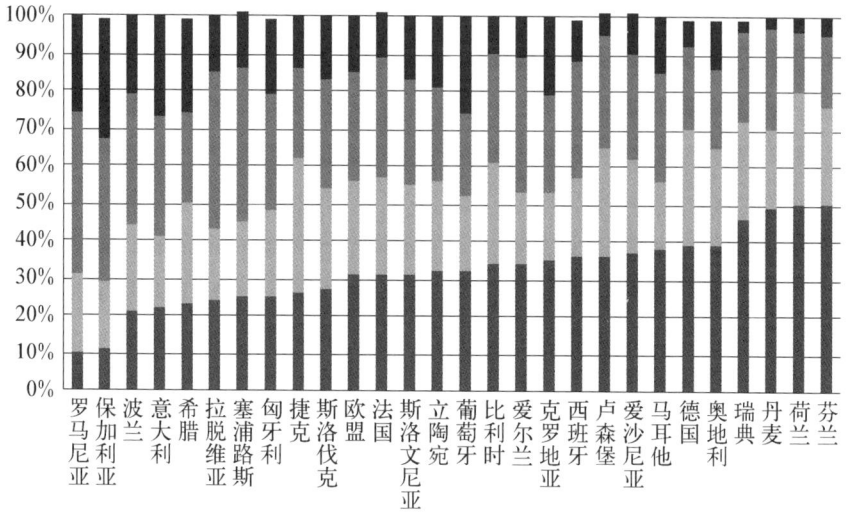

图1 欧盟成员国公民数字技能掌握情况

（资料来源：European Commission. Digital education action plan 2021－2027 resetting education and training for the digital age. Commission Staff Working Document[EB/OL]. [2020－12－07]. https://ec.europa.eu/education/sites/default/files/document-library-docs/deap-swd-sept2020_en.pdf.）

为创造公平的数字教育环境,欧盟正在为弱势群体和特殊群体创造具有适应性的数字化教育,打造适合弱势群体和特殊群体的数字化体系,并对他们提供额外的学习机会和有针对性的支持。此外,鼓励女性积极参与STEM学科,帮助女性建立STEM学科兴趣,通过媒体宣传提升女性在STEM学科中的形象,以此来促进女性在相关数字技术领域的参与度。

然而,具体实施成效还有待观察。

(2) 数字化教育转型中教与学的方式有待优化

数字技术在教育中的运用可以有效改善学生的学习质量,但是据欧盟调查显示:只有39%的欧盟教师感觉良好或准备充分,能够将数字技术用于教学。[39]为提高教师对于数字化教学的应用水平,欧盟当前正在着手设计专项教师数字化能力培养计划,并设立专项资助基金,该计划针对希望提高自身数字技能的教育培训工作者,鼓励设计创新课程和数字化教学方法,给教师提供应用机会,此外还可以给教师提供数字工具使用的相关知识,包括无障碍和辅助技术。另外,欧盟推出了教师专属自我反思工具(SELFIE for Teachers)以帮助教师识别自身数字能力,提供教育工作者有关数字技能的优势和差距的信息并即时反馈,以便教师更有效地进行数字化教学。[40]

除此之外,欧盟还为学习者提供了一套方案,如为学习者提供远程学习和混合学习等。但是通常针对在校学生,对于在职人员、青年和其他弱势群体依旧存在一些不足之处,如在线学习平台(massive open online courses,MOOC)等,由于参与人数众多,教师无法完全照顾所有学生,同时也要求个人有强大的自我激励能力。据欧盟统计局关于家庭和个人信息与通信技术使用情况的调查显示,在2019年平均有10%的16~74岁的欧洲公民在过去3个月中参加了在线课程。[41]而在混合学习模式中,线下教学由于疫情发展的不确定性导致混合学习模式具有不稳定性。针对以上情况,欧盟开发新型的混合教学模式,如小规模限制性在线课程(Small Private Online Course,SPOC)和在线学习平台混合使用等,这种新型混合教学模式将成为欧盟未来努力的方向。

(3) 数字技能证书制度有待完善

欧盟一直致力于推行能够在欧洲被广泛认可的数字技能证书文凭,在《行动计划2018》中,欧盟委员会试行了一个数字签名证书框架,即以数字格式颁发证书、文凭。随着疫情暴发,远程教育和混合学习方式开始兴起,将远程教育和混合教学与数字文凭证书挂钩是欧盟当前主要面临的问题,因为采用如 MOOC 等形式无法为学习者在就业和进修中直接提供学位和文凭等证书,企业雇主和利益相关者并不完全承认此种学习方式,尽管在新的《行动计划 2021》中同样提出要建设欧洲数字技能证书(European Digital Skills Certificate,EDSC)并以欧洲数字技能框架为基础,但目前还未开始进行试点工作。针对这一情况,欧盟仍需进一步采取措施。

五、欧盟数字化教育战略实践带给我国的思考

近年来,我国陆续颁布《中国教育现代化 2035》与《加快推进教育现代化实施方案(2018—2022 年)》,体现出我国对教育信息化的重视。同时,在疫情反复之际,我国"停课不停学"与"在家上学"等举措有利遏制了疫情的蔓延,并再次促进了我国数字教育规模的空前发展。但同时也暴露出一些问题,如未充分将数字化教育作为促进国家全方位数字化转型的发展战略,以及疫情下教师数字能力不足、在线教育资源匮乏与数字安全伦理等问题。因此,我国可以参考欧盟数字化教育经验,思考我国数字化教育未来的发展方向。

1. 从"教育数字化"走向"数字化教育"

"教育数字化"与"数字化教育"不同,前者的重点在"化",即当前教育要改变传统的教育模式,实现以教师、学生、教育设施为核心的数字思维、数字能力与数字建设的全方位的变革。我国数字化发展已经从"简单应用"走向"深度融合"阶段,教育领域的数字化转型备受关注。"教育数字化"始终关注的是教育领域之中的事情。中国共产党第十九届中央委员会第五次全体会议通过了《中共中央关于制定国民经济和社会发展第十四个五年规划和二〇三五年远景目标的建议》,提出加快数字化发展,推动数字经济与产业的数字化,打造具有国际竞争力的数字产业集群。[42]而"数字化教育"不仅是利用数字技术、数字经济、数字产业等多方位数字化

转型助力教育的数字化,同时也迈向了更高的层次,冀望围绕"教育数字化"实现国家数字化发展的重大战略。欧盟也秉持着这一数字化教育理念,对内充分利用数字化的顶层规划与行动计划,通过围绕独特的数字化教育贫困治理战略缩小欧盟成员国内部数字鸿沟,对外通过数字化教育与地缘政治相结合,以此在全球捍卫欧洲的价值观和利益。因此,我国当前可将"数字化教育"打造成为我国经济发展与对外合作的重要手段,对内借鉴欧盟所建立的包容性、系统化和协同效应的数字化教育资助体系与数字贫困治理经验,解决东、西部地区与农村和城市之间数字资源发展不平衡的数字鸿沟问题;对外通过数字化教育赋能"一带一路"发展,并与"一带一路"沿线国家就数字化教育建立数字化平台实现数据共享,并利用数字化教育援助深化数字经济合作,协同推进各国之间数字产业合作,以数字化教育实现互利共赢,捍卫我国数字主权。

2. 关注全民数字化教育的推进

在疫情期间,欧盟面向所有成员国内部各相关群体提供了数字化教育公众咨询,旨在更好地了解疫情期间所暴露出的问题与政策实施的看法,并提供有针对性的回应。这对于我国目前的数字化教育发展也具有重要的借鉴意义。

一方面,我国在政策颁布前应当公开、科学评估公民数字化教育的知识、态度、技能与学校教育数字化现状。因此,通过大范围的公众调查不仅要了解贫困地区、弱势群体与男女差异,也要了解教师、学生、家长、企业、学校等多方利益群体对于当下我国数字化教育的需求与看法,就公众意见进行合理的政策变革与政策创新。

另一方面,当前我国数字化教育与欧盟面临着同样的问题,即公民、教师、家长和教育管理者数字能力亟待提高。在疫情期间,"健康码"、在线学习、远程办公等数字化方式为所有群体提供了强大助力,也对各个群体的数字技能和数字素养提出新的挑战。到 2020 年 6 月,我国仍有近 48.9% 的公民因不懂电脑而无法上网。[43] 同时,在疫情期间,许多老教师也因缺乏数字技能而影响到学生在线学习效果。这也体现出尽管我国已经在《教育信息化2.0行动计划》和《中小学教师信息技术应用能力标准(试行)》等政策文件中提出了促进教师信息素养的发展,但效果仍不尽如人意。因此,我国需要充分思考与借鉴欧盟针对企业、教师、公民等多方群体所推出的《数字能力框架》,通过对公众公开的调查,了解教师、学生、家长、企业等多方群体对数字技能与素养的核心需求,以此出台数字能力评估的框架和标准,帮助我国公民掌握基本的数字技能,指导企业评估员工数字化能力以及为教育工作者实现高质量的数字化教育教学提供有力的支撑。

3. 反思人文与科技的关系

在疫情期间,我国公民参与数字生活的需求大幅增加,但应用数字化工具进行交流合作的安全性、个人信息的数据保护、网络空间环境挑战等问题凸显。第49次《中国互联网络发展状况统计报告》指出,截至2021年12月,38%的网民遭遇过网络安全问题,其中遭遇个人信息泄露的概率最高,占比为22.1%。[44]未成年面临着同样的挑战。据中国互联网络信息中心《2020年全国未成年人互联网使用情况研究报告》显示,27.2%的未成年半年内遭到网络安全事件的影响,34.5%的未成年遭遇过不良信息,19.5%的未成年遭遇到网络暴力问题。[45]尽管我国已于2021年6月10日通过第一部有关数据安全的专门法律《中华人民共和国数据安全法》,但仍需出台针对教育领域数据安全等问题的相关法规。此外,还要有针对性地在《数字能力框架》中增加公民与教师等群体数字伦理维度,以此更好地探索数字技术与人文之间的平衡,将数据保护作为人的一项基本技能与素养,帮助学生重塑在"数字化教育"理念层面与"教育数字化"现实进程中的社会信任与社会责任。

六、结语

当前数字化教育转型的全球趋势逐渐深化,疫情防控的常态化也加重了这一趋势。欧盟《行动计划 2021》的颁布受数字主权理念的影响，以疫情暴发和全球化数字化转型趋势为动力积极探索建设数字化教育转型战略。《行动计划 2021》的颁布可以被视为全球化背景下区域化的实践，欧盟在数字化发展方面也由此从追赶者转为引领者，欧盟的举措为各国积极采取数字化教育转型以应对疫情下教与学的问题提供了改革方向。同时，数字教育全球化也应呈现反思性转向，要充分尊重全球各个区域和国家的文化和价值差异，在此基础上更为全面、合理地探寻全球化背景下数字化教育的路径。欧盟还需要针对本区域内成员国采取更加有针对性的措施，发挥各成员国优势来继续完善政策的不足之处。同时，我国也需要积极思考如何从顶层设计出发，不仅满足人才培养的需要，更能够完成国家现代化使命。总之，数字教育的转型对于各个国家来说既是挑战也是机遇。各国都应该积极地进行全球政策学习与借鉴，以便更好地推动世界范围数字化教育系统性的改革与创新。

参考文献

［1］［2］莫勇波.公共政策学［M］.上海：格致出版社，2013：262.

［3］European Commission. The Digital Education Action Plan(2018)［EB/OL］.(2018-01-17)［2021-11-14］. https://eurlex. europa.eu/legal-content/EN/TXT/? uri=COM：2018：22：FIN.

［4］United Nations Conference on Trade and Development. Digital Economy Report 2019［R］. United Nations Publications，New York，2019.

［5］European Commission. Digital education action plan（2021-2027）［EB/OL］.(2021-12-19)［2021-11-14］. https://education.ec.europa.eu/focus-topics/digital/education-action-plan.

［6］［14］European Commission. Staff Working Document on the Digital Education Action Plan（2018）［EB/OL］.(2018-01-17)［2021-11-14］. https://eurlex.europa.eu/legal-content/EN/TXT/? qid=1554989352936&uri=CELEX：52018SC0012.

［7］European Commission. Shaping Europe's Digital Future［R］. European Commission Publishing，Brussels，2020.

［8］European Commission. 2030 Digital Compass：the European way for the Digital Decade［R］. European Commission Publishing，Brussels，2021.

［9］［13］［16］［17］［19］［21］［24］［34］［38］［39］European Commission. Digital education action plan 2021-2027 resetting education and training for the digital age. Commission Staff Working Document［EB/OL］.(2020-12-07)［2021-11-14］. https://ec.europa.eu/education/sites/default/files/document-library-docs/deap-swd-sept2020_en.pdf.

[10] 郑旭东,范小雨.欧盟公民数字胜任力研究——基于三版欧盟公民数字胜任力框架的比较分析[J].比较教育研究.2020(06):26-34.

[11] European Commission's Joint Research Centre. DigComp 2. 0: The Digital Competence Framework for Citizens[EB/OL].(2019-09-01)[2021-11-20]. https://ec.europa.eu/jrc/en/digcomp/digital-competence-framework.

[12] European Commission's Joint Research Centre. Digcomp 2. 1: The digital competence framework for citizens with eight proficiency levelsand examples of use[R]. Office of The European Union Publishing, Luxembourg, 2017.

[15][35] European Commission. Digital education action plan 2021-2027 resetting education and training for the digital age. Summary of the Open Public Consultation[R]. European Commission Publishing, Brussels, 2020.

[18] European Commission. Commission launches new tool to digitalise work-based learning[EB/OL].(2021-10-08)[2021-11-30]. https://ec.europa.eu/jrc/en/news/selfie-for-work-based-learning-launch.

[20] European Commission. WHITE PAPER On Artificial Intelligence — A European approach to excellence and trust[R]. European Commission Publishing, Brussels, 2020.

[22][29] European Commission. Horizon Europe Work Programme 2021-2022: 7. Digital, Industry and Space. [EB/OL].(2021-12-15)[2021-11-30]. https://ec.europa.eu/info/funding-tenders/opportunities/docs/2021-2027/horizon/wp-call/2021-2022/wp-7-digital-industry-and-space_horizon-2021-2022_en.pdf.

[23] European Commission. Laying down Harmonised Rules on Artificial Intelligence (Artificial Intelligence Act) and Amending Certain Union Legislative Acts[R]. European Commission Publishing, Brussels, 2021.

[25] European Commission. The Digital Europe Programme[EB/OL].(2021-11-24)[2021-11-30]. https://digital-strategy.ec.europa.eu/en/activities/digital-programme.

[26] European Commission. Erasmus+[EB/OL].(2021-12-16)[2021-12-05]. https://ec.europa.eu/info/funding-tenders/find-funding/eu-funding-programmes/erasmus_en#documents.

[27] European Commission. Contribution of National Recovery & Resilience plans to the digital transformation pillar State of play[R]. European Commission Publishing, Brussels, 2021.

[28] European Commission. Connecting Europe Facility[EB/OL].(2021-06-21)[2021-12-19]. https://ec. europa. eu/info/strategy/eu-budget/performance-and-reporting/programmes-performance/connecting-europe-facility-cef-performance_en.

[30] Van Dijk J. A framework for digital divide research[J]. Electronic Journal of Communication, 2002, 12(01):2.

[31] Van Dijk J. The digital divide in Europe[EB/OL].(2009-01-20)[2021-12-24]. https://www.researchgate.net/profile/Jan_Agm_Van_Dijk/publication/265074677_The_Digital_Divide_in_Europe/links/56cb330108ae5488f0dae83a/The-Digital-Divide-in-Europe.pdf.

[32] 解楠楠,张晓通."地缘政治欧洲":欧盟力量的地缘政治转向[J].欧洲研究,2020(02):1-33.

[33] European Commission. On Achieving the European Education Area by 2025[R]. European Commission Publishing, Brussels, 2020.

［36］European Commission.Women in Digital［EB/OL］.（2019－09－18）［2021－11－30］.https：//digital-strategy.ec.europa.eu/en/library/women-digital.

［37］European Commission.Digital Economy and Society Index［R］.European Commission Publishing，Brussels，2020.

［40］European Commission.Erasmus＋ Teacher Academies［EB/OL］.（2021－09－29）［2021－12－12］.https：erasmus-plus.ec.europa.eu/programme-guide/part-a/priorities-of-the-erasmus-programme/implements.

［41］Eurostat.Survey on ICT Usage in Households and by Individuals［R］.Eurostat Publishing，2019.

［42］中共中央关于制定国民经济和社会发展第十四个五年规划和二〇三五年远景目标的建议［EB/OL］.［2022－04－23］http：//www.gov.cn/zhengce/2020-11/03/content_5556991.htm?trs＝1.

［43］中共中央网络安全和信息化委员会办公室.第46次《中国互联网络发展状况统计报告》［EB/OL］.［2022－04－22］.http：//www.cac.gov.cn/2020-09/29/c_1602939918747816.html.

［44］中国互联网络信息中心.第49次《中国互联网络发展状况统计报告》［EB/OL］.［2022－04－23］.http：//www.cnnic.net.cn/hlwfzyj/hlwxzbg/hlwtjbg/202202/P020220407403488048001.pdf.

［45］中国互联网络信息中心.《2020年全国未成年人互联网使用情况研究报告》在京发布［EB/OL］.［2022－04－22］.http：//www.cnnic.net.cn/hlwfzyj/hlwxzbg/qsnbg/202107/P020210720571098696248.pdf.

作者简介

王帅杰　福建师范大学教育学院硕士研究生

杨启光　福建师范大学教育学院教授,博士生导师

电子邮箱

1953344011@qq.com

qgyang@fjnu.edu.cn

Chapter 11

教育数字化转型视角下编程教育的框架结构与经验借鉴
——以《K-12年级计算机科学框架》为例

侯浩翔　王小明　胡　祥

摘　要：编程教育是学校适应教育数字化转型的必要途径，其对于学生计算思维发展、实践创新能力提升的积极效用已得到广泛认可。在选修计算机学科的学生人数逐年下降，数字科技领域国际竞争压力增加，数字化教育教学手段破解传统教育困境的形势下，美国政府推行一系列编程教育政策，界定编程教育的核心概念和核心实践，明确编程教育的实施步骤和学生学习模块，建立不同教学阶段的编程教育交互模块系统，根据实践场景需要编制编程教育课程指南。可见，行政机构始终发挥了对编程教育的政策统筹安排作用，并设立开展编程教育的专项经费项目，制定教师编程教育教学的专业能力提升计划，建立系统化、组合式的编程教育教学评估体系，为编程教育的开展提供了必备的保障机制。

关键词：教育数字化；编程教育；课程教学融合；计算思维；核心素养

大数据、云计算、物联网、人工智能和元宇宙等技术的快速发展，为开展数字化的教育教学创造了技术条件，推动知识的获取方式、传授方式、师生关系发生革命性变化。为迎接数字化时代的教育转型，不少国家和国际社会组织将数字化转型作为教育变革的突破口。2020年8月，联合国教科文组织和国际电联电信发展局（Telecommunication Development Bureau，BDT）等发布《教育数字化转型：连接学校，赋予学习者权力》报告（The Digital Transformation of Education：Connecting Schools，Empowering Learners），提出弥合数字鸿沟，加强学校及优质学习资源的连通性[1]。欧盟则在同一年发布了《数字教育行动计划(2021—2027)》(Digital Education Action Plan 2021‑2027),更加注重促进高水平数字教育生态系统发展,并加强教育数字化转型的师生相关技能培养,包括数字素养、计算思维及智能知识的理解等[2]。在同一时间段,世界其他国家如美国、日本、德国等纷纷出台教育数字化转型的政策文本,将战略规划的重心放在数字化设备、资源的打造上,促使学生的数字化素养培养纳入课程教学体系。推动教育的数字化转型也受到我国政策层面的关注,2021年3月,《中华人民共和国国民经济和社会发展第十四个五年规划和2035年远景目标纲要》指出要"加快数字化发展,建设数字中国"。中国在教育领域实施教育数字化战略行动,实现数字化技术对教育教学的深层次变革。教育的数字化转型具有明确的价值导向和人才培养目标,特别是结合人工智能技术的发展潮流,必须着眼于学生的数字素养及技能培养[3]。该目标导向在近日教育部印发的《义务教育信息科技课程标准(2022年版)》中得到较多体现,要求围绕核心素养,促进学生计算思维发展,并达成"初步具备解决问题的能力,发展计算思维"的总体目标,编码和算法成为信息科技内容模块与跨学科主题的重要组成部分。

编程教育作为数字化教育的重要抓手,能够将智能技术基本理论、运行规则、框架体系等转变为学生能够接受的基础知识,进一步提高学生对编程控制、人机交互、算法程序、神经网络、智能伦理规范的认知。美国在编程教育领域开展了较多探索,设置了与编程教育相适应的政策体系。除了美国政府颁布的《为人工智能的未来做准备》(Preparing for the Future of Artificial Intelligence)等政策文本,关于编程教育的具体要求主要体现在美国《K‑12年级计算机科学框架》(K‑12 Computer Science Framework)(以下简称"框架")中,该框架是由计算机机械协会(The Association for Computing Machinery)、代码组织(Code.org)、计算机科学教师协会(Computer Science Teachers Association)等机构,以及各州、各学区共同牵头成立的科学教育社区协作完成。该框架以学科的核心概念(core concepts)、核心实践(core practice)为基础[4]。科学框架的建构和数学、科学等学科的教育标准一样,同样以学科的核心概念(core concepts)与核心实践(core practices)为依据,可以为学生参与编程学习提供针对性的参考经验。围绕教育数字化转型背景下培养学生计算思维的现实要求,有必要对编程教育的概念和特征形成初步认识,明确美国推行智能教育和编程教育的整体社会背景,具体在政策架构、教学目标、学科活动、教学实施等过程中如何实施编程教育?体现了哪些值得总结提炼的经验做法?为回应这些问题,本文综合采用政策资料分析等方法对相关材料展开剖析,考察美国在推行编程教育中的现实脉络和政策框架体系。

一、编程教育的基本概述与目标导向

编程可以简单理解为将问题解决思路用计算机能够识别的方式呈现出来,引导计算机按照该思路完成特定任务。编程教育的目的并不是仅仅使学生学会计算机编程和基本的代码应用,而是旨在利用编程培养学生的创新思维与实践问题解决能力,使学生的计算思维得以提升。西摩·佩珀特(Seymour Papert)被誉为编程教育的先驱,他在1968年创立Logo编程语言。佩珀特不仅在人工智能和数学领域颇有建树,而且对建构主义的教育理念也进行了一系列研究[5]。他对传统的教育思想进行了深度批判,认为儿童不应该被塑造为被动的知识接受者,应该以活动为基础进行创造性的、非结构化的学习交流,这种思想意识同样体现在他对编程教育的设计观念上。通过对儿童思维和学习行为的洞察,佩珀特认识到计算机编程不仅可以用来传递信息,还可以让孩子们在问题解决过程中开展实验、探索和表达自我。学生开展编程学习需要有一系列先决条件,包括应用深度阅读技能和元认知技能,以便判断如何有效并清晰地解决编程问题。哈文加(Havenga)提出学生需要有序调整解决问题的过程,纠正可能存在的编程错误,检查程序输出结果并反思编程方案[6]。如果学生不具备编程的思维逻辑并发挥算法思维,编程学习会极为困难,那些缺乏操作步骤、无效的编程语法以及问题解决策略的不当使用可能会使编程学习事倍功半。

编程教育具有较强的指向性,最终目标是促进学生的计算思维发展。周以真(Jeannette M. Wing)提出编程教育的目标就是培养学生的计算思维,并对计算思维的概念及相关特征加以明确。计算思维是指通过计算机科学的基本概念来解决问题、设计系统和理解人类行为[7]。计算思维属于递归思维,开展并行的问题处理方式。它将代码诠释为数据,并将数据转化为代码。计算思维强调解决抽象问题的概念化,而不仅仅是编程,是数字化时代处理现实生活问题的一项基本技能,我们应更加注重该技能的灵活应用;计算思维属于人类的而非计算机式的思考方式,凭借人们的智慧和想象力构建受限的计算机系统;计算思维依赖于数学和工程思维,同时为编程学习过程提供算法技能、自由构建虚拟世界的能力。佩珀特认为计算思维本质上是一个解决问题的过程,它涉及利用计算机能力的解决方案,这个方案的设计在编写第一行代码之前就开始了[8]。美国国际教育技术协会(International Society for Technology in Education,ISTE)和美国计算机科学教师协会(Computer Science Teachers Association,CSTA)将计算思维分解为六个步骤,包括:设定问题,可以用计算机等工具辅助解决该问题;对数据进行有机组织与分析;借助模型的设计和仿真,搭建数据模型;利用算法和程序进行编码,形成自动化的解决方案;识别并分析富有价值的解决方案,围绕方案的制定重新规划资源的安排;验证该方案并进行推广[9]。计算机在内存、速度和执行的准确性方面提供了技术平台,计算机还要求人们以一种正式的结构化语言来表达他们的思维,即创建程序允许人们以一种可以操纵和细化的形式外化他们的观点。编程及调试程序的过程,就是让学生组织或者调试个人思维的过程。

二、《K-12年级计算机科学框架》颁布的背景

除了数字化技术的迭代更新并日渐成熟,逐渐应用于教育领域的因

素以外，美国政府推行编程教育政策的主要原因，则是由于本国学生学习科学、技术、工程和数学教育学科（Science，Technology，Engineering，Mathematics，以下简称 STEM）的人数持续降低、多重的国际科技竞争压力和数字化教育手段对改善传统教育教学方式的巨大潜力。这些背景因素，综合形成了数字化时代背景下美国推行编程教育的主要诱因。

1. 本土学生选择计算机专业的比例持续降低

计算机科学是未来美国就业市场的重要领域，预计到 2024 年将有 440 万个计算机和信息技术行业的工作岗位，超过所有其他岗位的增长速度。数据显示，自 2008 年以来，尽管美国理工科学院和大学课程的国际学生入学率一直在稳定增长，但参加此类课程的美国公民和永久居民的数量却在稳步下降。[10] 2017 年，持有计算机科学和数学的国际签证数量有所增长（增长率分别为 11% 和 5%），但本国居民攻读计算机科学的比例一直不占明显优势。根据美国国家政策基金会（National Foundation for American Policy，NFAP）的调查，国际学生数量占计算机科学全日制研究生的 79%，没有国际学生就无法维持美国大学的本科专业和研究生课程[11]。此外，持临时签证的学生获得美国科学和工程博士学位的数量继续保持高比例，也占据获得这些领域硕士学位的大部分。2015 年，国际学生获得计算机科学、工程等学科的博士学位超过半数[12]。观察个别学院和大学，尤其是那些在科学和工程领域名列前茅的学院，这样数字对比结果更加明显。例如，在美国哈佛大学计算机科学系，半数以上（53%）的学生是国际学生；在美国普林斯顿大学计算机科学系，有 60% 的学生是国际学生；美国耶鲁大学在计算机科学领域的本国学生不超过 19%；美国普渡大学计算机科学的国际学生占 76%。由于在科学和信息技术领域接受教育的本国人才储备正在缩减，美国在对影响国际竞争力的关键技术和知识领域，维持科技创新和国家安全的能力逐渐降低。如何激发美国学生对于科技创新领域的兴趣，培养大量具有创新能力的计算机技术人才，已经成为美国教育界乃至政府决策层的重要议题。

2. 国际科技竞争促使美国更加注重数字技术人才培养

为迎接 21 世纪以知识经济为背景的全球竞争，美国始终将科技创新作为提升竞争力的关键，依靠教育质量提升、科技创新人才培养和引进来保持在全球的领先地位，特别是计算机科学技术的长远发展，越来越成为国际科技竞争的热门领域。温正胞认为，潜在的竞争危机使得美国政府将政治意图和科技创新、教育变革结合到一起，多次出台政策以促进科技创新和科技创新人才培养[13]。采用科学技术推动创新人才培养成为美国教育政策改革的重要走向，尤其是数字技术越来越成为全球科技革命和产业革新的重要推动力量。2007 年 8 月，美国参议院、众议院通过《美国创造机会以有意义地促进技术、教育和科学之卓越法》(America Creating Opportunities to Meaningfully Promote Excellence in Technology, Education, and Science Act)，并在 2010 年通过《2010 年美国竞争重新授权法案》(America COMPETES Reauthorization Act of 2010)，增加对科学、技术、工程和数学基础研究以及教育作为国家优先事项的投资重点。该政策方案迎合了现实的迫切需要。统计结果显示，仅 2015 年，美国就有超过 60 万个高新技术职位空缺，近 51%的岗位属于计算机科学相关领域[14]。可见美国一直占据优势的科技创新也在发生着地域、形式、范围及主导方面的变化，这必然导致经济和社会发展方式的转变，以及国际竞争优势的重新排序。

3. 数字化技术手段为破解传统教学质量的困境带来契机

从 20 世纪 90 年代开始，美国的学校就面临着一系列教学质量问题，由于学生背景参差不齐、有色人种和贫困学生成绩不佳、大学入学率下降、教师教学经验欠缺等情况的出现，学校的教学质量问题日益受到关注。从入学生源的情况来看，学校涌入大量年龄较大、少数族裔、非全日制以及家庭经济背景多样化的学生群体,跨背景、跨种族、跨文化的招生情况迫使学校改变单一的教学模式。数字技术的迅速发展则为破解这些问题带来转机,在一定程度上改变了求学者的知识格局。数字时代的"原住民"相比"数字移民",拥有了更多的信息技术操作能力,学生利用互联网途径能够掌握比以往更多的知识,大多数的陈述性知识均可以在互联网引擎中得到检索,而学校在此情境下应该教授学生哪些知识就成为亟须思考的问题。数字化教育能够促使教师充分发挥数字技术的互联共享、突破时空限制的优势,从传统教学中的教师备课、课堂讲解、作业布置、学生消化吸收,调整为翻转课堂的课前教学视频学习、理解基本的课程知识;课中知识分享与小组讨论,实现创意的激发及能力的提升;课后巩固教学知识,积极参与社会实践,检验创意思维成果。进一步来看,学生对于计算机技术的掌握程度,以及借助互联网技术手段的互联共享、突破时空限制的优势,并参与到数字化产品的创新创造过程中,计算机编程的学习成为变革传统的课堂教学方式、增进学生创新实践能力及综合素养的重要推动因素。

三、《K‐12年级计算机科学框架》中的编程教育体系架构

《K‐12年级计算机科学框架》实施的编程教育政策方案倾向于引导学生直接参与编程工具的动手操作,鼓励学生全身心投入到原型创作、探索求新的活动中去,项目式的学习方式受到较多关注,使学生在实验项目和开发创新产品的过程中能够发挥原创性的设计思维,其背后的逻辑旨归是学生能够在深度参与、主动探索、问题解决、团队协作的过程中得到计算思维及实践创新能力的提升。

1. 界定编程教育的核心概念和核心实践

《K‐12年级计算机科学框架》的目的是为计算机教学实施标准和课程计划的制定提供相关信息,增强学生计算机编程的能力,明确计算机教

学实施的途径,倡导学生参与计算机科学问题的学习,以创新思维和行为方式解决问题,并创建富有创意的、实用的计算机编程成果。

核心概念体现了计算机学科中最重要的学习领域,核心概念包括计算系统(computing systems)、网络与因特网(networks and the Internet)、数据与分析(data and analysis)、算法与编程(algorithms and programming)以及计算的影响(impacts of computing),这五方面内容和学生程序编程的学习具有紧密联系。其中,计算系统包括收集、存储、分析和处理信息的相关设备,构成计算系统的硬件和软件组成部分,以数字形式进行媒体联络和信息处理。网络与因特网是指计算设备通常需要连接网络来共享信息和资源,网络通信系统通过提供快速、安全的通信条件促进创新。数据与分析主要利用计算机系统来处理数据。由于海量数据的迅速增加,有必要对数据进行收集、存储和分析,以便对外部事物做出更准确的预测。算法与编程中,算法是为完成特定的计算任务而设计的一系列步骤,算法被编译成程序或代码,为计算设备提供指令。计算的影响是通过计算地方、国家和全球各地以积极和消极的方式产生的影响,同时个人通过他们的行为、文化和社会互动来影响计算系统。

核心实践指利用计算机培养学生的科学素养、创新动手实践能力,主要围绕如何使学生有效地设计创意产品来展开,强调计算思维的重要性,并对学生的交际能力、合作能力提出要求,具体包括以下七个方面[15]。培养包容性计算文化(fostering an inclusive computing culture),是指建立包容性和多样性的计算文化,使学生理解不同组织活动中的个人、道德、社会、经济和文化背景。利用计算机开展团队协作(collaborating around computing),是通过团队合作来执行计算任务的过程,学生应借助计算机协作工具开展有效的合作并完成复杂的创新任务。认识和定义计算问题(recognizing and defining computational problems),是指识别适当的、有价值的实践机会并应用计算机进行解决,对于结束高中学业的学生来说,应该具备识别那些可以通过计算解决的复杂、跨学科的实际问题。开发和使用抽象思维(developing and using abstractions),抽象是通过识别模式和从特定的案例中提取共同特征来形成的,通过管理复杂性简化开发过程,要求学生能够从一组相互关联的过程或复杂现象中提取共同特征。创造计算产品(creating computational artifacts),是指学生创造与个人相关或对社会有益的创意产品,通过组合和修改现有方法来创建计算产品,包括程序模拟、可视化、数字动画、机器人系统等。测试和优化计算产品(testing and refining computational artifacts),是指学生应该考虑所有场景并使用测试工具来调整计算产品,使用系统的流程识别并修复错误,通过多次评估和改进计算产品并实现创新。关于计算的交流(communicating about computing)涉及个人表达及与他人的思想交流,学生可以从多个来源中选择、组织大型数据集,使用与预期受众和目的一致的适当术语,来描述、证明和记录计算过程和解决方案。

2. 明确编程教育的实施步骤和学生学习模块

编程教育具体包括计算程序(algorithms)、变量(variables)、控制程序(control)、模块化(modularity)、程序开发(program development)五个方面[16]。其中,计算程序是由人类和计算机共同执行的计算机语言,学生在早期可以从现实世界中学习与其年龄相对应的算法,随着学生年龄的增长,他们可以学习算法的发展、组合、分解以及算法的评估。变量即使用各种计算机变量存储和操作数据,学生最初需要了解到不同类型的数据,如单词、数字或图片,可以用不同的方式加以呈现;随后学生应学习变量和方法,收集大量的数据并逐渐应用越来越复杂的数据结构。控制程序是计算机指令在算法或程序中执行的顺序,学生首先要学习顺序的执行和简单的控制结构,随后要将他们的理解扩展到支持复杂执行命令的结构组合。模块化包括将任务分解为简单的任务,同时将简单的任务组合起来,以创建更复杂的东西。学生一开始要学习算法和程序,可以通过将任务分解成更小的部分并重新组合现有的解决方案,接着学生要学习识别模式,以借助通用的、可重复使用的解决方案来处理常见的任务场景。程序开发是通过重复的程序设计过程进行的,直到程序员对解决方案满意为止。学生最初需要学习人们如何和为什么开发程序,而后要对程序设计中涉及用户行为约束、效率、道德和测试等复杂决策进行权衡。

编程教育的开展,要求学生能够从一组相互关联的复杂现象中提取共同特征,评估现有技术的功能并将其纳入创新设计中,创建模块并开发可应用于多种情况并降低复杂性的交互点;对现象和过程进行建模,利用模拟系统了解和评估潜在的后果。具体来看,学生应该使用迭代创新过程来进行编程创意产品的开发。第一,该过程包括对计划的反思和修改,同时要考虑关键特征、时间和限制资源以及用户期望;创建用于实际意图、个人表达或解决社会问题的计算产品,随时修改现有产品以进行改进。将复杂的现实问题分解为可以集成现有解决方案或过程的子问题,评估那些通过计算解决的问题是否适当和可行。第二,学生应借助编程工具开展有效的合作并完成复杂的创新任务。具体要求是:学生高中毕业时,能够和持有不同观点、技能和个性的人建立工作关系;明确团队规范、期望和公平的工作分配;征求并吸收团队成员和其他利益相关者的反馈,向他们提供建设性反馈;评估并选择可用于项目协作的技术工具。第三,学生应认识到编程对文化的影响,包括信仰、语言、关系、技术和机构,文化也塑造了人们参与计算编程的过程;学生应利用编程系统所提供的信息交流和表达观念的新方法;学生在使用计算设备过程中的法律和道德考量可能会影响个人信息安全行为,学生可以从早期学习数字公民的基本知识和适当使用数字媒体,过渡到学习影响编程实践的法律和道德等问题。创建有意义和高效程序的开发过程包括选择使用哪些信息,以及如何处理和存储这些信息,将大问题分解为小问题,重新组合现有的解决方案,以及分析比较不同的解决方案。

3. 建立不同教学阶段的编程教育交互模块系统

编程教育采用了逐步构建学习策略和递进式教学的原则,确定可以在学生不同发展阶段引入的学习任务,并在多个学年内开展编程教学的价值理念。在缺乏计算机科学研究的年级段,特别是在低年级学段,相关的科学和数学概念被用来描述近似适当的计算机科学知识，并指导在特定年级段放置概念。例如，程序抽象化（procedural abstraction），即将程序变量作为参数来概括某种行为，在数学学习过程中放置算法和编程的相关概念。依赖其他学科的学习进展，包括使用科学学习进展明确与计算机科学相关概念的位置，如模型、模拟以及类似的概念，对应的位（Bits）（数字信息的基本单位）和粒子、原子。例如，美国在幼儿园至十二年级的算法和编程学习中，复杂的程序被设计为交互模块的系统，每个模块都有一个特定的意义。这些模块可以是程序中的某个步骤或者独立但彼此关联的程序。这个例子说明了怎样在程序的不同部分中创建一个系统，并为共同目标进行交互的方法。在编程教育的学习阶段中，规定学生到十二年级结束时，应当理解"数据可以由多个相互关联的数据元素组成，人们可以选择如何组织数据元素和存储数据的位置"。系统的概念经常出现在计算系统的核心概念中，如计算系统的硬件、软件和用户之间存在交互关系。就编程教育在学生特定年级阶段的教授内容来看，不同年级的编程语句之间也存在着联系（见表1）。从幼儿园到小学二年级期末，算法和编程核心概念的相关陈述（开发程序来表达观点和解决问题），为理解小学三—五年级的编程语句提供了基础。

表1 不同年级两个概念之间的相互联系

幼儿园—小学二年级	小学三—五年级
算法和编程、程序发展： 人们合作开发程序，目的是表达观点或解决现实问题	计算的影响、文化： 计算技术的发展和更迭是由人们的需求驱动的，并且可以对群体产生不同的影响。计算技术影响到社会实践，并受到社会实践的影响

同一年级范围内的程序概念语句及核心概念也是存在内在联系的。例如，在小学三—五年级的教学内容中，算法和编程的模块化和程序开发概念语句是相互关联的（见表2）。

表2 同一年级中核心概念之间的联系

小学三—五年级	小学三—五年级
算法和编程、模块化：程序可以分解成更小的组成部分,以方便学生对程序的设计、编码,程序也可以通过合并已创建的较小程序来创建	算法和编程、方案发展：学生使用涉及设计、实现和评审的算法迭代过程来开发程序。设计通常涉及编排现有代码或重新混合其他模块内的程序。学生需要不断检查程序是否按预期运行,并修复或调试不正常的代码,重复这些步骤能够使学生修正和改进程序

4. 根据实践场景需要编制编程教育课程指南

通过编程知识的学习,学生对世界语言(如翻译软件)、服务学习(技术如何使不同地点的人连接、交流和合作)或社会科学(社交媒体和政治运动的互动或利用技术监测通信对社会的影响)等学科进行了实践场景分析,能够增强学生综合分析问题的能力。编程可以帮助学生在数学或科学课堂上收集或表达相关的数据,将数据和分析、算法和编程等核心概念结合起来[17]。具有编程知识储备的学生可以使用简单的基于块(Block-based)的编程环境,来创建由命令序列组成的简单算法和程序。斯特拉瓦克(Strawhacker)等认为,视觉块(visual blocks)是计算机运行动画等程序的命令的表示[18]。这些环境允许学生创建程序,而很少在传统文本语言中遇到输入障碍,同时采用基于触摸的接口和减少的命令集来使学生便捷地进行编程,在学生的操作学习中发展其程序设计能力。

在学生开始的编程学习阶段,可以依次从学习框架、算法和编程的五个核心概念入手,为计算问题解决、程序产品创建等奠定基础(见表3)。教师应当明确编程指令需要遵循特定的序列,使学生能够将复杂问题分解成更小的步骤。一系列任务可以在数字工具的使用过程中进行解释,例如,教师可以解释食品包装条码被扫描的过程,其顺序依次为扫描一件商品,在收银机上显示价格。这种数字信息的输入和输出,从扫描项目到显示器中的价格,可以由学生通过数据编程来执行。

表 3　小学编程课程指南[19]

年　级	课时	任　　务
幼儿园	13	学生将学习使用循环和事件等命令进行编程。本课程中的课程还教学生与他人开展合作,研究不同的解决问题的技巧,面对具有挑战性的任务,并了解互联网安全信息。
一年级	13	学生学习更复杂的编程活动,并解决更多种类的难题。学生将学习编程基础知识、协作技巧、调查和批判性思维技能、面对困难的长期坚持以及互联网安全信息。
二年级	16	学生将创建带有排序、循环和事件的程序。他们将研究解决问题的技巧,并制定在线和离线状态时,建立积极社区的策略。在课程结束时,学生将创建他们可以分享的互动游戏。
三年级	17	本课程首先回顾早期课程中的概念,包括循环和事件。之后,学生将加深对算法、嵌套循环、while 循环、条件等的理解。
四年级	18	学生将学习制作有趣的互动项目,以加强他们对在线安全的了解。完成这些课程后,学生将参与更复杂的编码。学生将学习嵌套循环、函数和条件。
五年级	20	本课程首先研究学生如何在他们使用的应用程序中做出选择。然后学生学习制作各种 Sprite Lab 应用程序,这些应用程序也为用户提供选择。在课程的后面课程中,学生将学习更高级的概念,包括变量和"for"循环。

四、《K‑12年级计算机科学框架》的编程教育方案借鉴

K‑12编程教育的推进实施需要综合调动政策支持、资源支撑、师资队伍培育和评估体系的多重协调效应,在教育行政主管部门的统筹安排下,引导K‑12制定相应的编程教育政策,涉及课程实施方案、人才培养目标和保障措施,并围绕基础设施建设、软件条件提升给予编程教育专项经费支持。同时,在高校、科技类企业的辅助下,为K‑12教师的编程教学能力提升创造专业的培训指导方案,在此基础上开展系统化的编程教

育教学评价。

1. 发挥政府对编程教育的政策统筹安排作用

根据对美国实施编程教育政策的分析,可以看出政府始终在相关政策的制定中占据了主导地位,提供编程教育的政策发展目标,以及相适应的教育政策法规,保障学校在中宏观政策的支持下利用编程教育培养学生的计算思维、创新实践能力以及团队合作等精神品质。可见从编程教育实施的国家战略方面来看,应充分认识到编程教育实施制度保障、战略规划的价值。编程教育在数字化教育转型中扮演着重要角色,既是数字化教育中的组成部分,也是开展跨学科教学的纽带;编程教育同时是我国数字化战略的基础,能够为国家科技创新战略提供人才来源。因此在实施编程教育方案时,需要加强行政主体在战略、思想理念或发展使命层面的协同,引导相关组织机构彼此明确各自的战略使命,建立合作关系并促进资源的优化整合,实现组织系统、体制机制以及外部支持体系的有效统一,以确保智能教育目标的达成。基于数字化发展战略的组织目标,K-12学校能够将教育行政机构、高等院校、社会机构对于数字化人才培养的价值追求,统筹于学校编程教育与学生创造力培养的总体规划中并加以实现。从教育行政组织部门的职能权限划分来看,鲍伯·杰索普(Bob Jessop)认为"政府有必要承担制度设计的责任,为社会中各式各样的组织设定目标、行动方案、时间安排以及某种行为所需承担的后果"[20]。因此,教育行政部门有责任提出编程教育的制度安排、远景规划、具体的行动策略以及协同计划等,能够使相关组织群体以合作共赢、协商一致的方式解决创新变革道路中的分歧,促进编程教育组织体系的良性运转。

2. 设立编程教育发展专项经费项目

编程教育与外部的资金与政策保障具有紧密联系,根据组织制度理论的观点,组织在开放的系统中受到外部环境的多维度影响,公共政策决定了对该组织系统的资源分配状况，编程教育实际上是一种发散性的教学组织变革过程，唯有和政策制定者与组织部门的意愿保持一致时才有可能取得成功。2016年，美国推行的全民计算机科学计划（Computer Science for All）为各州提供了40亿美元的资金，并直接为学区提供1亿美元，以通过培训教师、扩大使用高质量教学设备并建立有效的地区合作伙伴关系。美国国家科学基金会（National Science Foundation，NSF）和国家和社区服务公司（Corporation for National And Community Service，CNCS）将获得1.35亿美元的计算机科学资金。2019年，美国教育部宣布投入5.4亿美元支持STEM教育，包括计算机科学。这些资金将用于培训STEM专业相关的师资队伍，在紧急需要的专业领域提供研究生奖学金，资助接受中等教育的低收入学生人数，并扩大和改善高等教育质量。为支持数字化学习，2020年美国教育部通过的《新型冠状病毒援助、救济和经济保障法案》（Coronavirus Aid, Relief, and Economic Security Act）共筹集了307.5亿美元的资金。法案资金主要投资于远程教育，包括支持提升师生技术能力和访问（包括硬件和软件、广泛的网络连接和教学专业知识）等[21]。其他类似资金还包括联邦宽带基础设施资助、远程学习和远程医疗补助、学校宽带基础设施投入等。

3. 制定教师编程教育教学专业能力提升计划

编程教育离不开外部的智力支持，包括相应的专业知识培训、咨询、专家信息资源库等。编程教育的培训一般由教育行政部门或社会机构组织，为教师的专业知识提升和操作能力提供支持；专家咨询机制主要涉及以问题为基础的模式，教师可以通过描述他们在编程教学的探索过程中所遇到的疑难问题，如新型技术的应用、有效组织开展教学活动、创新教学策略的选择等，寻求专业人士的咨询帮助，为教师改善编程教育方式提供建议。

相关研究表明，美国的学校中缺乏合格且专业的计算机老师已经成为阻碍编程教育发展的障碍。[22]在对美国职前小学教师调查中，只有

10%的教师表示他们了解计算思维的概念;75%的教师错误地认为在计算机上创建文档或演示文稿是掌握计算机课程的表现,这表明教师的计算机素养仍有较大的提升空间。在一些学校中,通过组织教师参与夏季计算研讨会来提高K‐12的教师编程应用水平。例如,有的工作坊侧重于使用Scratch和Alice这两个用于制作简单游戏和动画的程序,向所有K‐12级的计算机、技术、数学和科学老师介绍计算的概念和应用[23]。另外,美国教育部门还启动了"计算机验证计划"(Computer Validation Plan),满足计算机学习的最低内容和知识要求,为教师提供临时许可证明;鼓励职前教师将计算机课程作为其学位课程的一部分,借此获得计算机认可证书。美国谷歌公司也在为大学生启动新的职业准备计划,开发新的职前教师培训计划。通过计算机课程要求的本科生将获得谷歌软件工程师的职业指导,谷歌公司的K‐12教育团队投入巨资以解决教室中无意识的偏见、支持开发职前教师培训,解决弱势社区中计算机教师的短缺问题。

4. 建立系统化、组合式的编程教育教学评估体系

基于组合式的评估方法对于测试编程教育课堂教学的有效性至关重要,这些任务应该允许学生以多种方式展示他们对于编程的理解程度,借此突出展现学生的创造力、兴趣和理解力[24]。因此,这些评估方式可以帮助教师更全面地了解学生的计算机知识和推理过程。区别于传统的结果评估方式,非传统的评估可以用来衡量学生对算法、计算思维和问题解决能力的掌握程度,而这些能力通常很难用试题来衡量。计算机科学原理课程(The AP Computer Science Principles course)采用了可自由获取的程序任务和相关规则,这些规则是教师设计教学评估的起点。

传统的学习评价方式多采用单一形式,包括基于目标导向的量化评价方式,注重学习评价的客观性及科学性,能够直观地反映学生知识水平的掌握程度,但量化的评价方式无法揭示具体的学生能力发展机制;同样,单纯采用质性的评价机制,既难以做到完全的客观评价,也对评价人

员的素质、时间具有较高要求[25]。因此有必要将测量量表与调研访谈、档案袋评价结合起来,建立定性与定量相结合的编程教育评价方式。亚达夫(Yadav)等人认为大多数计算机科学评估主要集中在编程,忽略了计算机科学的其他方面,如数据分析或计算机对社会的影响[26]。例如,教师可以评估学生在分析不同加密算法中的能力,但容易忽略算法性能(算法和编程)以及网络安全(网络和互联网)的概念学习。即使编程是计算机学习的重点,学生也不应该仅仅被评估是否具有编写程序的能力,以及是否具有与他人沟通产品价值和开发过程的能力,包括成员之间的协作初中。学生可以提交用于编程项目制作的计划文件,就实施项目对目标群体产生的影响进行演示,以及如何对团队项目进行有效的团队组织研讨。

参考文献

[1] The Digital Transformation of Education: Connecting Schools, Empowering Learners [EB/OL].(2021-10-17)[2021-12-10]. https://www.broadbandcommission.org/publication/the-digital-transformation-of-education/.

[2] Digital Education Action Plan (2021-2027)[EB/OL].(2021-10-22)[2021-12-10]. https://education.ec.europa.eu/focus-topics/digital-education/about/digital-education-action-plan.

[3] 祝智庭,胡姣.教育数字化转型的实践逻辑与发展机遇[J].电化教育研究,2022,43(01):5-15.

[4] 赵中建,周蕾.作为一门学科的计算机科学——美国《K-12年级计算机科学框架》评述[J].全球教育展望,2017,46(04):52-66.

[5] Papert S. What is Logo? Who needs it[J]. Logo Philosophy and Implementation, 1999: 4-16.

[6] Havenga M., Breed B., Mentz E. Metacognitive and problem-solving skills to promote self-directed learning in computer programming: teachers' experiences[J]. SA-eDUC, 2013, 10(02):1-14.

[7] Wing J. M. Computational thinking[J]. Communications of the ACM, 2006, 49(03): 33-35.

[8] Papert S. A. Mindstorms: Children, computers, and powerful ideas[M]. Basic books, 2020: 414-423.

[9] Computational Thinking for All[EB/OL].(2021-10-22)[2021-12-10]. https://www.iste.org/explore/computational-thinking-all.

[10] She Q., Wotherspoon T. International student mobility and highly skilled migration: A comparative study of Canada, the United States, and the United Kingdom[J]. Springerplus, 2013, 2(01):1-14.

[11] The Importance of International Students to U. S. Science and Engineering[EB/OL].[2021-11-10]. https://www.immigrationresearch.org/node/2617.

[12] Science & Engineering Indicators 2018[EB/OL].[2021-11-10]. https://www.nsf.gov/statistics/2018/nsb20181/.

[13] 温正胞.科技创新与竞争力:二十一世纪美国高等教育发展战略关键词[J].教育研究与实验,2016(04):61-67.

[14] Computer Science for All Proposal[EB/OL].(2017-01-19)[2021-12-10]. https://oese.ed.gov/stem/computer-science/computer-science-for-all-proposal/.

[15] Framework Statements by Grade Band[EB/OL].(2016-04-18)[2021-12-10]. https://k12cs.org/framework-statements-by-grade-band/.

[16] K-12 Computer Science Framework[EB/OL].(2017-10-17)[2021-12-10]. https://k12cs.org/wp-content/uploads/2016/09/K%E2%80%9312-Computer-Science-Framework.pdf.

[17] Humble N., Mozelius P. Teacher perception of obstacles and opportunities in the integration of programming in K-12 settings[C]. Proceedings of International Conference on Education and New Learning Technologies, 2019: 350-356.

[18] Strawhacker A. L., Bers M. U. ScratchJr: Computer programming in early childhood education as a pathway to academic readiness and success[C]. Poster presented at DR K-12 PI Meeting, 2014: 5.

[19] Computer Science Fundamentals[EB/OL].(2017-10-17)[2021-12-10]. https://code.org/educate/curriculum/elementary-school.

[20] Jessop B. The rise of governance and the risks of failure: the case of economic development[J]. International social science journal, 1998, 50(155): 29-45.

[21] Funding Digital Learning[EB/OL].[2021-12-25]. https://tech.ed.gov/funding/.

[22] Upadhyaya B., McGill M. M., Decker A. A longitudinal analysis of k-12 computing education research in the United States: Implications and recommendations for change[C]//Proceedings of the 51st ACM Technical Symposium on Computer Science Education, 2020: 605-611.

[23] Liu J., Lin C H., Hasson E P., et al. Introducing computer science to K-12 through a summer computing workshop for teachers[C]. Proceedings of the 42nd ACM technical symposium on Computer science education, 2011: 389-394.

[24] 侯浩翔,张先义,王旦.教育机器人可以提升学生创造力吗?——基于48项实验与准实验研究的Meta分析[J].华东师范大学学报(教育科学版),2022,40(03):99-111.

[25] 高凌飚.过程性评价的理念和功能[J].华南师范大学学报(社会科学版),2004(06):102-106+113-160.

[26] Yadav A., Burkhart D., Moix D., et al. Sowing the seeds: A landscape study on assessment in secondary computer science education[J]. Comp. Sci. Teachers Assn., NY, 2015: 1-29.

作者简介

侯浩翔　江南大学教育学院副教授,教育学博士,研究方向为教育政策学、教

育数字化等

  王小明 浙江省教育厅教研室教研员,研究方向为教育数字化等

  胡 祥 北京师范大学校长培训学院培训部副主任,研究方向为教育管理、教育数字化等

电子邮箱

1296910644@qq.com

Part 3
实践探索

Chapter 12

数字化重塑教育教学新模式
——上海市宝山区推进教育数字化转型创新实践

张 治 吴逸民 张云峰

摘 要: 数字化转型已成为推动社会高质量创新发展的核心驱动力。教育作为立国之本,如何借助数字技术与传统教育教学深度融合,促进教育教学模式变革和教育教学体系变革,已成为教育领域新的聚焦点。宝山区作为上海市推进教育数字化转型实验区,从问题和需求出发,坚持整体性转变、全方位赋能、革命性重塑,以教育教学模式改革为核心,开展了智能教育助手、智慧同侪课堂、教学评价改革等创新实践,形成了数字化推进教育教学模式重塑的区域经验。

关键词: 教育数字化转型;教学模式;教师队伍建设;大数据;人工智能

随着大数据、人工智能等数字技术的快速发展和深入应用,基于数据的新理念、新模式、新方式不断涌现,给人们的生活、生产、学习带来了深刻影响。在数字技术的浪潮下,数字化已成为驱动社会发展的核心力量,得到国家层面的高度关注。作为立国之本的教育领域,数字技术与教育教学的深度融合是加快推进教育现代化的牵引力量,也是国家未来发展的战略制高点。在教育部发布的《教育部2022年工作要点》[1]中,特别提出"实施教育数字化战略行动",积极探索"互联网+教育",重塑教育教学模式,构建更有效、更有趣、更有用的高质量教育教学方式。

作为上海市教育委员会批复的首批教育数字化转型试点区以及教育部公布的上海首个人工智能助推教师队伍建设试点地区,宝山区近年来在数字化赋能教育的实践过程中大胆探索,围绕教育管理者、教师和学生三大教学主体,聚焦教育教学理念更新、教学育人方式变革、师生信息素养提升、全方位提升学校数字教育教学水平[2]，以数字教学的实践应用为抓手，以教育教学模式改革为核心，让"课堂教与学"数字化转型从设想渐渐变成现实，成功构建了区域的教育教学新生态[3]。本文以上海市宝山区当前教育教学的瓶颈问题为切入点，深入分析解读上海市宝山区教育数字化转型的创新实践经验，探讨数字化教育教学建设的可行模式和发展方向，以期为我国教育教学模式数字化转型提供借鉴和启示。

一、宝山区教育发展问题分析

宝山区作为上海市教育人口基数第三的大区，具有城乡接合的特征，是人口导入的城市重要节点。全区教职工约1.8万名，学生约18万人，有各级各类教育单位340所。① 宝山区教育发展存在以下三点突出问题：

一是教育教学资源紧张，资源分布结构失衡。由于城市化进程中，人口持续流入，教育资源无法满足不断增长的教育需求，教育资源紧缺矛盾明显。而在教育资源的空间布局中，优质教学资源多集中于淞宝板块，城乡学校教育发展不平衡，新老学校具有一定差距，进一步加剧需求矛盾。

二是教育教学信息化水平整体不高，校际差异显著。教育信息化多为碎片化、个性化建设，可复用性不高，整体应用建设路径不清晰，在研修、教学、培训、应用和评价上缺乏完整的信息化管理闭环。另外，学校间信息化投入也有较大差距，数字鸿沟明显。

三是教师队伍信息素养整体较弱，亟待加速提升。由于干部教师年龄偏大，理念较为滞后，再加上教师信息化能力培训不足，导致教师运用数字化工具进行课程设计、课堂教学和课业辅导的主动性、积极性不高，全员参与数字化转型的实践应用环境尚未形成。

为突破教育发展面临的"优质资源不均衡、课堂教学不高效、育人模式不灵活、建设投入不集约"四大困境，宝山区希望通过数字化转型之力，

---

① 数据来源于2021年上海市宝山区教育统计报告。

促进宝山教育更加公平均衡、优质高效、个性灵活和智慧绿色。

二、数字化教育教学模式的总体设计

1. 工作目标

宝山区围绕教育现代化和教育综合改革目标,积极探索教育"新环境、新体系、新平台、新模式、新评价"建设,激发教育教学发展的内生动力和活力。以深入推进教育治理数字化平台(环境)为基础,以教育教学模式改革为核心,以"两个减少、一个增加(即学生学习负担减少,教师低智慧的工作量减少,但学生的学习效果能够提升)"为目标,以教师教学辅助和学生自适应学习系统建设为突破口,以数据智能驱动的教育质量监管和教育评价改革为抓手,以教师信息素养培育为关键,以数字教育资源建设为基础,聚焦教、学、管、考、评、研、资源等应用场景,构建泛在、智慧的教育环境,改变课堂灌输、作业操练为主的教育模式,解决教育公平与效率问题,实现引领智能时代教育范式创新,教育教学模式更加灵活智能,人才培养方式更加个性多元,教育评价更加科学精准。

2. 总体框架

基于进化论、催化论、应变论、嬗变论和智慧教育论等五个层面的机理逻辑[4],宝山区聚焦人工智能技术,赋能教师素养、教学创新、教师培养、教学管理等重点内容,建设宝山区教育数字基座,打造具有本土特色的紧密型区域集团化办学模式品牌,通过信息技术实现多模态数据的全方位感知,结合知识图谱、数字画像等技术,搭建新时代教育工作环境与学习平台,创新教育治理新基座、教育教学新形态、教师专业发展新模式,深入推进信息技术与教育业务的深度融合创新,扎实推进教师队伍建设与机制创新,全面提升教师队伍核心专业素养和核心专业技能发展的内生动力和活力。(见图1)

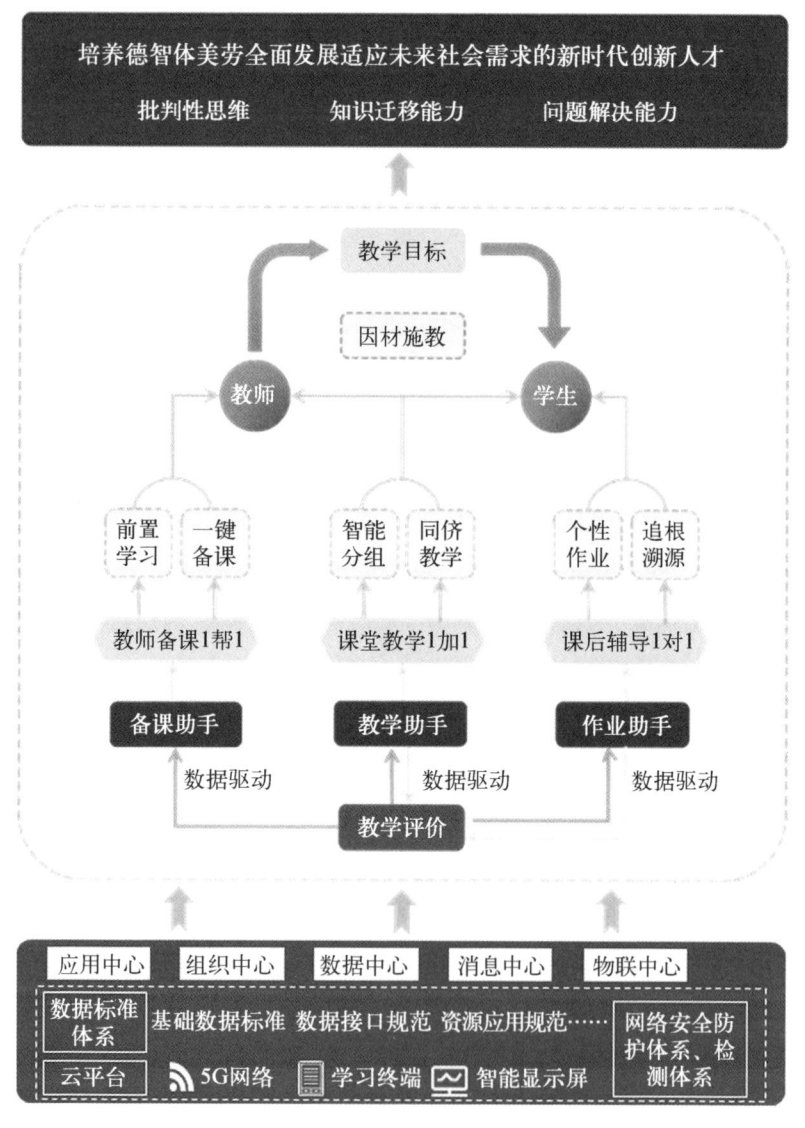

图1 数字化推进宝山区教育教学模式重塑的总体框架

(1)支撑层:基建重塑,宝山教育数字基座全面赋能

宝山区以教育新基建促进线上线下教育融合发展,推动教育数字化转型、智能升级、融合创新,支撑教育高质量发展[5],围绕应用、组织、数

据、消息、物联五大中心,全面规划和有序推进新型数字化基础设施建设和应用体系建设,构建集约化、规模化、标准化、系统化的教育教学智能数字基座。一是建立大存储容量的云平台,通过5G网络和智能教学终端设备,构建覆盖全体教师和适龄学生的"人人用空间",打造人、机、物三元融合的教育智能体,实现教学场景立体化、教学氛围沉浸化。二是建成集人防、技防、云防于一体的全方位网络安全防护体系及监测体系,确保系统环境、程序和数据的安全、可控、全时可用,建立网络安全管理一体化运营中心。三是构建区域教育信息化标准规范体系,明确基础数据标准、数据接口规范及资源应用规范,实现市、区、校数字资源联动贯通。

(2) 应用层:模式重塑,宝山未来宝引领教学范式创新

着眼于教育教学和课后辅导的现实需求,通过人工智能算法,利用智能教学终端支撑高质量教学全流程的落地,打造数据驱动的3个助手,实现教师备课1帮1、课堂教学1加1、课后辅导1对1,推动研修、教学、作业、评价的动态闭环管理,构建因材施教的智能教育教学新模式。

在课前,备课助手可以实现教师备课内容的精准推送,帮助教师在学情分析、目标制定、单元设计等环节实现数据驱动的智能化一键备课;在课上,教学助手通过实时数据反馈和交互功能进行智能分组,促进学生全员自主学习、互动交流、自主探究,提升课堂效率;在课后,作业助手为学生深度定制个性化的学习路径,沿着学生的最近发展动态推送针对性的练习与微课,实现基于学生数字画像的智能1对1辅导。

(3) 目标层:愿景重塑,培养适应未来社会需求的新时代创新人才

在当今时代,大数据、人工智能、云计算、量子科技等新兴科学技术携万钧之力奔涌而来,社会发展日新月异,社会变革进程加快。国家安全、经济高质量发展都依靠科学技术发展,关键技术突破和创新人才培养成为未来国际竞争的关键。创新人才的培训是基于个性化的因材施教,引导学生自我思考、自我探索,培养学生具备批判性的思维整合能力、知识迁移能力、解决问题能力,让其从容应对各种不确定性和挑战,激发自身潜能。工业时代孕育出的"流水化""标准化""程式化"传统教育教学模式

显然无法满足新时代创新人才的培养需求。

宝山区数字化教育教学模式始终坚持因材施教理念,运用信息技术、人工智能、知识图谱等新兴技术构建新时代教育环境和学习平台,通过个性化、高质量、多元化的教育教学模式,激发学生的学习动力,培养学生的思辨能力、学习能力和解决问题能力,构筑其适应未来社会需求的核心竞争力。

三、宝山区数字化推进教育教学模式的创新实践

1. 创新举措

宝山区围绕"人才强教"改革战略,以教师和学生为服务群体,运用人工智能、知识图谱、数字画像等信息技术聚焦教学服务、教学课堂、教学资源、教育评价等重要应用环节,创新教育治理基座,重塑教育教学模式,构建教育教学新形态,全面激发教育内生动力和活力。

(1) 打造智能教育助手,促进教学服务模式的革命性重塑

智能教育助手着眼于教学能力提升和学生高质量发展服务体系,从教师备课、课堂教学、课外辅导三个维度深度赋能教师发展和学生学习,提高教师备课效率,丰富课堂教学形式,精准布置差异化作业,实现大规模因材施教,减轻教师不必要负担和学生无效化任务,激发教育教学的内外活力。

① 教师备课"1帮1",为教师提供智能备课助手

打造线上共享教育资源池,实现优质资源互享互用。基于数字基座,链接数字教材、空中课堂、校本资源、教师个人资源、标准化教案等优秀教学资源,支持定制化资源标签服务,帮助教师高效备课。教师也可将个人优秀的备课讲义、学案上传分享至资源池,供其他教师、学校、区域使用,实现协同教研。

提供学情分析,实现精准布课。备课助手支持课前学情大数据分析服务,帮助教师准确掌握学生情况。根据教学重难点与学生学习能力,靶

向推送优质教学资源和个性化学习资源,并提供全局检索服务,帮助教师快速补充所需教学资源,通过"一键组讲义"的功能实现精准、高效、科学备课。此外,教师还可以通过 PPT 备课助手、知识导图等服务,快速创建个性化、高质量互动课件,丰富讲课形式。

② 课堂教学"1 加 1",为教师配置智能教学助手

打造智能课堂,实现高效互动。教学助手支持移动授课、直播授课、与名师课堂实时连通授课等多种授课模式,丰富授课形式。在授课过程中,教学助手全程记录、分析课堂各环节数据、课堂表现、学生课中表现、教师给予点评等信息。并基于课堂学情,借助相似题推荐引擎,自动推送不同难易程度的练习,帮助教师在课堂中为不同层次的学生提供差异化的教学资源和策略,动态调整课件讲义,开展即时智能分组的探究式学习,与学生进行多屏互动答疑讨论,极大提高教学质量。

提供自动整合服务,减轻教学负担。授课结束后,教学助手将自动沉淀重难点和板书信息,形成课堂记录与授课数据,主动推送给学生。学生可对课中未掌握的知识点和教师讲解的方法反复进行视频学习,查漏补缺,巩固学习成果。

③ 课外辅导"1 对 1",配置教师作业助手和学生智能学伴

提供智能批阅工具,全面提升教师作业设计、批阅和点评能力。教师根据作业助手提供的学生数字画像,自主选择音、视、图等多样化形式,为每个学生安排针对性作业,避免学生无效练习。同时,教学助手为教师提供自动批阅工具,自动追踪、汇总教师批阅备注,教师在课中讲评课件时可自由调用。批阅完成后,教学助手将自动对作业数据进行统计分析,向教师提供学情汇总、作业得分情况分析、错题分析、成绩分布分析、统计报表、成绩单等内容,帮助教师了解学生完成情况,快速定位学生问题,有针对性地改进学生薄弱点。

提供个性辅导,助力学生高效、高质学习。学生智能学伴依托学科知识图谱、学习行为数据、人工智能算法,探索自适应学习模式,根据学习者成长报告,智能规划学习路径和资源,推送个性化作业和辅导视频,助力

大规模因材施教和学生学习减负增效。

(2) 首创智慧同侪课堂,形成众智汇聚的教学教研新形态

作为宝山区教育数字化转型背景下的课堂新形态,智慧同侪课堂是指通过国内首创的融合 5G、边缘计算、物联网、人工智能、虚拟现实/增强现实(VR/AR)、数字建模及全息技术的智能教学终端,构建交互式数字化教育环境,构建"1+N"教育联合共同体,可实现"1+N"同步备课、"1+N"同步上课、"1+N"同步教研、"1+N"同步研训以及"1+N"同步课后延时服务等应用场景,打破了地域与时空限制,优化组合区域内名校优质学科教学资源,实现异地同步的线上线下融合式教学教研新形态,推动优质教育资源共享均衡。

① 智慧同侪推动跨区域教学帮扶

通过智能教学终端,连接教育发达地区与边远地区的乡村学校,实现教育扶智行动由"输血式"向"造血式"转变,使教育扶智项目辐射更多的学校、教师与学生,让教育扶智的效益最大化。

② 智慧同侪助力校际共同发展

通过智能教学终端,实现集团内部学校在教育理念、管理水平、队伍素质和教学水平的全面同步提升,建立教育集团"教、研、培"一体化平台,充分发挥集团资源整合优势。并依托市级在线学习资源平台组建集团资源库,加大集团品牌课程、特色课程的研发力度,扩大集团资源辐射和品牌影响范围,实现教师之间的"四项联合"的研训方式,实现"让学校管理更轻松、教师课堂更灵动、学生学习更自主、家校关系更融洽"的教育愿景,达成"构建智能时代的高质量发展体系"的教育发展目标。

③ 智慧同侪实现教师协同教研

创造良好的机制,把过去"单干户"的教师分为教学设计者、演讲者、陪伴者、技术支持者。设计者精心设计每一单元的课程教学,从理念到技术,从实施到评价,基本上要做到一个单元的教学设计就是一篇教学论文。设计者不但设计,还要为其他教师分析讲解,通过说课和论证,协同教研,既是同化理念,沟通提升的过程,也是各陪伴者通过课堂操作各环

节形成广泛共识的过程。同一个脚本的教学,可以被各班级的科任教师灵活使用。演讲者可以是设计者本人,也可以是那些口才好、语言幽默、有亲和力或颜值高的教师,确保每一堂都精彩,引人入胜。陪伴者要在课堂活动、个别辅导和学习组织等环节科学操作,他们成为学习的组织者和服务者。技术支持者则对同侪班级的反馈情况、作业情况的数据进行分析挖掘,或者为设计精美的动画、游戏等提供技术支持,可以作为后台存在。在合理的机制保障下,越来越多的陪伴型教师愿意放弃课堂上的专业"权威",设计者也愿意分享自己的杰作。

④ 智慧同侪构建教师学生新画像

通过智能教学终端,采用人工智能技术与大数据分析,形成教师专业发展能力数据、行为数据以及学生学情相关数据三个维度的数据模型,构建教师数字画像与学生数字画像,通过科学的相关性分析,形成教学相长的数据模型,为教师制定合理教学策略,管理者教育决策提供有效的数据支持,推进基于数据驱动的教师队伍建设的新生态发展。

⑤ 智慧同侪打造合作学习新模式

通过智能教学终端,利用数字建模以及人工智能技术构建的 5G+数字空间环境,开展基于项目式学习(Project-based Learning,PBL)理念的沉浸式课后延时服务活动,有效帮助学生通过小组式合作学习,引领学生碰撞思考的火花,在"双减"后的课后晚托服务中体现出优势。

(3) 推进全学科知识图谱,实施优质教学资源的智慧化改造

知识图谱的本质是揭示实体之间关系的语义网络,可以运用信息可视化技术分析、描述、展示知识资源的核心结构、发展历史、延伸领域、整体架构等相关信息,将多学科知识进行延展串联和深入融合。教育领域的知识图谱,核心是把实体教材数字化,以自下而上的方式实现实体(即知识点)的知识图谱化。因此,全学科知识图谱推进重点便是建设数字教材。

宝山区积极整合各方资源,探索以知识图谱为管理模式、以数字教材为应用形式的构建方式,遵循"课程多样、文理兼顾、随机采样、多层比对"

的试点策略,围绕"教师、学科、班级"三位一体,着力于数字教材建设,大力推进优质教学资源智慧化改造,探索数字教材引领的体验式学习、沉浸式学习、游戏化学习、研究性学习等教学新形态、新模式[6],形成基于区域信息化实情的数字教材与课堂教学深入融合的应用推进路径。

① 协同研训、学用一体,扎实推进常态化应用生态

作为知识图谱的重要展现形式,数字教材的常态化应用无疑是实现信息技术赋能教与学深层次转型的基础。教师的数字教材应用能力不仅表现为技术的熟练程度,更表现为通过有品质的教研和实践活动,将技术融入教学过程的能力。

宝山区经过两年多的实践摸索和经验总结,通过开展以校为单位的研讨活动、组织跨校的交流活动、举办区级的展示活动、参与市级观摩学习活动的"四级活动轮动",组织教学专家团队、实践管理团队、教学骨干教师,以课例为载体,有序推进数字教材常态应用,形成了由教师自主教学设计、校级教研组把关、区级信息与学科教研专家团队联合打磨的协同教研实践模式,不断促进数字教材平台及资源的结构性功能完善,有序推进知识图谱扩展构建,深入推动基于知识图谱的教育模式变革。

② 多元开放、以评促用,全面提升整体性应用成效

宝山区秉承鼓励先行先试、求突破、蹚路子、创经验的宗旨,构建绩效选优、搭台创优的数字教材实验项目教师激励机制,鼓励教师将个人的知识体系架构转化为数字教材,推动知识图谱构建。一是组织区级"数字教材应用案例与论文"评选活动,鼓励教师基于教学实践提炼经验,并积极创设机会鼓励教师参与市级乃至全国级别的高层次相关活动的评选。二是积极联系并主动申请承办市、区级数字教材学校应用研究交流展示活动,为实践教师展示个人素养、发表教育教学作品、提升教学能力创造条件。

同时聚焦"以评促应用、以评促创新"的理念,建立全程跟踪、量化评价的考核机制,通过区级项目组的常态课考核、校际应用展示课、日程教学公开课的方式,进行教学案例、课堂活动、课堂成效等评价,确保数字教材的应用实践活动的管理闭环,促进实践应用能力的提升,助力数字教材

案例质量的精准化改进。

③ 课题引领、专项设计，深入探索融合性创新应用

专题研究是教师信息技术应用能力提升的高效途径。聚焦学科内容特征的个性化设计、教学环节的优化和改进、线上线下融合热点、新技术创新应用场景、教师队伍建设等教育数字化转型内容，鼓励并支持学校和教师进行数字教材赋能应用的专题或专项研究，深入探索融合性的创新应用场景，促进数字教材赋能教与学的深层次转型。

(4) 构建师生"数字画像"，助力教育评价和教师培训科学精准

宝山区积极推进基于多维度数据的教育评估，探索建立数据确权制度和隐私保护技术，完善数字画像在教育领域应用的专业性、规范性、安全性，让"有温度"的数字画像能够真正帮到老师、学生，构建智能时代的教育教学新范式。

对于学生，以多来源、多维度、全过程、跨学段的数据为基础，刻画真实、可信、动态的学生成长状况，构建多维、专业、科学的数字画像[7]，帮助教师、学校、家长全面了解孩子，推动实践个性化、智能化教育，实现学生全面而有个性的发展。如宝山区构建的"体育素养画像"和"心理健康画像"，前者对学生日常体育活动以及体质检测数据实现云端的多方位、立体化采集，能够有针对性地为学生推送"体育处方"，做到"以体育德、以体育心"；后者则构建了青少年心理健康预警模型，打造学生关爱系统，守护学生茁壮、健康成长。

对于教师，依托宝山教育大脑，搭建"教师教育数字化平台"，对教师师德师风、生涯发展阶段特征、专业度能力、教学教研活动、自主研修学习情况、学生指导活动等多维教师职业生命周期数据的及时、全量采集和动态分析，为教师提供全面、有效、实时、动态的智能诊断，结构化重塑教师专业能力和应用能力的评测模式，全方位构建教师个体数字画像、群体数字画像（见图2）。总结优秀教师发展模型，形成推广示范和经验复制，针对专业短板建立基于大数据的教师学习自适应引擎和干预引擎，实现精准化的课程推送、个性化的培训选学，针对个性化研修需要，基于教师数

字画像自适应配备一位云端自主研修导师,从持续更新提升的学科本体性知识技能和信息技术应用等结构性知识技能两个层面有序指导、督促与陪伴教师自适应学习,科学引领教师职业生涯。

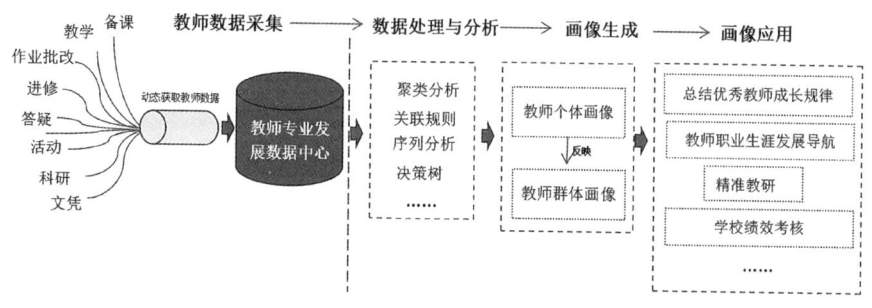

图2　教师数字画像

2. 实践路径

宝山区通过两年多的实践和总结,初步构建了围绕教育领导者、教师和学生三大教学主体,以数字化推进的教育教学模式为基础,驱动区域教育教学高质量变革发展的新生态,探索出数字化重塑教育教学的实践路径(见图3)。

图3　数字化推进教育教学模式重塑实践

(1) 构建"以校为本、整区推进"的系统应用格局

宝山区以数字化推进教育教学模式重塑实践应用实践探索为切入口,从组织保障、制度建设、基建支撑、实施规划等方面进行统筹规划,构建了"以校为本、整区推进"的系统应用格局,确保数字化推进教育教学模式重塑实践应用工作有序开展。

(2) 建立"研—训—学—用"一体化的协同实践模式

立足创新教学模式与传统教学模式的平稳过渡和高质转化,构建了"研—训—学—用"一体化的协同实践模式,将信息技术与教学模式有效融合,确保数字化推进教育教学模式重塑实践常态化应用生态构建。

(3) 打通"课前—课中—课后"全覆盖的应用路径

围绕信息技术赋能教与学的深层次转型发展,聚焦课堂教学模式和育人方式的全过程变革,构建了"课前—课中—课后"一体化、精准化、精细化的应用路径,以确保数字化教育教学的教学实践成效。

(4) 厚植教育数字化转型"回归教育、服务师生"的理念

宝山区紧盯数字化推进教育教学模式重塑实践应用的主体对象能力提升,深入推进教育领导者数字化领导力、师生信息技术素养提升,从而确保以人为本的数字化推进教育教学模式重塑实践应用发展。

3. 成效特色

宝山区通过对数字化教育教学模式进行常态化、融合化、创新化的实践应用,建立清晰、完备的数字化与教育教学融合应用发展路径,教学技术应用方式、课堂教学模式和教学成效、教师专业发展和师生信息素养都发生了显著变化。

(1) 线上线下深度融合,混合教学模式形成

基于"数字化推进教育教学模式重塑实践"教学平台,重点实现了课堂群体学习与数字平台自主学习的融合。同时,以"教学设计""学习数据""教学资源""课堂互动"为关键研究点,形成了新型线上线下混合式教学一般模式。即:课前、课后以平台资源为基础,支持学生线上自主学习;

课中教师依据学情数据备课授业,可开展线下实践活动和线上探究学习活动,组织实时交流讨论,拓展学生思维;课后利用平台进行作业批阅、反馈和订正,全方位利用数字化赋能全流程教学[8]。

(2) 技术融合已显成效,教学方式渐进转变

目前宝山区应用的数字化教学设备与工具,包含电子白板、投影仪和移动平板电脑等新型硬件,PPT、几何画板、教学动态实验软件、视频播放器等普适性软件,以及支持互动课堂的功能类平台和微课、视频等资源类平台,有效降低了学生学习负担,减少了教师低智慧劳动。通过将高效技术工具融入课堂,区域内教学方式也呈现高质量、有活力的特点。

在教学方面,数字技术与课堂融合优化教学方式,并将优秀的教学经验转化为数据进行复制推广,推动优质教育资源均衡,提升教师教学能力和数字资源研发能力。

在教研指导方面,数字技术改变了教师的教学观念和教学模式。教师可基于学情数据进行教学改进,改变"传递—接受"的传统授课模式,极大地提升了教育的活力和主动性。

(3) 多种课堂应用方式,教学成效显著提升

数字化教学应用方式主要有:以"丰富的资源支持"为关键的自主学习方式,以"充分的结果分享"为目标导向的互动交流方式,以"精准的数据分析"为核心基础的诊断改进方式和以"深度的操作体验"为协助的探究学习方式。通过这四类教学应用方式,成功帮助教师及时获取课堂反馈信息,并针对性地进行诊断改进,从而提升教学成效。

在调研结果中也显示,数字化教学模式应用有效提高了宝山区课堂教学组织能力,促进了师生互动交流,极大地提升了学生的学习兴趣和信息素养。

(4) 技术数据双轮驱动,信息素养全面提高

一是提升了教师技术融合创新应用的自主能力。随着数字化推进教育教学模式重塑实践的深入推进,缩短了教师的备课时长和备课效率。根据调查显示,教师的备课负担减轻了40%~50%,教师以往备课需要花

大量时间查找优质资源、设计教学环节,通过知识图谱的备课助手便可一键备课,极大地提升效率。学生的日常作业负担减轻了30%～40%,老师可以轻松根据学生数字画像安排针对性作业,大大降低了每个学生的无效练习。

同时,教师课程设计和教学手段也由于数字化推进教育教学的深入推进更加丰富了,教师在教学设计、课堂演示、课后总结、资源生成等环节中大胆探索数字教材的应用,自身的教育教学水平和自主创新能力显著提升,数字化推进教育教学模式重塑实践与课堂教学的成果显著。在2019—2020学年市级数字化推进教育教学模式重塑实践优秀案例和论文评比中,全市获奖教学案例共25件,其中宝山区获奖14件,获奖比例为56%,全市获奖论文共17篇,宝山区获奖6篇,获奖比例为35%。另外,宝山区共有39篇论文在市、区级核心刊物中发表,8项区级以上信息化课题立项。首批加入数字化推进教育教学模式重塑实践应用的教师中有20位教师实现了职称晋升,有6位被评为区学科带头人、教学能手和教坛新秀,2位成了空中课堂的授课教师。

二是推动了教师以"课程"为主向以"学生"为主的教学理念转变。传统的教材形式单一、内容固化。形式多样、内容丰富的数字化教育教学模式,则配套了丰富的教学资源体系,一定程度上拓宽了课程相关知识获取的渠道与内容。而信息技术的开放性也极大提升了学生自我探索、主动思考、探索发现课程的能力。同时,学生的全面自主学习会对教师的教学素养提出更高的要求,反向倒逼教师不断加强精准化、个性化教学的能力建设,以适应各类学生发展的需求,因材施教,减轻学生不必要的学业负担。

三是提升了学生自我探索、主动式、沉浸式学习能力。数字化教育教学模式将理科教学空间化、过程化,将文科教学发散化、生动化,将实践课程多样化、细节化,极大地提高了课堂的趣味性、生动性和沉浸式,推动学生主动学习、自我探索,提升学生的独立思考能力、主动探索能力、融合创新能力。

四、未来展望

随着数字技术迭代完善、应用实践不断深化,未来教育教学数字化建设也将日趋成熟,出现突破传统的新型学校,让孩子适性扬长地成长发展,激发潜力,成为新时代社会需求的卓越人才。未来教育发展将会具有三个新特征[9]:一是虚实融合的教学环境,推动教育资源和服务更加优质均衡。未来的学校将去中心化、去边界化、开放化和共享化,通过数字孪生课程资源和虚拟教学课堂,常态化应用各种智能助手,打破学校与学校、学校与家庭、学校与社会的壁垒,形成智能泛在的学习网络,随处均可成为课堂,让教育教学更有趣、更生动。二是个性多样的课程服务,打造学生的核心竞争力。未来每个孩子都具有"量身"规划的学习路径。孩子可在涵盖"必修、选修、先修"数字课程超市中,根据个人兴趣自由组合学习课程。教师也可根据立体鲜活的学生画像,针对性地提供学习资料和辅导,让每个孩子得到独一无二的学习和成长体验,打破传统填鸭式、流水式教学模式。三是弹性灵活的评价制度,突破教育悖论。未来学校将打破唯分数论成败的升学机制和评价机制,通过基于数字画像的多维度、全方位、动态性的综合评价机制反哺学生的个性多样教育模式,将评价从标尺转化为培养推进器。

宝山区数字化推进教育教学的实践初步验证了构建未来数字化学校的可行性,其取得成效也表明数字化教育教学对推动我国教育现代化发展、培养新时代创新人才具有重要作用。本文通过系统、全面介绍宝山区数字化推进教育教学的实践经验,期望为其他地区的教育教学模式数字化转型提供借鉴和启示,推动我国教育发展。

参考文献

[1] 教育部 2022 年工作要点[R].北京:中华人民共和国教育部,2022.

[2] 2022 年提升全民数字素养与技能工作要点[R].北京:中共中央网络安全和信息化委员会办公室,2022.

[3] 上海市教育数字化转型实施方案(2021—2023)[R].上海：上海市教育委员会,2021.
[4] 祝智庭,胡姣.教育数字化转型的理论框架[J].中国教育学刊,2022(04)：41-49.
[5] 教育部等六部门关于推进教育新型基础设施建设构建高质量教育支撑体系的指导意见[R].北京：中华人民共和国教育部,2021.
[6] 杨福兴,吴逸民.实践中深化研究 研究中改进实践——上海市宝山区数字教材学校应用推进报告[J].教育传播与技术,2021(S1)：4-7.
[7] 张治,刘小龙,徐冰冰,陈雅云,吴永和.基于数字画像的综合素质评价：框架、指标、模型与应用[J].中国电化教育,2021(08)：25-33+41.
[8] 吴逸民.从线上教学走向混合式教学的实践与研究[J].现代教学,2021(Z1)：32-33.
[9] 张治,李永智.迈进学校3.0时代——未来学校进化的趋势及动力探析[J].开放教育研究,2017,23(04).

作者简介

张　治　上海市宝山区教育局局长,博士,研究方向为教育智能化、教育大数据

吴逸民　上海市宝山区教育学院,研究方向为教育数字资源建设与应用、数字教学模式创新

张云峰　上海市宝山区教育事务服务中心,研究方向为教育数字化转型、教育大数据

电子邮箱

bsjyszhzx@126.com

Chapter 13

教育数字化转型下的智慧学习环境构建：
特征、框架与实践*

肖 君 王腊梅 蒋竹君 吕 欢

摘 要：随着教育数字化转型的推进，弹性化、精准化、个性化的学习成为当下学习者的广泛需求，而智慧学习环境是实现智慧教学、智慧学习服务的重要依托。为满足教育数字化转型时代学习者灵活个性化学习的需求，本文设计了融合数据驱动的教学法、技术、空间等要素的 D-PST 智慧学习环境框架。上海开放大学智慧学习环境的建设案例及满意度调查数据显示，教师对于在智慧学习环境中开展教学持满意态度，支持教师开展多元化的教学模式，实施线上线下融合的灵活弹性教学，以及实现学习者学习方式的自由选择，是提升教学应用满意度的关键因素。

关键词：智慧学习环境；教育数字化转型；无缝学习；混合弹性；个性化

一、引言

在终身教育的浪潮中，智慧泛在的数字化学习体系提供了优质、均衡、丰富、便捷的学习支持。数字化转型要求有灵活的环境支撑，基于数字技术创造智慧学习环境已被证明可以扩展和丰富学习者体验，满足学习的灵活性、互动性、参与性和体验性[1]。在智慧学习环境中，学习可以

---

* 本文系 2020 年度上海市科技创新行动计划国际科技合作定向项目"国际化多语言在线学习平台及关键技术研究"（课题编号：20510780150）、上海市科学技术委员会科研计划项目"上海开放远程教育工程技术研究中心"（课题编号：13DZ2252200）和国家新闻出版署出版融合发展（华东师大社）重点实验室开放课题基金资助项目的阶段性研究成果。

自由选择,包括各种学习方式,如正式学习和非正式学习、个人学习和社会学习,实现资源提供方式的自由灵活、学习方法的积极主动、互动方式的跨时空多主体。智慧学习环境通过允许学习者控制自己的学习过程,促进学习者自我调节,以促进自主学习和终身学习[2],旨在实现学习者学习经验的连续性。实现无缝学习是建设智慧学习环境的核心要求,而智慧学习环境则要满足学习方式的灵活转换和弹性需求,既要实现不同学习体验的无缝衔接,又可以支持课堂教授、学习讨论、动手操作、模拟观察等多元化的学习活动,这也是教育数字化转型对智慧学习体验的要求。那么,在教育数字化转型背景下,智慧学习环境应当具有哪些特征,如何有效地构建智慧学习环境,技术如何赋能智慧教育以更好地支持混合弹性教学、个性化学习支持服务? 这些都有待于研究者进一步地探索和挖掘。基于此,本研究分析了智慧学习环境的特征与要素,设计了智慧学习环境建设框架,描绘智慧学习环境所支持的服务场景,以期为未来智慧学习的相关发展方向提供参考。

二、相关研究综述

1. 教育数字化转型

数字化包括数字化能力、数字化使用和数字化转型三个阶段。数字化转型是指通过数字化技术和商业模式实现的组织变革,旨在提高组织的运营绩效。它涉及的不仅仅是实现一个精心选择的技术解决方案,而是信息技术和业务之间的紧密结合将为组织带来实质性结果的过程[3]。新冠肺炎疫情的影响和规模迫使全球的高等教育机构不得不快速做出数字化转型调整,以维持教与学[4]。

教育数字化转型意味着将教学环境数字化,以改善每个相关人员的教学和学习体验。数字技术使学习者能够比传统教育更容易、更便捷地访问学习资源;通过互动学习(如微课、视频、互动测试、游戏等)形式提高参与度;还让个性化学习成为可能,例如自适应学习,允许每个学习者以适合他们的方式学习。

2. 智慧学习环境

随着教育理论的突破和信息技术的不断进步,智慧学习环境的内涵也不断发生变化。例如从技术的角度来看,智慧学习环境由技术推动,包含大量的信息设备(如各种支持终端和无线设备),集成了物理和虚拟学习环境,为传统学习提供支持[5][6]。从教学的角度来看,智慧学习环境的目标是提供自主学习、自我激励和个性化的服务,学习者可以按照自己的节奏随时随地参加课程,并能够根据个人差异获取个性化的学习内容[7]。"智慧学习环境(Smart Learning Environment)"不同于"智能学习环境(Intelligent Learning Environment)"。智能学习环境是从物理空间角度出发对学习者所处的学习空间进行界定[8],将智能技术与传统教室结合,情境感知在智能学习环境中起着重要的作用,自动调整声、光、温度等环境条件以适应为该学习空间规划的活动,通过智能技术的嵌入,改变传统教室的功能,自适应地服务于教师和学生的课上教与学活动。智慧学习环境则是从生态观的角度出发界定,是一个技术和教学融合的生态系统[9],将学习者的正式学习与非正式学习进行融合,学习环境从全方位的物理(学校和实验室)学习环境转变为虚拟(在线)或两者学习环境的混合,整合各种形式的学习数据,并且这些数据可以从一个环境无缝转移到另一个环境,驱动改进学习者的学习体验。因此,与智能学习环境所强调的对给定空间内技术的高度整合、忽视学习者本身学习需求不同,智慧学习环境更强调学习者根据他们的学习环境和个人能力和需要,提供个性化的学习服务和适应性内容。例如,鲍蒂斯塔(G. Bautista)等人阐述了智慧学习环境的九个特征,即灵活性、适应性、舒适性、多样性、连通性、个性化、秩序/组织、开放性和安全性[10],斯佩克特(J. M. Spector)强调智慧学习环境中学习的灵活性、有效性、效率、参与性、适应性和反思性[11],祝智庭等人也提出智慧学习环境的特征包括位置感知、情境感知、社会关系感知、互操作性、无缝连接、适应性、泛在性、全过程记录、多模态自然交互、高参与度[12]。通过对文献的回顾发现,智慧学习环境更强调以学习者为中心的、技术支持下教与学的智能性、参与性、适应性和无缝连接,广泛的技术和智能设备被用于促进智慧学习,包括移动设备和传感器,以及云计算、学习分析、人工智能、增强现实和虚拟现实等智能技术[13],智慧学习环境可以为学习者随时随地提供量身定制的个性化学习服务,如自适应资源推荐、快速评估和实时反馈等,为学习者提供适应性、个性化的、无缝的学习体验。

澳大利亚高等教育教学研究所开展了名为"下一代学习空间"(Next Generation Learning Space)的国家项目,该项目参考了澳大利亚昆士兰大学大卫·拉德克利夫(David Radcliffe)教授提出了设计和评估学习场所的教学法—空间—技术框架(Pedagogy-Space-Technology,以下简称PST)[14],该框架认为,学习场所设计和评估要考虑教学法(Pedagogy)、学习空间(Space)和信息技术(Technology)三大要素,这种要素分类同时考虑到了自然客观对象(信息技术)、人造客观对象(学习空间)和主观对象(教学法)等要素[15],因此,从空间、技术和教学三方面设计新的学习环境最能体现智慧学习环境的特征。

教育数字化转型要求重新思考学习过程,通过技术构建智慧学习环境。疫情加速教育实现数字化转型,以提供创新的学习体验。本研究所探讨的智慧学习环境以满足学习者的无缝学习体验的需求为出发点,采用智能技术搭建融合学习环境,契合多元弹性化的教学方法,将学习者、教师、技术、教学法等进行有机融合,以提供精准化、个性化的智慧学习服务。

三、教育数字化转型下的智慧学习环境特征

从上述相关研究分析可知,智慧学习环境的构成一般被认为包括空间、技术以及教学法,且三者相互支持、相互影响,即昆士兰大学教授大卫·拉德克利夫提出的PST框架。智慧学习环境中三者的建设首先遵循

"无缝"的特点,其次三个维度则需充分体现以下特征:

1. 弹性化与个性化教学: 积极主动

发生在智慧学习环境中的学习应该是积极有效的,这是智慧学习的基本要求。同时,在智慧学习环境中,学生的需求越来越受到重视,与传统式自上而下、静态、集中的学习不同,学生更期待也更适应个性化、动态性、自发性的主动学习,这就要求设计新的教学方法,以促进学生积极主动地学习。而随着社会背景和学生需求的变化,新的教学方法将是具有高度灵活与弹性的,可以设计线上线下全时空参与学习方法,也可以设计学生个性化地选择和转换不同的学习活动,促使学生主动深入学习。

2. 智能化与适切性技术: 全域融通

技术是智慧学习环境构建的血液。得益于技术的支持,教学方法可以更丰富多元,减少了实施限制。智慧学习环境具有技术智能化及适切性的特点。为支持多元化个性化的学习,技术将会在教学的各个阶段发挥作用。无论是教学资源的分享还是课中教学活动的支持,以及课后准确的学习评价,有了技术的加持,学习将变得更加方便、智慧。例如,互联网物联网技术可以使学习资源公平无障碍地共享与访问;快速直录播技术可以使学生更灵活、无时空限制地参与课堂;智能助教可以在教学过程中丰富课堂活动、为学生提供智能问答服务;大数据、多模态识别等技术可以为课后学习提供更精准化、智能化的评价。最重要的是,智慧学习环境中的技术是融合的,将各个技术所负责范畴的数据打通,实现共联共通,形成一张巨大的数据网,进而支持无缝学习。

3. 动态性与无缝性空间: 开放灵活

智慧学习环境不应当是简单的技术应用,它需要技术和教育学的双重融合创造一个生态系统[16]，而空间则是这一系统的载体。智慧学习空间需要持续、动态化地为教师的引导、学生的学习、管理人员的服务等活动提供支持。这一空间不仅可以为正式与非正式学习场景提供支持，还将是物理与虚拟俱存的空间。智慧学习环境中的空间将是更加开放灵活的，是物理空间与虚拟空间的无缝整合，是线上线下的无边界融合。学生可以参与灵活的直播学习、面对面学习，进行小组互动、协作讨论以及动手实验、体验沉浸式学习活动等等。智慧学习空间可实现线上线下无障碍访问，多种学习活动灵活转换，达到开放、灵活的目标。

四、教育数字化转型下的智慧学习环境框架

智慧学习环境的构建基础是基于 PST 基本框架，结合智慧学习环境的特征，将教学法、空间、技术与无缝特征融合，形成弹性化与个性化的教学法、动态性与无缝性的空间以及智能化与适切性的技术。大数据时代，学习者的学习数据被全方位记录和存储，借助大数据挖掘技术，全过程分析学习者的学习过程，以数据驱动精准教学是当今时代必不可少的手段，因此，本研究将数据驱动引入 PST 框架，形成数据驱动的 PST 框架（以下简称 D-PST 框架），在此框架指导下构建无缝式的智慧学习环境。其中，教学法（Pedagogy）为技术与学习空间的结合提供了指导方向；学习空间（Space）促进了教学法的实施，并将信息技术融入其中；技术（Technology）反过来提升了教学方法的应用效果，延展了学习空间的范围；数据（Data）为教学法、学习空间和技术的应用与改进提供全过程、全方位的证据反馈，使技术的集成使用和作用发挥得更加强大，及时调整空间设施完善，优化教学设计与学习资源供给，促进技术、学习空间和教学法三者的融会贯通，也是实现智慧学习环境无缝融合的重要因素。无缝则是框架中四个元素所遵循的重要原则，无缝既是指导原则，也是构建目标，与教学法、技术、空间、数据四者形成指导与评价的关系（如图 1 所示）。

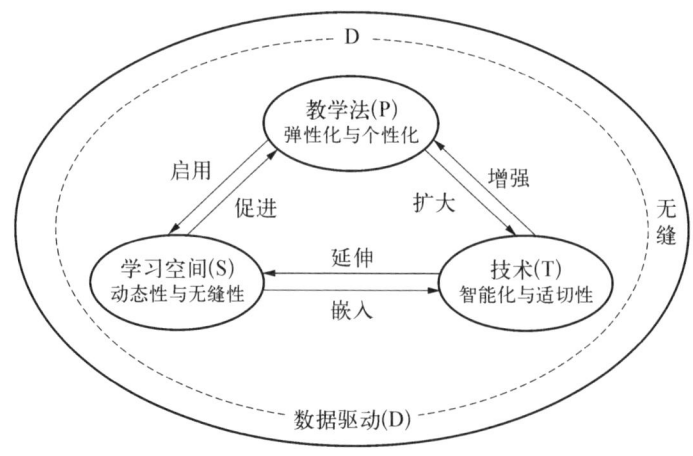

图1 数据驱动的 PST 框架(D‑PST)

五、教育数字化转型下的智慧学习环境实践

1. 智慧学习环境建设架构设计

在本研究的框架指导下,设计了智慧学习环境(简称"智慧学境")建设全架构。该架构以 D‑PST 框架为指导,将教学法(P)、学习空间(S)、技术(T)、数据驱动(D)等进行融合,应用 5G、云计算、物联网、人工智能等先进的信息技术,将学习者的线上、线下学习空间进行融合,并融合多种同步和异步的教学模式,从技术层、空间层、教学服务层以及数据层几个方面为学习者提供全物联、全地域、全时空、全教学服务、全数据的智慧学习生态体系,支持学习者的正式与非正式的学习。全架构如图2所示:技术层以 5G、云计算、物联网、区块链、人工智能等技术支撑平台建设;空间层兼顾正式和非正式、线上和线下学习环境的学习,为学习者创建无缝式学习空间;教学服务层以"面向人人终身学习"为导向,提供个性化、精准化、智能化学习服务;数据层汇集线上线下学习的多模态学习数据和物联感知数据等全息数据,实现全过程数据的挖掘与分析,为其他各层的建设与优化提供基于真实数据的证据反馈支持。

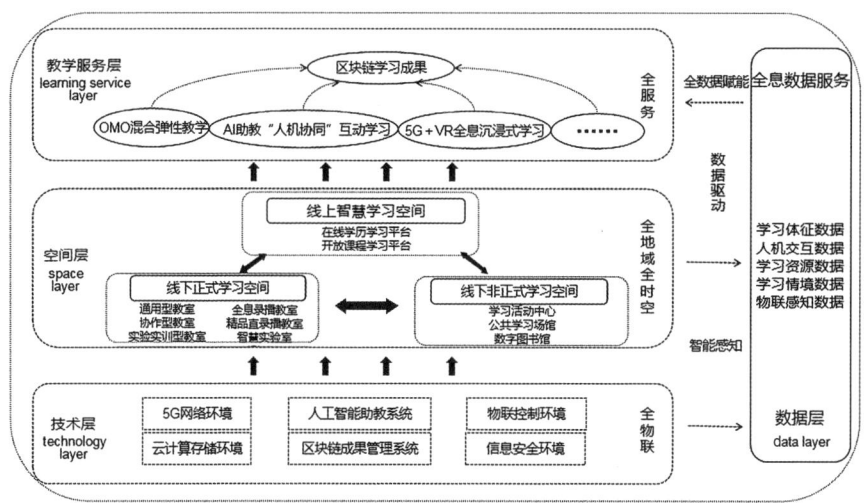

图 2 基于 D‑PST 框架的智慧学境方案全架构

（1）技术层

5G 移动通信、大数据、云计算、物联感知系统、区块链、人工智能等技术是智慧学境的重要技术支柱，通过技术融通实现了智慧学境的全物联。5G 网络环境为全息教学、超高清直播、虚拟现实等教学场景提供高速网络支持服务；云计算存储环境为学习数据的存储、计算和分布式处理提供功能支持，实现跨校区、跨时空、面向所有学习者的教育资源分配与共享；物联感知设备为智能标记、学生跟踪、无感考勤等提供技术支持，不同类型的智慧教室以及智慧活动中心，配备各种物联感知设备，突破传统空间的功能，保障智慧学习环境中的高效管控；借助区块链技术，对分散在多个教学系统的学习成果统一记录与管理，构建可信的学习成果管理体系；借助自然语言处理、知识图谱、特征识别等人工智能技术开发智能助教系统，协助教师开展全时空教学；技术高度集成的学习空间要求硬件和软件具有高安全性，信息安全环境使用安全通信网络、入侵防护设备和数据安全监测等手段，为学习者学习和信息安全访问提供安全保障，实现线上线下多层次融合防护模式。这些技术支撑有利于数据融合贯通、资源共享和交互协作，可以实现情景感知和智能管控，支持个性化学习、泛在学习，促进有效学习的发生。

(2) 空间层

有效学习的发生需要帮助学习者灵活自由地切换学习情境。本研究中的智慧学境将教育时空扩展到学校、家庭、社区，构建在线学历学习平台、开放课程学习平台等面向学历、非学历培训和休闲文化的线上智慧教学平台，同时建设通用型教室、协作型教室、实验实训智慧教室、全息直播教室、精品直录播教室等多种类型的线下智慧教室以及各类学习活动中心，将学习延伸至公共学习空间及校外图书馆、博物馆等社会空间，教育者和学习者按照需求选择不同的学习空间，借助大数据等技术将学习者的正式学习空间与非正式学习空间相互贯通，线下物理空间又与线上虚拟空间共同创造协同互动体验，学习者的学习状态被自动感知和记录，并提供超越时空、无边界、无缝式的资源供给通道，通过微信、APP、网络门户等各种智能终端推送学习服务，实现学习空间上的灵活多变、学习数据上的无缝衔接，提升无缝学习体验。

(3) 教学服务层

建立开放式智慧教学服务体系，以安全、可靠的基础设施服务环境和智慧教育大数据决策分析平台为依托，探索OMO混合弹性教学、AI助教"人机协同"互动学习、5G＋VR全息沉浸式学习等多种教学模式和教学场景，并在多模态数据分析的基础上，为学习者个性化、智能化精准教学提供支持服务，最终将学习者的学习成果通过区块链技术进行存储和记录，保证学习数据的安全记录与使用，智慧学习环境为教师和管理者提供多样、精准、智能的教学服务。

(4) 数据层

智慧学习环境需要提供必要的信息来评估和反馈教学和学习过程。本架构构建了线上线下实时融合智慧教育大数据平台，提供全息数据服务，从空间层和技术层智能感知智慧学习环境的智慧学习数据、智慧教学数据和智慧管理数据，通过线上线下教学全过程"数据融合"，收集包括学习体征数据、人机交互数据、学习资源数据、学习情境数据和物联感知数据等多模态数据。基于大数据的智能决策支持、个性化自适应学习分析等，构建无缝学习数据反馈，实现学习分析跨越物理和数字化空间，达到无缝学习环境下对学习者及其学习过程较为全面的把握，建成良性数据生态环境。创新数据服务模式，形成层次化的数据服务机制和数据驱动的反馈机制，为无缝式学习提供全过程数据驱动服务。

2. 智慧学习环境典型服务场景

（1）OMO 混合弹性教学

OMO 即 Online-Merge-Offline，是基于学习结果导向的线上线下全场景融合。混合弹性（HyFlex）来源于"混合"和"弹性"两个概念，"混合"是指在线和面对面教学活动的混合或结合，"弹性"是指学生在自主学习的环境中学习。"混合弹性"是指学生可以选择参加在线或面对面的课堂，满足不同学生群体需求和偏好[17]，其核心原则是，无论采用何种模式，学习都是等价的。混合弹性教学的强大优势就是它能够满足学生在面对面教学、在线实时互动和异步学习中轻松灵活切换，通过公平可选的学习机会实现积极的学习体验。本研究通过构建 OMO 智慧课堂，实现课前准备、课堂互动、学习评价、课堂督学等一体化的完整的教学闭环，支持线上线下实时融合的混合弹性教与学，开展分组协作学习模式、个人主动学习模式、体验式学习模式、主听教室学习模式等在内的以学生为中心的多种学习模式，促进学习者的主动学习。

（2）AI 助教"人机协同"互动学习

人工智能、教师和学生协同并存所形成的"AI + 教师 + 学生"智慧学习共同体，实现人工智能与教育主体的一体化融合，突破时空界限，为学习者的自主学习提供实时的辅导和帮助[18]。强大的互动反馈功能增强在线学习临场感，使学习者在没有教师实时指导的学习环境中也可以有效学习，实现正式与非正式学习的无缝连接[19]。本研究引入 AI 教育辅助机器人，采用先进的语音识别/合成、自然语言处理、虚拟形象、智能问答等技术，构建完整的 AI 助教系统，通过对话形式完成教学辅助任务，并提供多轮问答和智能答疑服务，为学习者的自我调节学习提供学习的脚手架，改变教师角色，促进教学模式从知识传授到知识建构的转变，缓解师资短缺和资源配置不均的问题。

（3）5G+VR 全息沉浸式学习

本研究基于 5G 和虚拟现实（VR）的技术特性，创设 5G 全息沉浸式学习系统，实现全息视频采集、全息直播后台服务、全息直播显示端等功能，打造 5G+全息的富情景化体验学习。全息视频可实时传输到全息直播显示端，同时全息视频采集端的教师，可以通过大屏幕观看现场观众的实时内容和语音双向交互，并借助丰富的虚拟现实/增强现实/混合现实（VR/AR/MR）设备，让学习者通过全息和人机交互的形式，感受学习的乐趣以及智慧教学的无限魅力。通过 5G 全息影像、虚拟现实世界以及真实世界深度融合，实现"线上教师+现场教师"融合，解决传统方法在提高学生充分沉浸于虚拟空间的参与能力方面的不足，实现跨教室即时联动和 5G 实时全息交互的新模态，创造一个多元、灵活、开放的学习和体验融合空间。

（4）区块链学习成果

区块链技术的兴起，为数字化学习成果的认证提供了强有力的支持[20]。区块链技术记录学习者通过非正规教育与非正式学习所取得的学习成果的相关证明文件，形成不可篡改、无法伪造、去中心化的记录，为确保学分的真实可追溯提供技术支撑。本研究设计实现了基于区块链的跨平台开放学习全过程学习路径及学习成果管理，将分散在多平台的学习行为和成果等汇聚到区块链平台。学习成果管理系统的设计充分体现其包容性和灵活性，包含跨平台学习路径/学习成果管理、学习数据上链/查询/跨链、教育联盟链存证等服务，助力构建可信的学习者终身学习成果档案。

3. 智慧学习环境应用效果评价

上海开放大学基于以上研究设计建设了示范性开放智慧学习中心，

建设多类型智慧教室、全息直播教室、沉浸式学习环境、在线开放学习平台等组成的智慧学境,并开展智慧学习中心示范性教师培训以及各类教学应用,本研究对参与智慧学习中心培训和应用的 58 位大、中、小学教师开展了教学体验满意度的调查,问卷设计依据技术接受度模型,从感知有用性、感知易用性、感知愉悦性、易学性、持续使用意愿以及总体满意度方面对空间设计、教学法、技术和数据服务四个维度进行了调查,并以满意度和持续使用意愿作为自变量探究影响教师体验满意度的因素。问卷采用李克特五点量表(1~5 分别代表非常不同意、比较不同意、一般、比较同意、非常同意),共收回有效问卷 45 份,分析结果如下:

(1) 教师体验满意度调查

关于智慧学习中心整体的满意度,84%的教师表示乐于在智慧学习中心开展教学。同时,调查数据显示了教师分别对智慧学习环境的空间、教学法、数据服务和技术满意度不同层次的态度与满意度:

① 空间维度。86%的教师对智慧学习中心的总体空间设计持肯定态度,不同类型的多功能智慧教室充分满足课堂互动教学、远程直播教学以及混合弹性互动教学的需要,多屏展示、无线投屏、书写墙面、灵活型课椅、课堂直录播设备等将线上线下学习空间无缝衔接,无论学生是否在教室都可通过直播平台同步参与教学互动,实现现场与远程学习者的实时互动。

② 教学法维度。71.1%的教师认为智慧学习中心在提升教与学的互动性、灵活性方面体现重要优势,教师可以在教室和直播平台上讲授课程内容,各种数字终端为教学和学习资料的存储与发放提供便利,OMO 智慧课堂的测试、抢答、提问等互动功能使得教师与学生线上的交流互动变得容易和便捷,让学生产生更高教学临场感。智慧学习中心能够适应各种同步和异步学习模式,实现学习选择上的弹性化,学生可以选择最适合他们的参与模式,并具备无缝学习的连续性。

③ 数据服务维度。82%的教师对智慧学习中心的数据服务给予满意评价,各种在线平台与学习终端使得学习数据的获取体现多渠道化与多

模态化,跨平台数据的融合互通实现大数据驱动的智慧学习质量评估监测,能够帮助教师及时获取教学数据反馈信息,更有效地反映教学效果,从而调整教学方法,反哺教学质量的提升,为实施精准教学提供无缝、连续性数据支持。

④ 技术维度。在感知有用性、感知易用性、感知愉悦性、易学性各方面满意度均达到 84.2%,在主观题方面,在"您愿意将哪些内容应用到您的未来课程教学中"这一问题中,73.3% 的教师选择了大数据学习分析技术,认为这能够帮助他们及时获得来自学习者的反馈,了解学生的学习效果分布情况,便于他们及时调整课堂内容的讲授和教学进度的安排,66.67% 的人选择了线上线下同步的直播教学工具,认为这能够帮助他们实现远程和教室内学习者的同步互动和教学,减少时空限制对教学进度和教学效果的影响,无线投屏、书写墙面等功能也使得教学资源的展示和知识传授可以一键便携,各项设备的无缝连接使用给教学带来极大的流畅感。

总体来看,教师对于智慧学习中心的建设给予高度评价,这说明智慧学习环境的建设为开展弹性、灵活、个性化的教学,促进无缝学习发挥重要作用。

(2) 教师体验满意度影响因素分析

通过逐步回归分析结果发现,对教师体验满意度产生显著影响效果的有感知有用性($P = 0.003 < 0.05$)、感知易用性($P = 0.032 < 0.05$)和感知愉悦性($P = 0.032 < 0.05$),感知有用性方面调查了智慧学习中心的多元教学方式开展教学、线上线下融合弹性教学实施,以及学习方式自由可选和个性化学习辅导三个方面,说明智慧学习中心建设在提升教学方法实施的灵活性、学习空间的多样性与混合性,以及教与学的泛在可选方面发挥优势,能够提升教师的体验满意度,特别是支持学习者能自由选择合适的线上线下学习方式,这对满意度和体验特别重要。同时在智慧学习中心的各种设施操作简易、响应灵活、富有趣味,也是提升教师满意度的重要方面,因此,在设计智慧学习环境时,更应该注重提高智慧学习环境的乐

趣性、舒适感、易用性和有用性，在追求简单易操作原则基础上，发挥最大教学效益，使智慧学境下的教学应用更加融合化、适应化与弹性化。

六、结语

智慧教育是全球教育的新范式，智慧教育的目标是提高学习者的终身学习质量，它注重情境化、个性化、无缝化的学习，数字化转型下的智慧学习环境是终身学习的时代所需，为促进社会个体和专业群体在公平、开放、流动的知识环境下共同发展与协同创新，从而为教育模式变革、资源深度聚合、知识转化应用提供新空间。尽管人工智能、大数据技术等在教育领域的功能已经崭露头角，但随着新的教学模式不断出现，例如混合弹性学习、适应性学习和个性化学习等多种方式，显然没有单一形式的智慧学习环境。随着新概念、新方法和新技术的不断发展，在教学和技术方面，总是有新的机会来改善学习环境，换言之，对智慧学习环境建设的追求可以一直持续到未来[21]。因此，教育系统需要不停地探索技术和教学的融合创新方法，例如数字孪生技术作为一种可以通过数据模拟物理空间的仿真技术，可能会为教学改进、教学实验以及混合式教学模式的实施提供更大的机遇。

目前的学习环境已经做了一些初步的实践，但要从根本上改变当前的学习环境，使之向智慧学习环境转变，还需要持续的数字化转型。智慧学习环境不仅仅是简单的技术应用，它是通过数据驱动的技术、空间和教学法融合创造一个生态系统，让学习者、教师和教学管理人员能积极主动参与学习的全过程，使学习变得更加无缝融合。智慧学习环境的建设也是一个多元化的系统，它要保持可持续发展，就需要社会制度、经济、机构、组织、技术等多方面的支持与努力。

参考文献

[1] Cheung S., Kwok L. F., Phusavat K, et al. Shaping the future learning environments

with smart elements: challenges and opportunities[J]. 2021.

[2] Hui Y. K., Kwok L. F., Ip H. H. S. CRESDA: Towards a personalized student advisory for professional development[J]. Interactive Learning Environments, 2020, 29(02): 329-342.

[3] Norton A., Shroff S., Edwards N. Digital Trasnformation: An Enterprise Architecture Prespective[M]. Publishing Nation Limited, UK, 2020.

[4] Marks A., Al-Ali M., Atassi R., Abualkishik A., Rezgui Y. Digital Transformation in Higher Education: A Framework for Maturity Assessment[J]. International Journal of Computer Science and Application, 2020, 3(01): 11.

[5] Spector J. M. Conceptualizing the emerging field of smart learning environments[J]. Smart learning environments, 2014, 1(01): 1-10.

[6] Boulanger D., Seanosky J., Kumar V., et al. Smart learning analytics[M]//Emerging issues in smart learning. Springer, Berlin, Heidelberg, 2015: 289-296.

[7] Kim T., Ji Y. C., Lee B. G. Evolution to Smart Learning in Public Education: A Case Study of Korean Public Education[J]. Springer, Berlin, Heidelberg, 2013, 1(01).

[8] Yang J., Pan H., Zhou W., et al. Evaluation of smart classroom from the perspective of infusing technology into pedagogy[J]. Smart Learning Environments, 2018, 5(01).

[9] Gros B. The design of smart educational environments[J]. Smart Learning Environments, 2016, 3(01): 15.

[10] Bautista G., Borges F. Smart classrooms: Innovation in formal learning spaces to transform learning experiences[J]. Bulletin of the IEEE technical Committee on learning Technology, 2013, 15(03): 18-21.

[11] Spector J. M. Conceptualizing the emerging field of smart learning environments[J]. Smart Learning Environments, 2014, 4(01).

[12] Zhu Z. T., Yu. M. H., Riezebos P. A research framework of smart education[J]. Smart Learning Environments, 2016, 3(01): 4.

[13] Chen X., Zou D., Xie H., et al. Past, present, and future of smart learning: a topic-based bibliometric analysis[J]. International Journal of Educational Technology in Higher Education, 2021, 18(01): 1-29.

[14] Radcliffe D. A Pedagogy-Space-Technology (PST) Framework for Designing and Evaluating Learning Places[R]. NTNU, Trondheim: 2008.

[15] 胡永斌,黄荣怀.智慧学习环境的学习体验:定义、要素与量表开发[J].电化教育研究, 2016,37(12): 67-73.

[16] Kinshuk. Designing adaptive and personalized learning environments[M]. London: Routledge, 2019.

[17] Kyei-Blankson L., Godwyll F., Nur-Awaleh M. A. Innovative blended delivery and learning: exploring student choice, experience, and level of satisfaction in a hyflex course[J]. International Journal of Innovation & Learning, 2014, 16(03): 243.

[18] Kukulska-Hulme A. Intelligent assistants in language learning: friends or foes?[C]//World Conference on Mobile and Contextual Learning, 2019: 127-131.

[19] Sun W., Cheng S., Zhu H., et al. Research of Online Intelligent Question Answering System Based on Curriculum Domain Ontology[C]//2013 International Conference on

Advanced ICT and Education (ICAICTE-13). Atlantis Press, 2013: 533-537.

[20] Maass W., Parsons J., Purao S., Storey V. C., Woo C. Data-Driven Meets Theory-Driven Research in the Era of Big Data: Opportunities and Challenges for Information Systems Research[J]. Journal of the Association for Information Systems, 2018: 1253-1273.

[21] Zeide E. The Structural Consequences of Big Data-Driven Education[J]. Big Data, 2017(05): 164-172.

作者简介

肖　君（通讯作者）　上海开放大学上海开放远程教育工程技术研究中心研究员,博士,研究方向为智慧学习环境、学习分析、学习者画像、在线学习

王腊梅　上海开放大学上海开放远程教育工程技术研究中心,研究方向为学习分析、学习系统设计

蒋竹君　上海开放大学上海开放远程教育工程技术研究中心,研究方向为学习分析、STEM 教育

吕　欢　上海开放大学上海开放远程教育工程技术研究中心,研究方向为在线学习、智慧课堂

电子邮箱

ecnuxj2003@163.com

wlmyisa@163.com

zhujunjiang_5@163.com

1224028136@qq.com

Chapter 14

学生信息技术使用模式与目的赋能教育教学数字化转型
——基于 K-means 聚类和逐步回归的中国四省市数据分析[*]

李 波 魏亚丹 王兆川 张 滢 李 娜[*]

摘 要： 数字化是推动新时代教育发展的核心动力，而信息与通信技术（Information and Communications Technology，ICT）的广泛应用是推进数字化的基石。本文基于 PISA 2015[①]测试中学生 ICT 问卷与科学素养的得分，使用 K-means 聚类和逐步回归方法，探索学生使用 ICT 的不同模式及目的对科学素养产生的影响。研究发现，学生 ICT 使用频率整体偏低；利用 ICT 的自主式学习对科学素养有正向影响，进行交流式学习有负向影响等。在推进教育数字化转型的过程中，学校应着力培养学生自我认知，促进学生信息化素养全面发展。

关键词： 教育数字化；数字化转型；ICT；科学素养；PISA 2015

一、研究背景

以计算机、互联网、人工智能为代表的数字技术形式，扩展了人类的生存和实践方式，推动了人类工作与生活模式由线下到线上、由物理空间到网络空间和数字空间的迁移，标志着人类社会由工业社会向信息化社

---

[*] 本文系国家自然科学基金项目"大数据环境下精准化教学的数学模型及应用研究"（项目编号：61877023）和华中师范大学中央高校基本科研业务费——青年教师项目（项目编号：CCNU20QN001）的研究成果。

[①] 2018 年参与 PISA 测试的中国四省市学生没有参加 ICT 问卷调查。因此本研究选取 PISA 2015 测试中我国四省市学生的 ICT 问卷数据进行分析。

会的转变。《中华人民共和国国民经济和社会发展第十四个五年规划和2035年远景目标纲要》提出："加快数字化发展，建设数字中国。迎接数字时代，激活数据要素潜能，推进网络强国建设，加快建设数字经济、数字社会、数字政府，以数字化转型整体驱动生产方式、生活方式和治理方式变革。"[1]上海市教育委员会发布《上海市教育数字化转型实施方案（2021—2023）》，旨在深入贯彻国家关于教育强国、数字中国战略的部署，为整体推进教育数字化转型、全方位赋能教育综合改革、革命性重塑高质量教育体系、服务国家战略擘画了新蓝图[2]。一系列纲领性政策的出台可以看出，以数字化为引擎，从而驱动教育体系变革，已然成为当前教育发展的重点之一。

新时代教育以数字化作为核心动力，而信息化则是数字化的技术载体。信息与通信技术（Information and Communications Technology，以下简称ICT）的广泛应用则是全面推进数字化转型的基石。同时，ICT在提高教育质量和促进教育公平方面也取得了显著成效，其重要地位与作用不言而喻[3]。但随着ICT的不断普及，其负面影响也不断显现。一方面，学生使用ICT可以方便快捷地获取海量学习资源，及时与老师、同学沟通交流；另一方面，学生在享受由ICT产生的教育福利时，也面临着由游戏、劣质短视频等数字资源所带来的潜在负面影响。所以，在实践中如何充分有效地利用ICT，涉及了诸多因素的考量，学生ICT的使用模式与其目标导向之间的潜在关系有待深入研究。

基于此，本研究落脚于不同学生在使用ICT时的不同范式以及使用ICT的不同目标导向，例如是以学习为主、还是娱乐为主，以此研判、对比与评析学生不同ICT使用目的与范式和科学素养间的潜在关系，致力于为促进学生新时代下综合素质的全面发展建言献策。

二、问题提出

习近平总书记在全国教育大会上指出，"培养什么人，是教育的首要问题"。只有明确我国学生 ICT 的实际使用状况和其所产生的相应影响,才能精准有效赋能我国教育数字化转型工作。经济合作与发展组织(Organization for Economic Co-operation and Development,OECD)自 2000 年开始,实施了以数学素养、阅读素养以及科学素养为三大核心模块的三年一度的国际学生评价项目(The Program for International Student Assessment,以下简称 PISA),其调研结果可以为我国学生 ICT 的使用状况以及全球化对比提供有力的数据支撑[4]。

PISA 针对"15 岁学生准备利用特定领域知识和技能迎接现实生活中的机遇和挑战的能力"进行评估,自 2003 年以来,每一轮 PISA 测试都采用 ICT 问卷(ICT Familiarity Questionnaire),对学生进行有关 ICT 使用情况的调查。在 PISA 的实施过程中,科学素养、阅读素养和数学素养轮流作为每轮 PISA 测试评估的重点板块,其中,2015 年是 PISA 测试的第 6 个周期,它以科学素养作为重点评估模块,强调学生是否能够具备有关科学的知识和技术,并且能够合理有效且恰如其分地运用它们[5]。此外,PISA 测试中各个模块间的得分具有高度的相关性,科学素养模块所提供的信息可以在一定程度上反映学生在数学和阅读素养上的表现[6]。

关于 ICT 对科学素养的影响,王春丽和顾小清对比了中国和芬兰学生"ICT 使用"对科学素养的影响[7],文章将 PISA 2015 有关 ICT 的调查问题进行分类,先通过聚类寻找 ICT 使用模式,再用多层线性模型寻找这些变量对科学素养的影响。但其关于 ICT 使用目的划分集中在学习、娱乐两类,缺少更为详细的类别。学生使用 ICT 进行学习和娱乐时的不同方式及不同目的的影响往往不尽相同,另外此研究并未给出 ICT 在不同使用目的上合适的频率,其在具体的方案引导与推荐上有所欠缺。

在国家层面,李波、张滢等人指出:如果发展中国家学生在学校或者校外使用网络的时间超过 4 个小时,则会对科学素养产生明显的负向影响;然而,若能合理有效地对学生使用网络的时间加以控制,则会对科学素养产生一定的正向影响[8]。但此研究并未给出具体的使用时间应该如何安排,对于自制力相对较差的学生来说,如果在其使用 ICT 时缺乏家长和老师的正确引导,往往会适得其反。同时,此研究是基于国家层面展开的讨论,学生层面所蕴含的大量信息仍待挖掘。

综上,考虑到北京、上海、江苏、广东(B-S-J-G)四省市代表中国参加了 PISA 2015 测试,本研究将从中国四省市在 PISA 2015 ICT 问卷数据入手,以更细分的 ICT 使用目的与模式为抓手,针对我国学生 ICT 的实际使用状况和影响进行研究,着力解决以下三个问题:首先,通过研究不同模式下科学素养的得分,寻找相得益彰的 ICT 使用模式,从而为探索教师和家长在引导和管理学生使用 ICT 时是简单粗暴地采用"一刀切"方针,还是适时鼓励的"劳逸结合至上"的原则奠定基础;其次,在相对良好的 ICT 使用模式加持下,学生进行学业活动的方式是什么,是以"自主式学习"为主,还是以"交流式学习"为主,还是两种方式同频共存,相辅相成;最后,探索以不同 ICT 使用目的提取出的 10 个自变量的不同影响,寻找正向影响因素与负向影响因素分别有哪些,影响程度如何,进而为教师和家长在管理和引导学生使用 ICT 时应该注意在哪个方向管理和引导提供建议。

三、研究数据与数据处理

1. ICT 问卷简介及问题选取

PISA 2015 中的 ICT 问卷由五部分组成:ICT 的可用性(Availability of ICT)、通用计算机的使用情况(General computer use)、在校外使用 ICT 的情况(Use of ICT outside of school)、在学校使用 ICT 的情况(Use of ICT at school)以及对待计算机的态度(Attitudes towards computers)。本研究的重点落脚于 ICT 的使用目的,囊括了学习、娱乐、社交等多个维度,在此之上又依据校内及校外两种情境,对使用目的进行更为细致的划分。这使得研究与 ICT 问卷中的两大部分"在校外使用 ICT 的情况"与"在学校使用 ICT 的情况"相对应,这两部分涉及 IC008、IC010、IC011 三个问题共 33 个小题(见表 1)。

表 1 PISA 2015 部分 ICT 问卷概况

题目编号	问题	选项
IC008	在校外,你多久使用电子设备进行下列活动?(玩单机游戏、玩在线团队合作游戏、邮件、聊天、社交等)	从不或几乎从不/一个月一两次/一周一两次/几乎每天/每天
IC010	在校外,你多久使用电子设备进行下列活动?(搜集资料、复习课程、与同学进行邮件交流作业、与老师进行邮件交流作业等)	从不或几乎从不/一个月一两次/一周一两次/几乎每天/每天
IC011	在校内,你多久使用电子设备进行下列活动?(聊天、邮件、搜集资料、展示作品等)	从不或几乎从不/一个月一两次/一周一两次/几乎每天/每天

2. 特征提取

PISA 2015 在中国四省市共选取了 9 841 位学生作为样本,剔除缺失值后共计 8 013 个样本,问卷作答采用五点李克特形式进行评分。本研究选取的上述 ICT 问卷中三个问题对应了不同使用目的和方式的 33 个小题作为特征,学生对于问卷的作答情况即为观测值。

首先,为防止该输入数据冗余,且便于后续对数据做出更为清晰的阐释,在保证信息完整性的同时,通过特征提取对特征维度进行了降维处理[9]。基于李克特五点量表的有序离散编码特点,通过计算原数据 33 个特征两两间的 Kendall 相关系数[10],根据自相关系数高低,将原数据特征进行初步组合;其后,通过专家研判与验证性因子分析相结合的形式,最终确定了两大情境(校外情境与校内情境)所涵盖的六大类别特征(自主式学习、交流式学习、社交、游戏娱乐、其他娱乐、非学习类信息检索)共计 10 个子特征(见表 2)。

表 2　不同类型 ICT 使用目的分类

类别	校外		校内	
自主式学习	IC010Q01TA	上网收集资料以完成作业	IC011Q03TA	上网收集资料以完成作业
	IC010Q02NA	上网复习跟进课程	IC011Q04TA	从学校网站下载、上传或浏览资料
	IC010Q09NA	用电脑做作业	IC011Q07TA	进行练习
	IC010Q10NA	用移动设备做作业	IC011Q08TA	在学校的电脑上做作业
	IC010Q11NA	在移动设备上使用学习软件	IC011Q05TA	在学校网站上展示自己的作品
	IC010Q12NA	在移动设备上使用科学学习软件		
交流式学习	IC010Q03TA	使用电子邮件和其他同学讨论作业	IC011Q09TA	用学校的电脑做小组作业或和其他同学交流
	IC010Q04TA	使用电子邮件和老师交流并提交课内外作业		
	IC010Q05NA	使用社交网络和其他同学讨论作业		
	IC010Q06NA	使用社交网络和老师交流		
社交	IC008Q03TA	收发电子邮件	IC011Q01TA	在学校在线聊天
	IC008Q04TA	在线聊天	IC011Q02TA	在学校使用电子邮件
	IC008Q05TA	参与网络社交		

续 表

类别	校 外		校 内	
游戏娱乐	IC008Q01TA	玩单机游戏	IC011Q06TA	在学校玩模拟类游戏
	IC008Q02TA	玩在线团队合作游戏		
	IC008Q07NA	通过社交网络平台玩在线游戏		
其他娱乐	IC008Q08TA	浏览网页消遣娱乐		
	IC008Q09TA	在互联网上看新闻		
	IC008Q11TA	从互联网上下载音乐、电影、游戏或者软件		
	IC008Q12TA	上传分享自己制作的东西		
	IC008Q13NA	在移动设备上下载新应用		
非学习类信息检索	IC008Q10TA	获取实用信息		
	IC010Q07TA	从学校网站下载、上传或浏览资料		
	IC010Q08TA	查看学校网站上的公告		

验证性因子分析使用的评估指标为组成信度(Composite Reliability, CR)和平均方差提取量(Average of Variance Extracted, AVE)。组成信度表示新特征信度的组合,体现了新特征中各内部问卷指标的一致性,组成信度值愈高表示指标的内部一致性愈强,0.7是可接受的阈值;平均方差提取量表示新特征对因变量的平均解释能力,平均方差提取量愈高表示具有愈高的收敛效度。费耐尔(C. Fornell)与拉克尔(D. F. Larcker)建议平均方差提取量的值应当大于0.5,0.36～0.5是可以接受的阈值[11]。

验证性因子分析结果表示，各新特征组成信度均高于 0.7，平均方差提取量除"校外游戏娱乐"特征以外均大于 0.5，而"校外游戏娱乐"特征的平均方差提取量也高于可以接受的阈值 0.36。至此，经特征提取后的新特征满足准确性及完整性要求。

3. 数据处理

特征提取后的新特征共计 10 个，分别是"校外自主式学习""校外交流式学习""校外社交""校外游戏娱乐""校外其他娱乐""校外非学习类信息检索""校内自主式学习""校内交流式学习""校内社交""校内游戏娱乐"。将每个新特征所包含的原特征观测值，即每个类别下多个题目的作答分值，取平均后作为新的观测值。这些新特征将作为研究自变量，因变量为学生的科学素养得分。学生科学素养得分以 10 个似真值（PV1SCIE 至 PV10SCIE）的形式呈现在 PISA 2015 测试的结果中。高燕等人指出，大多数教育评估项目都向公众提供了 5 个似真值，虽然鲁宾（D. B. Rubin）认为似真值越多效果越好，不过通常情况下 5 个就足够[12]。本研究依旧使用全部 10 个似真值，并以平均值的形式作为学生科学素养的量化得分。

四、研究方法及结果

1. 描述性统计

为了直观把握中国四省市学生使用 ICT 的整体情况，首先对原数据 ICT 问卷各个问题的调查结果进行频率统计，以频率堆积直方图的形式呈现，结果如下：

关于中国四省市学生基于不同目的在校外使用 ICT 的情况，首先，从进行自主式学习、交流式学习的频率统计图（见图 1）中可以看出，学生整体的使用频率并不高，每个问题都有至少 50% 的学生使用频率低于"一个月一两次"。并且使用频率在"一周一两次"及以上的人数较多的是上网收集资料以完成作业(例如:准备文章或者演讲)与上网复习跟进课程(例如:搜索例子解释),使用电脑和移动设备做作业的频率在"一周一两次"及以上的人数是最低的。其次,学生在校外使用ICT进行交流式学习的频率整体分布与进行自主式学习的频率分布相似。除了使用社交网络和其他同学讨论作业外,仍呈现低频率人数居多,高频率人数相对较少的特点。然而,学生在校外使用社交网络和其他同学讨论作业的频率却很高,"一周一两次"及以上的人数接近50%。

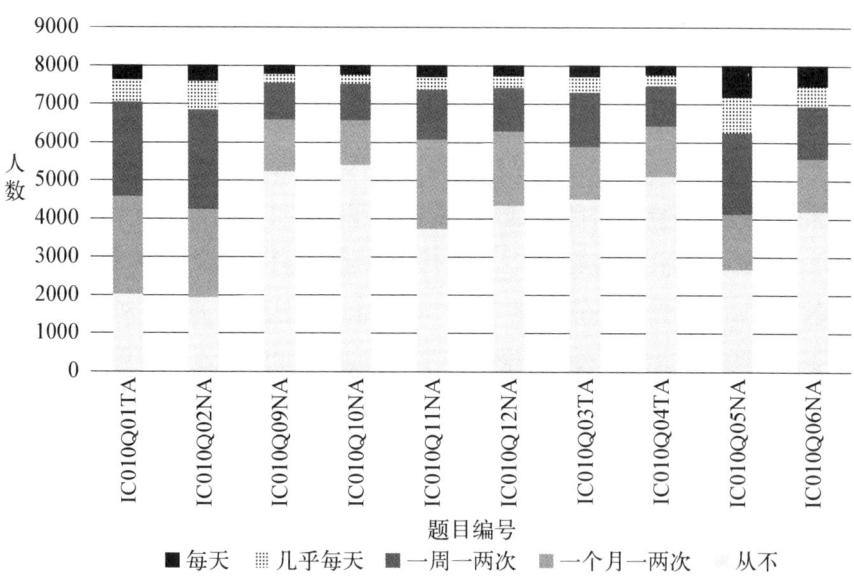

图1 中国四省市学生校外使用ICT进行自主式学习、交流式学习频率统计图

再者,从中国四省市学生校外使用ICT进行社交、游戏、其他娱乐频率统计图(见图2)可以看出,中国四省市学生使用ICT进行社交的频率分布与进行学习的分布有很大差别。关于"在线聊天"以及"参与网络社交"的2个问题,频率在"一周一两次"及以上的人数达到或接近50%。学生在校外使用ICT进行游戏的频率低于"一个月一两次"的占比达到了60%,仅有不到15%的学生使用频率在"几乎每天"及以上。而关于使用

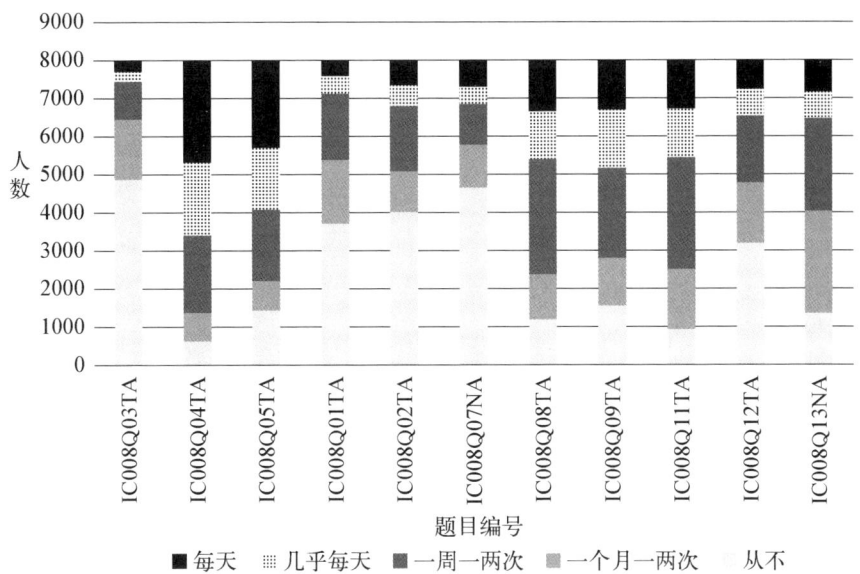

图 2　中国四省市学生校外使用 ICT 进行社交、游戏、其他娱乐频率统计图

ICT 进行其他娱乐的使用频率在高频率上占比较大，频率在"一周一两次"及以上的人数占比均超过了 50%。

另外，校外情境下的最后一个使用目的——非学习类信息检索，使用较高的是获取实用信息（例如：租赁信息，活动信息），有超过 50% 的学生使用频率在"一周一两次"及以上，其余则相对较少，只有 25% 左右的学生使用频率在"一周一两次"及以上。

关于学生基于不同目的在校内情境使用 ICT 的情况，由于校内情境下问卷所涉及的问题相对较少，本研究将涉及校内的 9 个问题的频率统计情况统一放到图 3 中。可以看出，不管出于何种使用目的，中国四省市学生在校内使用 ICT 的频率普遍偏低，有超过 60% 的学生在校内使用 ICT 的频率为"从不"，仅有 10% 左右的学生使用频率在"一周一两次"及以上。

结合上述描述性统计的分析结果发现，目前我国四省市学生整体的 ICT 使用频率偏低；考虑到现阶段学生的课外学习模式以纸质版作业为主，借助电子设备完成作业的平均频率仍处于相对较低的水平，并且仅有

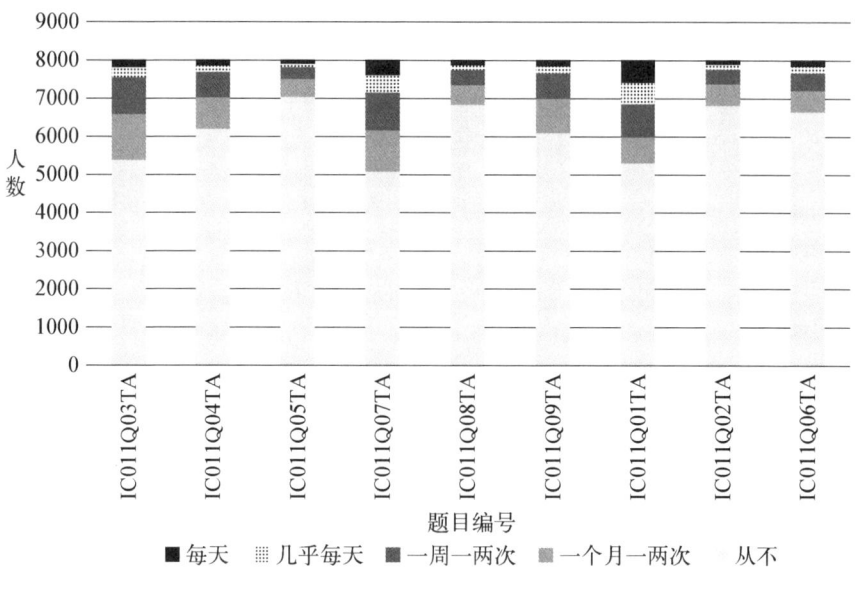

图3 中国四省市学生校内使用ICT频率统计图

小部分学生在校外使用ICT进行延伸学习;此外,对于校内情境,仍有近70%的学生从不使用ICT进行各项活动。

2. K‑means聚类

为更为详细地揭示不同ICT使用模式对学生科学素养产生的影响,本研究使用计算机编程语言Python中的sklearn包(1.0.2版本)进行K‑means聚类分析,根据轮廓系数选择最优聚类簇数。轮廓系数由彼得·J.卢梭(Peter J. Rousseeuw)于1986年提出,用于判断聚类结果的各个簇内部集中程度和不同簇之间的差异性,轮廓系数越大说明聚类的各个簇内部的集中程度越大,不同簇之间的差异性越大[13]。研究发现,轮廓系数在簇数为7时达到峰值,故选择7作为最终的聚类簇数,每一簇代表了一种ICT使用模式。接着通过计算聚类后每一簇的类中心,也就是每一簇中所有学生在10个自变量上的平均值,作为这一簇ICT使用模式在10个自变量上的代表频率。最后将每一簇学生的科学素养得分平均值作为这一模式的科学素养得分,进而判断不同模式间科学素养得分是否存在显著差异;哪种模式的科学素养得分最高,哪种最低;较高与较低科学素养得分的几种模式间使用目的是否有异同。

从7种ICT使用模式各变量平均频率分布图(见图4)可以看出,模式一在10个自变量上的使用频率都是最高的,平均频率都在"几乎每天"附近;模式五在10个自变量上的使用频率是最低的,平均频率都在"从不"附近;模式二、模式四与模式六的校外各项ICT使用频率都高于校内各项ICT使用频率,但模式四与模式六的整体使用频率都低于模式二;模式三与模式七在各个变量上的使用频率较为均衡,不过模式七在各变量上的使用频率低于模式三。

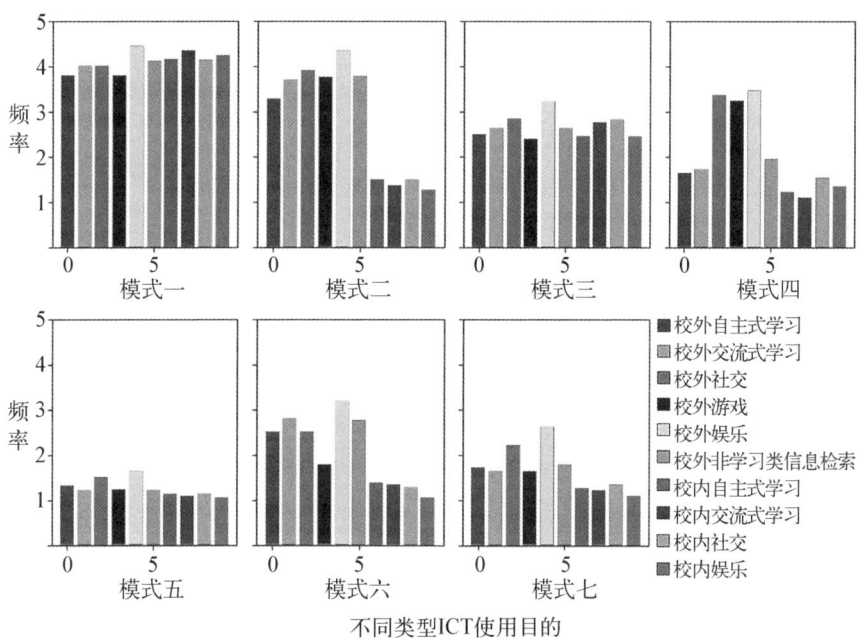

图4 不同ICT使用模式各变量平均频率分布图

(注:图4中横轴十个类别从左至右依次为:校外自主式学习、校外交流式学习、校外社交、校外游戏、校外娱乐、校外非学习类信息检索、校内自主式学习、校内交流式学习、校内社交、校内娱乐;纵轴表示该变量的观测值。)

再结合各模式下学生的科学素养得分（见图5），可以发现，不同模式间学生科学素养得分存在较大的差距。最高科学素养得分与最低科学素养得分相差近70分，将各个模式科学素养得分与7种ICT使用模式各变量平均频率分布图（见图4）联系起来还可以看出：

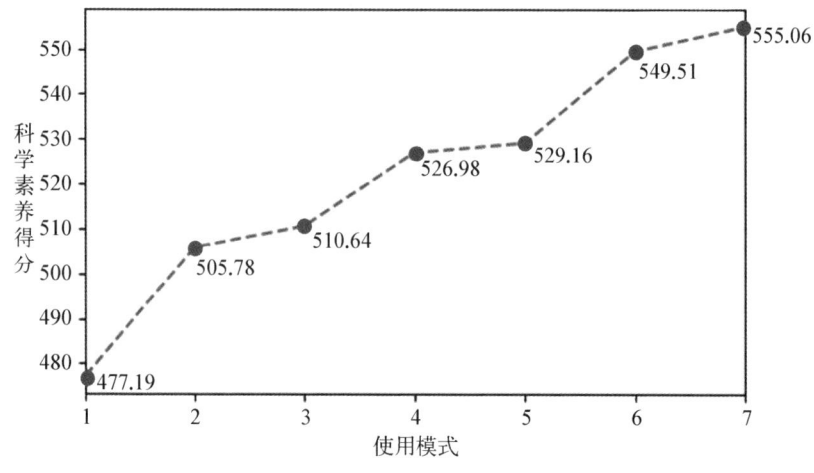

图5　不同模式科学素养得分折线图

第一，使用ICT频率最高的前3种模式为模式一、模式二与模式三，但对应的科学素养得分却是最低的，这表明过高频率的ICT使用对科学素养存在负向影响。

第二，科学素养得分较高的模式五、模式六与模式七的ICT使用频率都较低，但是使用频率最低的模式五并不是科学素养得分最高的模式，这说明适当频率的ICT使用对科学素养有正向的影响。其次，在这三种模式下无论是校外还是校内情境，自主式学习与交流式学习的平均频率差别并不大。这也说明在学习方式方面，自主式学习和交流式学习是同时存在的，二者应是相辅相成的关系。同时，学习方面的平均使用频率与娱乐方面的平均使用频率并没有太大差别，但整体上娱乐方面的使用频率会略高于学习方面。

第三，对于科学素养得分处于中间位置的模式四，这一类学生整体使用 ICT 的频率并不高,但是在"校外游戏娱乐""校外其他娱乐"和"校外非学习类信息检索"上的平均使用频率却远高于其他目的,并且在"校外娱乐"方面使用 ICT 的平均频率都高于"一周一两次"。

经过聚类后的结果表明:一方面,使用 ICT 频率最高的模式群体对应的学生科学素养处于最低层次;另一方面,有趣的是,基于所有目的使用 ICT 均保持较低频率的学生群体,其科学素养并非处于最高层次。可见在 ICT 的使用上既不能视其为"洪水猛兽",毫无约束地加以使用,也不能搞"一刀切",对 ICT 加以坚决抵制。不管是在校内还是校外,若教师和家长发现学生几乎每天都使用 ICT 进行各项活动,则应当及时进行干预,预防沉迷行为的发生。而当学生几乎从不使用 ICT 时,教师与家长也应引起重视,及时引导学生积极探索,主动挖掘 ICT 的使用价值,为其以 ICT 为导向的科学素养稳步提升创造有利条件。我国正处在从"专用资源服务"到"大资源服务"的社会转型过程,作为信息技术红利直接受益者的新一代学生,ICT 的积极使用毋庸置疑会对学生科学素养培养产生正向推动力,善于使用 ICT 也是社会对新时代学生所提出的基本要求。社会赋予了新一代学生在数字化转型进程中的使命与责任,只有紧握 ICT 使用的准绳,遵循合理使用范式,才得以实现新常态下学生综合素养的全面健康发展。

3. 逐步回归

为了揭示 10 个特征中对科学素养得分具有显著影响的因素,本研究借助 IBM SPSS 24 软件,采用逐步回归的方法进行分析。逐步回归每一步都会将未进入回归方程的变量分别引入,构建新的回归方程,以检验新回归方程中所有变量的显著性,并剔除不显著的变量,依次迭代,直至既没有更多显著的自变量引入回归方程,也没有不显著的自变量从回归方程中被剔除[14]。逐步回归能够探索哪些因素有正向影响,哪些因素有负向影响以及各因素的影响大小,作为教师和家长在引导学生正确使用 ICT 时的一个参考依据,从而让 ICT 的使用能够充分发挥其正向作用,帮助学生充分融入数字化教育环境,进而适应信息化社会。

表3　中国四省市学生科学素养得分的逐步回归分析[①]

变量	第一步			第二步			第三步		
	B	SE	Beta	B	SE	Beta	B	SE	Beta
校内游戏娱乐	-20.008	1.191	-0.184	-17.373	1.235	-0.160	-19.846	1.225	-0.183
校外交流式学习				-8.446	1.098	-0.088	-23.358	1.419	-0.242
校外自主式学习							26.619	1.644	0.238
ΔR^2	0.034			0.007			0.03		
变量	第四步			第五步			第六步		
	B	SE	Beta	B	SE	Beta	B	SE	Beta
校内游戏娱乐	-15.240	1.450	-0.141	-15.634	1.449	-0.144	-13.643	1.486	-0.126
校外交流式学习	-22.416	1.425	-0.233	-25.347	1.524	-0.263	-24.436	1.529	-0.253
校外自主式学习	27.153	1.643	0.243	22.816	1.828	0.204	22.355	1.826	0.200
校内社交	-8.228	1.392	-0.080	-8.672	1.392	-0.084	-8.627	1.389	-0.084
校外信息检索				8.860	1.651	0.088	10.743	1.678	0.106
校外游戏娱乐							-6.497	1.112	-0.071
ΔR^2	0.004			0.003			0.004		

① 表中B表示回归方程非标准化系数，SE表示标准误差，Beta表示回归方程标准化系数。

续 表

变量	第七步			第八步		
	B	SE	Beta	B	SE	Beta
校内游戏娱乐	−11.690	1.492	−0.108	−10.558	1.587	−0.097
校外交流式学习	−26.866	1.542	−0.279	−26.733	1.543	−0.277
校外自主式学习	22.597	1.816	0.202	23.465	1.863	0.210
校内社交	−11.226	1.408	−0.109	−9.831	1.558	−0.095
校外信息检索	8.021	1.694	0.079	8.436	1.705	0.084
校外游戏娱乐	−22.172	1.984	−0.242	−22.072	1.984	−0.241
校外社交	23.928	2.515	0.221	23.404	2.527	0.216
校内自主式学习				−4.461	2.138	−0.034
ΔR^2	0.01			0.001		

通过逐步回归(结果见表3),最终将"校内游戏娱乐""校外交流式学习""校外自主式学习""校内社交""校外非学习类信息检索""校外游戏娱乐""校外社交""校内自主式学习"等8个特征变量引入了回归方程。8个特征共解释了科学素养9.3%的方差,其中对科学素养有负向影响的特征有5个,分别为"校外交流式学习""校外游戏娱乐""校内游戏娱乐""校内社交""校内自主式学习",负向影响最大的特征为"校外交流式学习"(B=−26.733, $p<.001$);对科学素养有正向影响的特征有3个,分别为"校外自主式学习""校外社交""校外非学习类信息检索",正向影响最大的特征为"校外自主式学习"(B=23.465, $p<.001$)。

逐步回归的结果表明,学生在ICT使用上进行"自主式学习"对科学素养有较强的正向影响,但"交流式学习"则有一定的负向影响。可见"自主式学习"给予了学生自我思考、消化和吸收的时间,培养锻炼了学生学习的主观主动性,实现了从"知识接收者"向"知识探索者"身份的转变;此外,"交流式学习"能够让学生充分暴露自身不足,这一行为利好学生间想法的及时交流,但却在一定程度上放任了学生间为完成作业而互相抄袭这一现象的产生,进而对学生科学素养产生了"有百害而无一利"的负向影响,这样一来,学生间不仅无法进行有效的交流学习,还削弱了对知识进行再复习、再巩固的效果。

五、讨论与展望

1. 持续推动强化ICT效用,赋能教育者变革

在数字化教育工作中,教育者不仅仅扮演着传统教育要素中影响受教育者知识、技能、思想、品德等方面的引路人,在我国全面推进数字校园建设的进程中,教育者身份的建构发生了极大的改变。通过ICT,各种"虚拟教育者"的角色开始渗透进教育各环节,如网络教学系统、自动模拟考试系统、自动作业辅导系统等,虚拟教育者可以在一定程度上代替教育者分担部分教育任务,减轻实际教学环节中教师的工作量。其次,传统教育者在数字化转型的教育环境中,依托ICT技术强化自身专业发展,提升其教育教学能力。

通过教育信息化2.0时代的教育信息化升级,我国已逐渐实现"优质资源班班通"和"网络学习空间人人通"的目标。为进一步提质增效,在"课堂用、经常用、普遍用"的基础上,形成"校校用平台、班班用资源、人人用空间"的信息化新局面,实现信息化教与学应用覆盖全体教师和全体适龄学生,数字校园建设覆盖各级各类学校的新目标[15]。但值得注意的是,学生熟悉传统学习范式,却疏于ICT设备有效运用。在课堂内外教师家长的有效干预与实现数字化教育转型的进程中,需要积极培养学生应用

ICT技术解决学习及生活中问题的基本能力,全面提升教育信息化水平,支撑引领教育数字化特色发展、高质量发展,引导数字产品在教育场域的规模化应用。

2. 紧握ICT使用准绳,赋能教育空间变革

教育空间即为教育过程的存在形式。在ICT技术未被广泛普及时,教育空间仅包含传统意义上的教室、操场以及实验室等实体空间;随着ICT技术的推广应用及数字校园的大规模建设,智慧教室、智慧教学平台、虚拟实验室、虚拟教研室等逐渐覆盖了各级各类学校,以供教师与学生使用。任何有网络覆盖的地方都可以借助ICT技术,生成个性化的数字教育空间。数字化教育空间的生成,很大程度上便利了教学过程,实现了优质教学资源的共享,促进了教育公平。

诚然,ICT在使用上的便利性以及资源的丰富性所导致的过犹不及现象也应避免。ICT是支持学业的工具,但无节制、高频率地使用,学生势必沉溺其中,对其科学素养产生适得其反的效果。除此之外,在能够有效控制ICT的使用频率前提下,把控学习和娱乐间的平衡点也至关重要。这与教育部办公厅在2021年4月12日发布的《关于加强义务教育学校作业管理的通知》所提倡的"劳逸结合"不谋而合,该《通知》也明确提出把握作业育人功能、严控书面作业总量、提高作业设计质量等十条要求[16]。

3. 培养自我认知自我效能,赋能受教育者转变

数字化教育中,受教育者这一要素的概念同样也发生了极大变化。随着ICT的应用,受教育者从传统的"读书人"转变为可以经由各种不同方式获得教育的"学习者"。新时代教育背景下,随着各种科学技术与数字化手段的发展,产生了多种学习方式并存的趋势。教育过程应遵循这一趋势,培养主体性、探究性与合作精神相统一的新型人才[17]。只有合理地使用信息与通信技术,培养学生受益终身的学习方法与学习习惯,帮助

学生建立"主动学习"与"终身学习"的意识,才能为社会主义现代化建设提供不竭的人才动力。

ICT赋能新时代受教育者变革,而对受教育者ICT使用的监督管理却愈显匮乏,PISA测试所涉及15岁左右年龄段的学生普遍缺乏自制能力及控制力,从而为自身科学素养的提升设置了阻力。好用且实用的ICT工具若被不当使用也会适得其反。就使用ICT进行学习而言,"交流式学习"是教师和家长需要着重关注的方面,如若放任学生抄袭作业、应付了事,教师就无法通过作业完成质量来评估学生的真实学情,进而影响后续教学进度的把控,最终形成学生学业表现不尽如人意,教师教学质量事与愿违的恶性循环。

就学校及家庭而言,则需要双管齐下,从源头和过程进行双向管控。对教师而言,要进一步提高作业设计质量;对学校而言,要将作业设计作为校本教研重点,系统化选编、改编、创编符合学习规律、体现素质教育导向的基础性作业,从根本上杜绝学生依托ICT设备仅交流作业答案现象的产生,引导学生转向交流作业完成的方法及过程。家长作为学生校外时间的过程把控者,须对学生ICT使用的目的性进行干涉引导,避免出现为完成作业而完成作业的情况,引导学生通过ICT的合理使用达到"知其然且知其所以然"的效果。

参考文献

[1] 中华人民共和国国民经济和社会发展第十四个五年规划和2035年远景目标纲要[EB/OL].[2021-03-13]. http://www.gov.cn/xinwen/2021-03/13/content_5592681.htm?pc.

[2] 上海市教育委员会.上海市教育数字化转型实施方案[EB/OL].(2021—2023)[2021-11-04]. http://edu.sh.gov.cn/xwzx_bsxw/20211110/9a48015bacfe4af1a4eb131abef5585b.html.

[3] 魏非,樊红岩,宋雪莲,沈聪.信息化促进基础教育公平的国际研究——基于美、日、印三国的政策和行动分析[J].电化教育研究,2020,41(07):114-121.

[4] 教育部.PISA经验:国际视野与本土探索[EB/OL].[2019-12-04]. http://www.moe.gov.cn/jyb_xwfb/moe_2082/zl_2019n/2019_zl94/201912/t20191204_410709.html.

[5] OECD. PISA 2015 Assessment and Analytical Framework: Science, Reading, Mathematic and Financial Literacy[M]. Paris: OECD Publishing, 2016.

[6] Spiezia V. Does Computer Use Increase Educational Achievements? Student-level Evidence from PISA[J]. OECD Journal: Economic Studies, 2010(01): 7-10.

[7] 王春丽,顾小清.中学生信息技术使用及其对科学素养的影响——基于 PISA 数据的中芬比较研究[J].中国远程教育,2019(05):47-56+93.

[8] 李波,熊震融,张滢,李娜.发展中国家学生 ICT 水平对个体科学素养的影响研究——基于 PISA 数据[J].教育测量与评价,2020(01):42-52.

[9] Alpaydin E. Introduction to Machine Learning[M]. London: The MIT Press, 2004:110.

[10] Kendall M. A New Measure of Rank Correlation[J]. Biometrika, 1938, 30(1-2): 81-89.

[11] Fornell C., Larcker D. F. Evaluating Structural Equation Models with Unobservable Variables and Measurement Error[J]. Journal of Marketing Research, 1981, 18(01): 39.

[12] 高燕,杨涛,辛涛.大规模教育测验似真值量表化评述[J].中国考试,2011(11):10.

[13] Peter R. J. Silhouettes: A Graphical Aid to the Interpretation and Validation of Cluster Analysis[J]. Journal of Computational & Applied Mathematics, 1987, 20(01).

[14] Hastie T., Tibshirani R., Friedman J. The Elements of Statistical Learning[M]. New York: Springer, 2009.

[15] 教育部.教育信息化 2.0 行动计划[EB/OL].[2018-04-13]. http://www.moe.gov.cn/srcsite/A16/s3342/201804/t20180425_334188.html.

[16] 教育部.教育部办公厅关于加强义务教育学校作业管理的通知[EB/OL].[2021-04-12]. http://www.moe.gov.cn/srcsite/A06/s3321/202104/t20210425_528077.html.

[17] 徐辉.新技术背景下中小学教学方式的变革[J].教育与教学研究,2020,34(01):34-42.

作者简介

李　波　华中师范大学数学与统计学学院教授,统计学系主任,博士研究生导师,主要从事教育大数据、应用统计研究

魏亚丹　华中师范大学数学与统计学学院硕士研究生,主要研究方向为教育大数据

王兆川　华中师范大学数学与统计学学院硕士研究生,主要研究方向为教育大数据

张　滢　香港大学教育学院博士研究生,主要从事数学教育、课堂对话与教师专业发展研究

李　娜(通讯作者)　华中师范大学数学与统计学学院讲师,硕士研究生导师,主要从事比较教育、大数据环境下的数学教育研究

电子邮箱

LinaCCNU@mail.ccnu.edu.cn

Chapter 15

新制度主义理论视角下"一带一路"发展中国家应对疫情的高等教育数字化转型

李敏辉　冯思圆　李　琼

> **摘　要：**随着新冠肺炎疫情防控常态化,"一带一路"发展中国家对高等教育数字化转型需求不断增长。联合国教科文组织高等教育创新中心(中国深圳)对"一带一路"亚非地区发展中国家的 18 所高校在疫情下数字化转型的研究表明,这些高校面临突然的外在制度压力,包括内部硬件基础设施薄弱、网络成本高和资金投入有限等技术环境数字化鸿沟。更大的挑战集中在制度环境中管控性系统、规范性系统和文化认知系统的重构。这些高校的应对措施呈现显著的趋同化特征,包括强制性同质化的应对趋同、决策者行为规范性趋同、成功典范的模仿性趋同。相对于发达国家的引领示范,发展中国家高校数字化转型的策略在更大程度上决定了全球高等教育数字化新制度的建立和传承。
>
> **关键词：**新制度主义;高等教育;发展中国家;数字化转型;"一带一路"倡议

新冠肺炎疫情的暴发是全球高等教育数字化转型格局的分割线。突如其来的疫情使高等教育数字化快速转型由可选项变成了必选项。联合国教科文组织(United Nations Educational, Scientific and Cultural Organization, UNESCO)报告称,截至 2022 年 2 月 19 日,全球受新冠肺炎疫情导致停课影响的学生人数仍高达 43 518 726 人次,在 2020 年疫情暴发初期这一数据曾飙升至接近 13 亿,范围涉及 151 个国家[①]。因为疫情导致的学校停课使得这一代学生的终身收入总值或将损失 17 万亿美

---

① 数据来源：https://zh.unesco.org/covid19/educationresponse.

元,而在中低收入国家,曾有约 70% 的学生由于学校关闭,无法确保有效学习的连续性①。这场危机对高等教育带来了较大的负面影响,尤其加剧了部分发展中国家和贫困地区的教育不平等性[1]。这些国家受到经济发展的制约,数字化转型受到了内外部的重重挑战。联合国教科文组织为应对发展中国家新冠肺炎疫情采取的教育行动包括:提供技术援助、建立实践社群、提供免费数字教育资源、建立伙伴关系和全球监测等。本文基于联合国教科文组织高等教育创新中心(中国深圳)的平台,对十六个"一带一路"倡议中的发展中国家的 18 所伙伴高校展开研究,尝试总结其在数字化转型过程中面临的共性和个性挑战,并进一步探讨在疫情防控常态化的持续考验下,发展中国家的高校应对数字化转型的策略。

一、新制度主义的内涵解读

20 世纪 70 年代末至今,组织社会学理论的一项重要进展是新制度主义学派超越单一学科,在社会科学不同领域与学科(如社会学、经济学、政治学、教育学)中的兴起与发展[2]。这一学派的开创最早始于美国社会学者梅耶(J. W. Meyer)与罗恩(B. Rowan)在 1977 年发表的《制度化组织:作为神话和仪式的正式结构》(*Institutionalized organizations: Formal structure as myth and ceremony*)一文,该文将制度视为文化规则的集合体,关注了制度环境—即广泛的文化、政治、社会与环境因素—对社会组织的影响[3]。新制度主义学派认为组织现象并不完全由追求经济效率的技术环境所决定,许多组织现象是组织内部结构与制度环境互动,以及组织追求制度合法性的结果。因此,制度环境下的合法性机制往往导致了"组织的制度化"以及不同组织之间由于制度环境等因素形成的趋同特

---

① 数据来源:https://zh.unesco.org/news/yi-qing-suo-zhi-ting-ke-zao-cheng-xue-xi-sun-shi-ke-neng-hui-tuo-lei-yi-dai-ren。

点。斯各特（W. R. Scott）认为制度包括调节、规范和文化认知因素，这些因素与相关的活动和资源一起，为社会生活提供了稳定性和意义[4]。基于此提出制度要素包括管控性系统（regulative system）、规范性系统（normative system）以及文化认知系统（culture-cognitive system）的分析框架。其中管控性系统是指强制约束组织内的行为制度，包括法律、规则和制裁等；制度性系统包括标准和价值观；而文化认知系统则是社会共同认知，包括共同信仰和共享行为逻辑[5]。

制度变迁的两种主要模式是诱致性变迁和强制性变迁。诱致性变迁指的是"现行制度安排的变更或替代，或者是新制度安排的创造，它由个人或一群（个）人，在响应获利机会时自发倡导、组织和实行"；而强制性变迁则是"由政府命令和法律引入和实行"[6]。诱致性变迁通常是自下而上的，具有渐进性、自发性和自主性，是对制度需求的自然回应[7]。而强制性变迁则是自上而下的，具有突发性、强制性和被动性，往往是突然改变现存制度来实现转轨。全球范围内的高等教育数字化改革，是诱致性变迁和强制性变迁综合作用的结果。一方面，第四次工业革命智能时代带来了技术的不断变革，传统的教学模式已很难适应新时代的诉求，不利于学生个性化学习和发展的需求。大部分发达国家借助信息革命的红利，自下而上地变革高等教育技术手段和教学方式。另一方面，新冠肺炎疫情的全球暴发，强制性地打乱了传统的教学方式和组织秩序。为了解决教学间断带来的负面影响，全球被迫发起一场颠覆性的高等教育数字化变革。

从新制度主义的制度环境和要素解析有助于分析全球高校，尤其是大部分发展中国家，在面临强制性变迁的外部制度压力下，如何建立新的制度。新制度主义学派尝试解决制度变迁理论的一个核心问题是社会组织的趋同性（isomorphism），即在社会生活中，不同的企业、学校、政府机构等社会组织之间往往具有相似的内部结构、等级体系、行为模式、组织形式等。新制度主义学者迪马吉奥（P. J. DiMaggio）与鲍威尔（W. W. Powell）认为，社会组织的趋同性有三种类型[8]：第一种是强迫性趋同

(coercive isomorphism),即组织由于遵从制度环境中法规政策、行政命令、经济环境等具有强制性或无法规避的制度环境从而形成的趋同性;第二种是规范性趋同(normative isomorphism),不同组织内部承担相同岗位的工作人员往往受过相近的职业训练、具备类似的资质、遵从特定的社会与职业行为规范,组织会由于这类社会与职业规范带来的约束作用而逐渐趋同;第三种是模仿性趋同(mimetic isomorphism),即各个组织通过模仿其所在领域中成功组织或成功案例所形成的趋同性。在外在制度压力下,发展中国家极有可能为应对制度环境变化采取相应的策略,呈现趋同性的策略特征(见图1)。

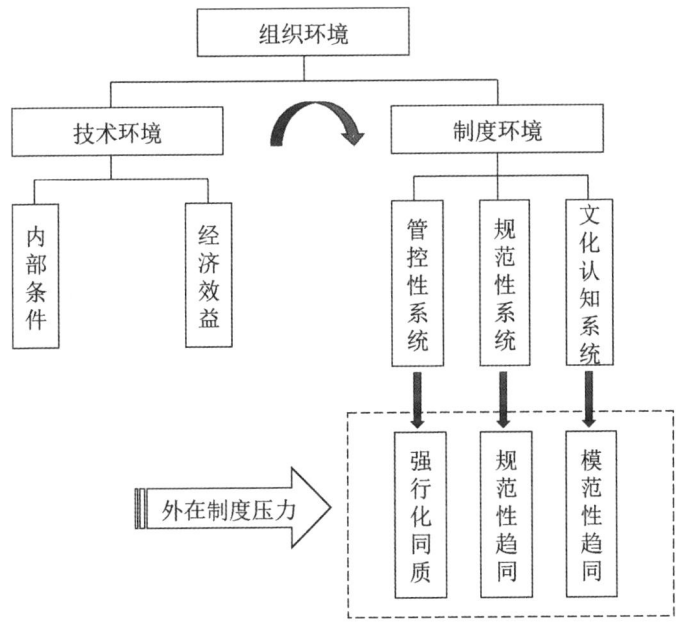

图1 新制度主义的制度环境及趋同策略分析框架

二、高等教育数字化转型的背景

全球范围内大规模地推行高等教育数字化转型是一种新制度建立的

过程。美国高等教育信息化协会(EDUCAUSE)定义数字化转型为:"通过文化、劳动力和技术深入且协调一致的转变,优化和转变机构运营、战略方向和价值主张的过程"[9]。里默尔(K. Riemer)等人认为数字化转型是一场"数字颠覆",是由数字技术推动的一场变革,其发生的速度和变化颠覆了原有的价值创造过程、社会互动性、商业活动形式以及更广泛的思维方式[10]。这个转型的过程从宏观层面来看,主要集中在对技术、组织和社会的关注;从微观层面,涉及教学管理、基础设施、数字化转型规划与监督等诸多要素[11]。

对高校而言,在新冠肺炎疫情的大环境中,传统的面对面教学模式和教室的学习环境被迫中止。全球高等教育市场正在面临新一轮适者生存的优胜劣汰。虽然全球各地精英的高校会很快从危机中恢复过来,甚至影响力继续增强,但由于资金不足,依赖性较强的私立高等院校处境会变得非常危险[1]。对于教师而言,他们从讲台上的知识传授者被迫转型成了面对无形观众的"网络主播"。在疫情推动下,所有教学活动几乎一夜之间都转移到了网络上,原有的学位、课程、教学计划和学术规则都被打乱。对于学生而言,他们从原有的沉浸式学习教室环境中出来,成为虚拟的"隐形观察者"。在新的学习模式下,与不熟悉的教师和同学仅靠语言和少量的肢体语言沟通,缺乏传统大学和教室面对面丰富的体验感。而且,长期单独与电脑发生交互很难习得线下学习环境中的一些社会技能和交往能力[12]。另外,突然席卷全球的疫情给学生和教师都带来了额外的恐慌和广泛的焦虑感[13]。

值得注意的是,高等教育数字化的转型并非一蹴而就,不同阶段的发展形态有所差别。高等教育数字化转型大致可以分为三个不同的发展阶段。第一阶段是数字化转换,是将物理信息转化成数字信息;第二阶段是数字化升级,更广泛地利用数字技术运作升级来实现智能化和自动化;第三阶段是数字化转型,是通过新制度的建立,协调技术、劳动力和文化来实现创新运营模式和价值创造[14]。然而,高等教育数字化转型面临着全球的发展差异和不均衡。美国和欧洲的很多发达国家基于发达的信息技术,高等教育数字化转型走在世界前列,集中力量向数字化转型的高级阶段发展。但很多发展中国家的高等教育数字化发展水平参差不齐,面对突发式的新冠肺炎疫情暴发的外在制度压力,必须直面转型过程的共性挑战。应对方式虽有侧重点,但在巨大的制度压力下,会向着具有影响力的成功典范聚集,呈现策略趋同的特性。

三、研究方法及设计

视频作为一种研究方法(video as a method),源于一系列社会科学、教育心理学和基于艺术的研究范式,它能够捕捉并帮助研究人员更好地理解认知、社会学和美学的问题[15]。视频分析法(video analysis method)的灵活性反映在它的使用和理论、写作和传播的选择中[16]。它的发展速度非常快且传播方式多样,几乎可以作为每个学科的研究人员的有效工具。新冠肺炎疫情暴发后,视频会议取代线下会议,成为最有效的沟通和交流方式。大量有效信息汇聚在多国多方的重要视频会议中。

本文采用视频分析法(video analysis method)[17]对联合国教科文组织高等教育创新中心(中国深圳)(International Centre for Higher Education Innovation under the auspices of UNESCO,UNESCO-ICHEI)(以下简称中心)的几次重要内部网络研讨会中进行重点文本提取(video-abstraction)和视频数据采集(video-as-data),内容主要基于"2020国际网络教育学院(International Institute of Online Education,IIOE)年度会议",并参考"2021年国际网络教育学院(IIOE)亚太地区半年度会议"以及"2021年国际网络教育学院(IIOE)合作伙伴年度会议(西亚非洲)"等重大的年度公开线上会议视频资料的读取。

1. 研究对象及数据来源

本文的主要研究对象是参与共建"一带一路"的十六个亚非发展中国家,包括马来西亚、缅甸、菲律宾、印度尼西亚、柬埔寨、蒙古、尼泊尔、巴基斯坦、斯里兰卡、老挝、埃及、尼日利亚、冈比亚、肯尼亚、多哥和科特迪瓦。多次参与中心视频会议的有来自这十六个国家的十八所高校,包括马来西亚马来亚大学、缅甸计算机学习大学、菲律宾大学、印度尼西亚大学、印尼万隆理工学院、柬埔寨金边皇家大学、蒙古科技大学、尼泊尔特里布万大学、巴基斯坦拉合尔工程技术大学、巴基斯坦虚拟大学、斯里兰卡科伦坡大学、老挝国立大学、埃及艾因·夏姆斯大学、尼日利亚艾哈迈德·贝罗大学、冈比亚大学、肯尼亚内罗毕大学、多哥洛美大学以及科特迪瓦虚拟大学。参与会议报告和研讨的人员包括上述大学的校长(副校长)和教授、联合国教科文组织高级官员以及深圳市政府及部分高校领导以及包括华为、伟东、创显、极客学院、科大讯飞在内的企业代表。大学与企业的参会代表均一一发表主题报告,介绍在疫情中进行在线教学、保障教学质量的有关经验,并参与讨论,每场会议持续时间约为3小时。

表1 视频会议参会代表编码

国别	代表单位及发言人	编码
马来西亚	马来亚大学副校长	Ma1
缅甸	计算机学习大学副校长	B1
菲律宾	菲律宾大学教授	P1
印度尼西亚	万隆理工学院教授	I1
	印度尼西亚大学教授	I2
柬埔寨	金边皇家大学代表	Ca1
蒙古	蒙古科技大学校长	Mo1
尼泊尔	特里布万大学教授	Ne1
巴基斯坦	巴基斯坦拉合尔工程技术大学校长	P1
	巴基斯坦虚拟大学校长	P2

续 表

国　别	代表单位及发言人	编　码
斯里兰卡	科伦坡大学代表	S1
老挝	老挝国立大学代表	L1
埃及	艾因·夏姆斯大学校长	E1
尼日利亚	艾哈迈德·贝罗大学教授	Ni1
冈比亚	冈比亚大学校长	G1
肯尼亚	内罗毕大学教授	K1
多哥	洛美大学代表	T1
科特迪瓦	科特迪瓦虚拟大学教授	Co1

2. 数据文本分析方法

在对所有视频收集的文本数据进行整理和编辑之后，本文采用 Nvivo 软件对会议文本进行一级和二级编码，并进行综合分析，进一步讨论发展中国家高校数字化转型策略的趋同特质以及不同趋同机制在全球高等教育合作中的意涵。

四、发展中国家高校面临的组织环境挑战

新冠肺炎疫情全面暴发后，对世界各国的社会治理、经济发展和教育组织都带来了严峻且持续的考验。无论是高校、教师还是学生都在转型过程中面临着不可抗拒力带来的技术环境的改变。很多"一带一路"倡议中的发展中国家除了面对后疫情时代高等教育数字化转型的共性挑战，在技术环境中，包括内部基础硬件条件和信息化转型的经济效益方面仍然面临着巨大的压力。

1. 技术环境的数字化鸿沟

(1) 内部条件：硬件设施基础薄弱

研究对象中的高校大部分还处于高等教育数字化转型的第一阶段，即将物理信息转换成数字信息过程中遇到基础设施建设或维护不足的问题。一方面，经济发展相对落后导致的基础设备建设滞后，使得网络不能正常连接，在线教育得不到技术保障。例如，缅甸很多地区还没有全面覆盖高速信息和通信技术的基础设施(B1)。由于受到疫情的影响，经济发展受到了严重的冲击，缅甸有近三分之一的村庄没有与国家电网相连。高校很难在这样的大环境下从根本上解决硬件设施和网络设施建设的普遍性问题。埃及艾因·夏姆斯大学参会代表也提到了从面对面的学习转向在线的世界并不容易(E1)。他们面临的挑战不仅包括基础设施建设不足带来的网络连接问题，还包括系统的安全性问题以及对IT行业和网络安全专家不断增加的需求。另一方面，部分学生没有电脑或者接触不到电脑，学生群体普遍缺乏相应的硬件设施来继续接受教育。类似地，印度尼西亚万隆理工学院也提到了这个问题，一些学生不能接触电脑，一些学生无法使用高速网络连接都是阻碍高等教育转移到线上的主要障碍(I1)。这样的问题并不是个例，尼日利亚艾哈迈德·贝罗大学的两位参会代表均指出，对离校或者尚不能返校的学生，学生对互联网的订阅和连接的质量也是很有挑战的问题(Ni1)。

(2) 经济效益：网络高成本但资金有限

研究对象中的很多高校反映了数字化转型面临着成本高昂和资金投入不足的问题。从高校的层面来看，信息化建设和数字化转型是一个巨大且复杂的工程，需要大量的资金投入来支持，尤其是初期设备和网络建设的支出。以冈比亚大学为例，2020年该校全年预计投入在线教育的资金为5 960 140冈比亚币（折合人民币约75万元）(G1)。在实际的开支过程中，用于工程师和工作人员加班的支出和全球移动通信系统建设的支出急剧增加，而其他设备和白板的采购费用在逐渐减少。由此可以看出，传统的以教室为主场的教育方式需求在被迫降低，而在线教育中，对于网络和通信系统和技术的依存度在不断增加。其他一些发展中国家高校在资金的调配和投入上也遇到了不同程度的问题,包括埃及艾因·夏姆斯大学、尼日利亚艾哈迈德·贝罗大学、柬埔寨金边皇家大学和肯尼亚内罗毕大学参会代表提到了资金投入不足和互联网费用高昂的问题。另外,也有参会代表反映很多学生反馈使用移动设备接受在线教育,但难以支付因在线教育产生的高昂的网络费用(K1)。肯尼亚内罗毕大学采取的措施是与当地的电信公司合作,为师生定制优惠的 SIM 卡和流量套餐。但这样的"缓兵之计"很难从根本上解决问题,无论是高校还是学生,在数字化转型过程中,都在承受比传统教育更加昂贵的支付和使用成本。在疫情的多重考验下,都会成为阻断高等教育继续开展和转型的主要原因。

2. 制度环境的数字化压力

(1) 管控性系统:行为制度

在突如其来的疫情冲击下,强制约束组织内的行为制度被迫转轨,主要的管控措施包括实施防疫措施、直接中断教学、在线和远程教学、调整教学安排等。在疫情最严重的时期,几乎所有学校都全面转向在线教学。这一系列的管控性行为和措施给组织带来了巨大的制度压力和管理成本。在完全没有准备的情况下,很多大学只能在管控的前提下"临时抱佛脚"来完善和升级基础设施(E1, Ni1, Ne1, B1, I1, E1),包括提高输入带宽、服务器性能、网络连接稳定性以及部署电子教学环境。另一方面的制度压力来自防控防疫措施的调整,及其对应的教学日历和教学安排的重新制定(Ma1)。例如,冈比亚大学需要严格遵守世界卫生组织和该国卫生部的指导方针以保证考试的顺利进行(G1)。高度的不确定性、中断性以及不断调整的政策改变了学生传统的考核方式。肯尼亚内罗毕大学和马来西亚马来亚大学就在疫情期间尝试采用更加灵活的考试方式,闭卷考试和开卷考试相结合的在线考核,允许对硕士和博士学生的论文进行在线监督和考试(K1, Ma1)。这些之前从未出现过的、强制转变的考核方式和教学方法,对学校领导、教师以及学生的考验不言而喻。

（2）规范性系统：标准建立

经历了一段时间的适应期后,组织内需要逐步建立起一套行之有效的规范标准体系。针对教师,需要建立相对完善的在线教学指南、在线测评工具和提供相应的技术支持。最直接的体现就是大学管理层需要提高教师及教职人员的电子教学能力,选择和使用一系列有效的电子教学设施、技术和工具（E1）。虽然线下教学中断了,但是教学和服务必须继续,大学必须支付教师的工资,授权教师继续提供教学服务（Ca1）。有的高校基于原有发展基础,并经历不断努力之后,能够比较快速地发布在线教学指南,教学视频和开放资源（Ma1, I2, Mo1）。科特迪瓦虚拟大学的参会代表指出多年前就在技术教学方法接受过培训的教师团队,能很快在他们的大学推动数字化转型（Co1）。但很多没有数字化转型基础的高校对常用的在线教育工具并不熟悉,需要从零开始学习基础技术,力图借助外力来最快地帮助教师适应这一新的教学方式（K1, G1, T1）。正如尼日利亚艾哈迈德·贝罗大学的参会代表所言,不同的国家和大学在使用诸如Zoom这样的工具和技能时,存在着明显的技能差距（Ni1）。另外,针对学生,大学要能引导和培养学生在一个在线学习环境中有效地操作和学习,提高学习效率,并得到技术支持。要尽快确保提供能够受到良好的培训,具备网上教学的知识和技能,缩短教师和学生之间的技术差距,保证在线学习的质量。组织新标准的形成和建立既需要有合理性和科学性,又需要符合组织自身的实际条件和具体情况。

（3）文化认知系统：教师能力

研究对象的案例高校除了遇到以上的硬件问题,更急迫的是教师缺乏信息化的意识、素养和能力。其中,至少有八个国家的大学参会代表提到了在数字化转型中遇到的师资力量和人力资源的问题（Ma1, B1, I1, Ca1, Ne1, P1, L1, Ni1）。一方面,在面临巨大的文化变迁时,原有的制度环境缺乏变革动力,并不是所有人都能很快地适应新文化,或者产生文化共鸣。埃及艾因·夏姆斯大学、尼日利亚艾哈迈德·贝罗大学和肯尼亚内罗毕大学的参会代表指出，文化的重新定位虽然支持在线教育这一新生事物的出现和成长，但也会受到一些人的阻碍和抵制，最开始甚至会有一些教职员工反对从传统教学转向在线教学(E1，Ni1，K1)。另一方面，高等教育数字化转型对人力资源的信息化素养和能力建设有必然的要求。巴基斯坦虚拟大学的参会代表指出，疫情暴发后，随着越来越多的用户转向在线教育的学习模式，师资和课程的质量变为尤为关键(P2)。学生和教师从事在线学习需要先进的技术技能和相应的素养，并逐渐建立起相应的文化认知系统。新的文化认知系统建立是一个漫长的过程。就高等教育数字化转型而言，除了能够适应新方法新环境，还要建立配套的教学生态，包括持续投资混合学习平台，提供丰富的教育资源，探索新的教学互动模式(E1)。

（4）新冠肺炎疫情的外在制度压力

新冠肺炎疫情对发展中国家长期相对稳定的制度环境，包括社会、经济和文化带来了巨大的外在压力。在直面疫情危害人民生命健康的同时，发展中国家的经济遭受了严重的衰退。具体表现在以下四个方面：一是疫情造成了更加严峻的资金短缺，引发财政危机和国际收支恶化；二是严格限制经济活动的防疫措施导致债务危机等问题更加突出；三是疫情冲击全球市场，尤其是对外贸依存高的发展中国家；四是就业形势更加严峻，非正式就业人口釜底抽薪[18]。在病毒流行和经济衰退的双重压力下，还会带来一系列的社会问题，例如社会治安不稳定、极端暴力事件以及加速发展中国家之间的分化。高等教育也在这重重的外在压力之下，面临着对原有制度环境的挑战和变革。一方面，无论经济形势如何停滞或倒退，国家的高校服务和教学必须继续，保障教师的收入，继续提供教学服务(Ca1，Ma1，S1)；另一方面，紧急采取措施支持在线教育，包括成立工作小组、提供专项资金和技能培训以及与企业紧密合作等(Ma1，I1，Ca1，P1，L1)。由于这些发展中国家高校数字化转型面临的困境相似，在相同的外在压力下采取的应对措施也趋同。

五、发展中国家高校数字化转型的趋同策略

1. 强制性同质化的应对趋同

面对突然的外在制度压力,位于新制度影响辐射范围内的组织体趋于采取类似的措施来提升管控性系统的性能。在疫情共同新挑战的强制性推动下,很多高校采取的高等教育数字化转型措施主要集中在完善基础设施和提高教师数字化能力两个方面。在完善基础设施方面,主要表现在投资数字化基础设施,与政府和企业共建在线教育平台,改善网络质量和教学环境。比较典型的案例是蒙古科技大学,它于2002年开发建立了信息管理系统,2019年建设了开放学习中心,因此疫情出现后,这些已有的基础设施帮助它很快转向全面在线学习的模式,并开发了智能手机的应用程序,提供很多开放的教育资源(Mo1)。埃及的艾因·夏姆斯大学也在投资混合教学上下了很大功夫,建立了数据中心、网络学习工作室、智能教室、计算机实验室、仿真中心和虚拟显微镜平台等(E1)。这些硬件设施建设是数字化转型的必要条件和首要的突破点。

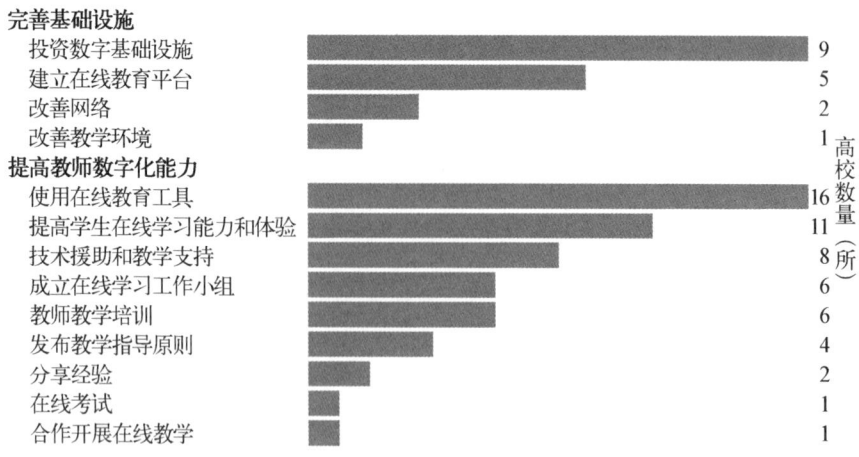

图2 "一带一路"倡议部分发展中国家高校疫情应对措施

在提升教师数字化能力方面,表现最突出的问题是在线教育工具的使用,在这些高校中,最常使用的在线工具包括 Zoom, Google Meet, Google Classroom, Learning Management System 和 Microsoft team。起初,很多教师和学生对这些软件工具并不熟悉,甚至是第一次使用,入门的介绍和培训是有很有必要的。除此之外,还为教职员工和学生提供相应的技术和资金支持,以保障教学的顺利开展,提高学生在线学习的机会和能力。例如印度尼西亚大学提供在线学习发展基金给予教师和学生必要的物质支持(I2);斯里兰卡科伦坡大学为514名经济困难学生提供资金支持,并派发100部平板电脑给有需要的学生,为学生提供 24 * 7 的辅导服务(S1);冈比亚大学为方便学生在网上课程期间持续得到支援,IT 人员设立了一个"求助台"负责协调(G1)。另外,在疫情期间成立在线学习的领导和工作小组,对教师数字化教学能力进行培训也是十分重要的举措。巴基斯坦拉合尔工程技术大学在疫情后很快成立在线开放式远程学习(Open and Distance Learning, ODL)委员会,以监督在线教育的质量,肯尼亚内罗毕大学对约 65 000 名学生和 4 800 名教师的在线教学提供了学习培训(P1)。还有很多高校发布了相应的教学指导原则,借鉴和分享好的教学案例,开展在线考试并与其他高校共同展开在线教学(G1, K1)。

2. 决策者行为规范性趋同

组织的选择是通过行动者的行动来改变和发展的,在组织所嵌入的机构背景下做出决策,从而建立起新的规范标准和价值观。高校中的领导和主要决策者对高校的政策、措施和行为起到了决定性的作用。疫情期间,在高校原有的教学体系被打破的情境下,高校的领导者也在探索适合自己学校发展行之有效的规范性系统。在疫情初期,国际网络教育学院利用联合国教科文组织的资源,借鉴中国抗疫的经验和成功案例,开发了抗疫培训专题,并无偿地提供给伙伴院校。这个抗疫培训专题为合作大学提供了可借鉴的行为规范范本。例如斯里兰卡科伦坡大学代表指出,2020 年,252 名学员从国际网络教育学院的抗疫培训中受益,127 名学员参与了大数据课程(S1);巴基斯坦拉合尔工程技术大学 108 名学员参加疫情专题培训并获得证书,139 名学员参加高等教育大数据培训(P1);埃及艾因·夏姆斯大学有总共约 450 名学员参加了这两期培训课程(E1)。其他的组织选择还包括从这个平台上寻求更多本校教师数字化转型的发展资源引导规范的建立,利用高校的平台宣传抗疫工作,参与到平台的管理和组织中。

对于大学重新建立新的规范系统,适应未来的发展规划而言,大部分大学参会者明确表示希望进一步与开放资源的平台合作。在达成长期合作共识的基础上,建立更有效的规范性体系,包括课程和教育体系的开发,建立更多的优质线上课程和数字工具资源,更加智能化的项目以及完善微证书的体系(图 3)。对于在线教育系统还不够完善的发展中国家,未来的规划集中在 IT 基础设施和教职员工技术能力的继续提升和资金的不断补充方面。而对于在线教育系统已经比较完善的高校,未来更希望从合作的联盟体资源池和同质化的策略中,发展出自己的特色和优势。例如蒙古科技大学的参会代表就指出,要将本国的一些优质的蒙古语和英语课程整合到国际网络教育学院的平台上,并将这个平台上的一些优

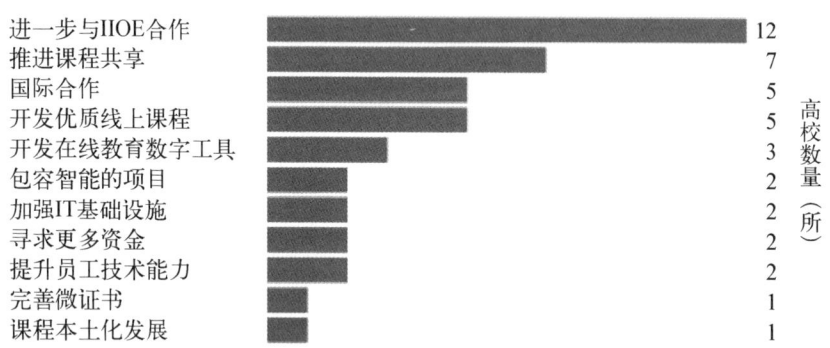

图 3　18 所高校高等教育数字化转型的未来规划

来源:Nvivo 数据分析

质课程进行本土化的进一步发展（Mo1）。这是在发展到一定阶段后，组织决策者对新制度的"资源反哺"，以及探索从规范性趋同的策略中发展个性化、自我化和本土化的一种体现。

3. 成功典范的模仿性趋同

为了减少不确定性、提高效率、刺激增长、实现机构的理想目标和提高机构的地位，组织会选择模仿成功典范的方式建立整体的文化认知系统。尤其是在疫情初期，很多发展中国家的高校在毫无准备的情况下急需进行数字化转型，由于一时之间不知从何着手，很多高校倾向于向拥有大量资源且影响力较大的组织、机构或合作伙伴寻求帮助，并效仿采取有效的措施。例如，对本文的案例大学而言，联合国教科文组织高等教育创新中心（中国深圳）就对合作高校的选择和行为产生了一定的影响。伴随着合作高校对教师数字化能力提升的急迫需求，开发了以教师为主体的大数据通识课程。之后，围绕教师数字化能力，提供数字技能应用、理解教育中的ICT、提升课程与评估、教学法、组织与管理和教师专业学习的课程。这些课程和互动能够帮助教师了解数字化转型的内容、逻辑和意义，从而减少对新事物的抵触，逐渐融入新的文化认知和教学体系中。

另外，联合国教科文组织高等教育创新中心（中国深圳）建立的国际网络教育学院（IIOE）为合作院校和其他高校的教师提供免费的ICT能力提升课程，并为完成学习的学习者颁发证书，纳入联合国教科文组织的ICT能力认证体系。这个认证体系能够给予教师归属感和成就感，在这个开放的平台上，目前已有超过300门主要集中在ICT相关技术领域，包含计算机理论、大数据、数字技能运用、物联网、通信系统和人工智能等课程。在这些课程中，以英语和汉语授课课程为主，同时也开设有法语和阿拉伯语的课程。随着发展的逐渐深入，伙伴国家和大学也会有意识或无意识地模仿这种策略去推动在线教育的发展和资源调配。例如，埃及艾因·夏姆斯大学在完善基础设施、为15个院校共同开发和部署电子教学设施的同时,为投资混合学习和在线测评提供了丰富的教育资源和支持(E1)。印度尼西亚大学提供在线学习发展基金,给在线学习提供多样的视频和数字化指南(I2)。蒙古科技大学在原有的信息管理系统上建立开放学习中心,开放教育资源,包括Mooc、开放书籍、多媒体教学、互动学习材料等(Mo1)。

六、讨论及展望

本文试图探讨在新冠肺炎疫情的背景下,作为组织的发展中国家高等院校在寻求高等教育数字化转型的进程中面临的困境以及采取的策略。从新制度主义理论的视角出发,重点分析了组织所在的技术环境和制度环境的变迁带来的挑战。

类似的应对策略可以被理解为组织的趋同性,与其所在的制度环境息息相关,包括管控性系统、规范性系统和文化认知系统这三个重要的系统。针对18所发展中国家案例院校的应对策略的分析表明,新制度主义学说中三种类别的趋同机制均对高等院校的策略选择有所影响,但在疫情发展的不同阶段又有所区别。

疫情之前,数字化转型已经成为世界范围内高等教育可以预见的未来发展方向,而新冠肺炎疫情作为强有力的外在制度压力,影响了与发展中国家高等院校进行数字化转型有关的制度环境。很明显,新冠肺炎疫情本身就不可避免地构成了一种对高等教育政策的强迫性限制,这是疫情的第一层影响,而各个国家因为疫情暴发所推出的紧急教育与卫生法规、行政政策构成了疫情在强迫性制度环境方面的第二层影响。同时,发展中国家高校还面临基础设施薄弱、资金短缺、教师缺乏信息化能力等共同的技术环境鸿沟。因此,在疫情暴发之初,发展中国家高校所采取的数字化转型策略在制度环境与技术环境的共同作用下具有很强的应急性与受迫性的特点——很多高校着眼于解决基础设施、在线教学软件等长期困扰发展中国家教育发展,但在疫情暴发后又不得不解决的问题——这些策略帮助了发展中国家高校进行应急调整,适应新的制度环境。

除了强迫性趋同机制以外,在新冠肺炎疫情的影响逐步常态化之后,国际高等教育合作中所传播的抗疫经验、国际组织提供的政策指引与人员培训逐步为发展中国家高校的数字化转型策略提供了规范性与模仿性趋同的机制。联合国教科文组织等国际机构进行了针对发展中国家高教管理者与教师的专题培训,提供了新冠肺炎疫情期间数字化转型的范式,培养了高教从业者利用数字化技术、信息工具保障教育持续的能力。因此,发展中国家高校在疫情期间的数字化政策规划与教学实践模式的趋同,也可以被理解为这些受到统一培训的教育者规范性趋同的集合。随着疫情发展,发展中国家高校在利用信息化、数字化工具保障教学等方面的工作中积累了相关经验,这些经验对于具有类似背景的高校具有很强的参考意义。因此,在模仿性趋同机制的作用下,行之有效的数字化工具与策略可以在类似于国际网络教育学院的平台上迅速推广,不同的发展中国家大学也可以通过政策借鉴与模仿达成共同的行动策略。

发展中国家的高校在寻求数字化转型的过程中,其缺乏基础设施、资金支持、人力资源的技术环境很难在短期内改变,新冠肺炎疫情的影响却使得发展中国家的高教工作者不得不适应数字化教学的新常态。当疫情及其所带来的附加影响成为制度性环境的一部分,国际组织倡导下的全球教育合作证明了发展中国家不能只是被动地应对制度环境强制性的变化,由发展中国家共同参与的交流与合作在疫情持续期间发挥了更广泛的作用。

参考文献

[1] 菲利普·G.阿特巴赫,汉斯·德维特,周岳峰.展望后疫情时代全球高等教育发展[J].世界教育信息,2020,33(07):33-35.

[2] 周雪光.组织社会学的新制度主义学派[M].上海:上海人民出版社,2007:1

[3] Meyer J. W., Rowan B. Institutionalized organizations: Formal structure as myth and

ceremony[J]. American Journal of Sociology, 1977, 83(02): 340-363.

[4] Scott W. R. Institutions and organizations: Ideas, interests, and identities [M]. London: Sage Publications, 2013.

[5] 郭毅,徐莹,陈欣.新制度主义:理论评述及其对组织研究的贡献[J].社会,2007(01):14-40+206.

[6] 科斯,等.财产权利与制度变迁——产权学派与新制度学派论文集[M].上海:上海人民出版社,1991:384.

[7] 陈家刚.全球化时代的新制度主义[J].马克思主义与现实,2003(06):15-21.

[8] DiMaggio P. J., Powell W. W. The iron cage revisited: Institutional isomorphism and collective rationality in organizational fields[J]. American Sociological Review, 1983: 147-160.

[9] Christopher D.B., McCormack M. Driving digital transformation in higher education.[EB/OL].[2022-04-27]. https://library.educause.edu/resources/2020/6/driving-digital-transformation-in-higher-education.

[10] Riemer K., Gal U., Hamann J., et al. Digital disruptive intermediaries: Finding new digital opportunities by disrupting established business models[R]. Sydney: Australian Digital Transformation Lab, 2015.

[11] Benavides L. M. C., Tamayo Arias. J. A., Arango Serna M. D., et al. Digital transformation in higher education institutions: A systematic literature review[J]. Sensors, 2020, 20(11): 3291.

[12] 钟志贤,黄林凯,范艳敏,宋灵青.远程教育的现状、挑战与发展——访远程教育专家Michael G. Moore[J].中国电化教育,2014(08):14-18.

[13] Islam M. S., Ferdous M. Z., Potenza M. N. Panic and generalized anxiety during the COVID-19 pandemic among Bangladeshi people: An online pilot survey early in the outbreak [J]. Journal of Affective Disorders, 2020(276): 30-37.

[14] 李敏辉,李铭,曾冰然,王超.后疫情时代发展中国家高等教育数字化转型:内涵、困境与路径[J].北京工业大学学报(社会科学版),2022,22(01):35-46.

[15] Gubrium A., Harper K. Participatory visual and digital methods[J]. Alberta Journal of Educational Research, 2013, 60(04): 748-750.

[16] Harris A. M. Video as method[M]. New York: Oxford University Press, 2016.

[17] Tait M., Lutman M. E., Nikolopoulos T. P. Communication development in young deaf children: review of the video analysis method [J]. International Journal of Pediatric Otorhinolaryngology, 2001, 61(02): 105-112.

[18] 魏建翔.新冠肺炎疫情对发展中国家的冲击及其发展道路的思考[J].世界社会主义研究,2020,5(10):63-74+96.

作者简介

李敏辉　香港大学博士研究生

冯思圆(通讯作者)　联合国教科文组织高等教育创新中心课程专家

李　琼　清华大学深圳国际研究生院在线教育高级主管

电子邮箱

liminhui@connect.hku.hk

fengsy@ichei.org

li.qiong@sz.tsinghua.edu.cn

附：《中国教育政策评论》简介及投稿须知

《中国教育政策评论》是以评论我国教育政策热点及难点问题为主要内容的学术集刊。自创刊以来，本集刊一直秉持"教育研究密切联系实践，服务决策"的精神，对中国教育发展过程中的重大理论问题和实践问题进行了专门探讨，在教育研究、教育决策以及教育实践领域产生了广泛而深远的影响，已连续多次被确立为 CSSCI 来源集刊。自创刊以来，本集刊历年讨论的主题如下：

1999 年：教育政策与教育改革
2000 年：教育政策的科学制定
2001 年：教育政策的理论探索
2002 年：教师教育政策
2003 年：教育督导政策
2004 年：教育均衡发展
2005 年：教育制度创新
2006 年：中外合作办学
2007 年：科研政策
2008 年：教育公平
2009 年：创新人才培养
2010 年：教育质量与教育质量标准
2011 年：基本公共教育服务
2012 年：现代大学制度
2013 年：教育国际化
2014 年：高校绩效评价
2015 年：教育改革 30 年

2016年：教育公平

2017年：校内教育公平

2018年：2030年教育

2019年：大规模测量与评估研究

2020年：后疫情时代的教育思考

2021年：教育脱贫攻坚的中国经验

2022年(上)：教育数字化转型

《中国教育政策评论》面向国内外征集优秀论文。来稿要求如下：

1. 稿件未在其他正式刊物上发表。

2. 来稿一律按照国家对期刊稿件的投稿要求格式写作，稿件字数以1万字左右为宜(含注释、参考文献、附录、图表等)。

3. 来稿文内标题一般分为三级，第一级标题用"一、""二、""三、"……标识；第二级标题用"1.""2.""3."……标识；第三级标题用"(1)""(2)""(3)"……标识。

4. 正文字体一律为小四号，宋体。文内图标应规范，符合出版标准。表格标题置于表格前，以表格序号(表1、表2……)加标题名标识，表格序号与标题名之间空一汉字距离；图之标题置于图后，以图之序号(图1、图2……)加标题名标识，图之序号与标题名之间空一汉字距离。图表所有内容与正文一致，用小五号字。

5. 来稿所有引文务必注明出处。引用性注释采用顺序编码制，文中用"[1][2][3]……"以上标形式标注，具体文献放在文后，用"[1][2][3]……"编码，与文中的"[1][2][3]……"序号相对应。同一文献引用多次时，篇后注注码连续编号，参考文献可合并为一条。著录格式请参照《GB/T7714—2015 信息与文献　参考文献著录规则》，如：

[1] 符娟明.比较高等教育[M].北京：北京师范大学出版社,1987：67.

[2] 界屋太一.知识价值革命[M].黄晓勇,等,译.北京：生活·读书·新知三联书店,1987：12.

[3] 刘宝存.大众教育与英才教育应并重:兼与吕型伟、王建华先生商榷[J].教育发展研究,2001(4):57-59.

[4] 靳晓燕.北京密云:以教师交流促教育提升[N].光明日报,2012-05-30(14).

[5] 新华社评论员.让中国力量推动全球治理体系变革——学习习近平总书记在中央政治局第三十五次集体学习时的重要讲话[EB/OL].(2016-09-28)[2017-12-26].http://www.xinhuanet.com/politics/2016-09/28/c_1119642701htm.

[6] Fornell C., Larcker D. F. Evaluating Structural Equation Models with Unobservable Variables and Measurement Error[J]. Journal of Marketing Research,1981,18(01):39.

[7] Hastie T., Tibshirani R., Friedman J. The Elements of Statistical Learning[M]. New York:Springer,2009.

6. 文中的外国人名在第一次出现时,应于中文译名后加圆括号附注外文。

7. 文末请附作者简介、工作单位和电子邮箱。

8. 为适应我国信息化建设趋势,扩大本集刊及作者知识信息交流渠道,本集刊已被中国学术期刊网络出版总库及中国知网系列数据库收录,作者文章著作权使用费与本集刊稿酬一次性给付。免费提供作者文章引用统计分析资料。如作者不同意文章被收录,请在来稿时说明。

投稿邮箱:oecdsses@ecnu.edu.cn

图书在版编目（CIP）数据

中国教育政策评论.2022.上 / 袁振国主编. — 上海：上海教育出版社，2022.10
ISBN 978-7-5720-1681-3

Ⅰ.①中… Ⅱ.①袁… Ⅲ.①教育政策－研究－中国－2022 Ⅳ.①G520

中国版本图书馆CIP数据核字(2022)第188196号

责任编辑　钟紫菱
装帧设计　郑　艺

中国教育政策评论2022（上）
袁振国　主编

出版发行	上海教育出版社有限公司	
官　　网	www.seph.com.cn	
地　　址	上海市闵行区号景路159弄C座	
邮　　编	201101	
印　　刷	上海颛辉印刷厂有限公司	
开　　本	700×1000　1/16　印张 19	
字　　数	264 千字	
版　　次	2022年11月第1版	
印　　次	2022年11月第1次印刷	
书　　号	ISBN 978-7-5720-1681-3/G·1548	
定　　价	88.00 元	

如发现质量问题，读者可向本社调换　电话：021-64373213